U0910411

高等职业教育市场营销类专业系列教材

营销法规实务

（第二版）

王成芬　主编

王　晶　单丽雪
刘志慧　王　悦　副主编

科学出版社

北　京

内 容 简 介

本书比较全面地介绍了与市场营销密切相关的法律、法规，主要包括营销法规基本理论、营销产品法规实务、营销过程法规实务、营销渠道法规实务、营销争议的解决等内容。

本书可作为高职高专院校市场营销专业的教材，也可作为相关从业人员的岗位培训教材和参考书。

图书在版编目（CIP）数据

营销法规实务 / 王成芬主编. —2 版. —北京：科学出版社，2014
（高等职业教育市场营销类专业系列教材）
ISBN 978-7-03-040150-2

Ⅰ. ①营… Ⅱ. ①王… Ⅲ. ①市场营销学—经济法—中国—高等职业教育—教材 Ⅳ. ①D922.294

中国版本图书馆 CIP 数据核字（2014）第 046674 号

责任编辑：朱大益 / 责任校对：马英菊
责任印制：吕春珉 / 封面设计：东方人华设计部

科学出版社 出版
北京东黄城根北街 16 号
邮政编码：100717
http://www.sciencep.com
新科印刷有限公司 印刷
科学出版社发行　各地新华书店经销
*

2009 年 3 月第 一 版　开本：787×1092 1/16
2014 年 3 月第 二 版　印张：18 1/2
2021 年 6 月第十五次印刷　字数：438 000

定价：45.00 元

（如有印装质量问题，我社负责调换〈新科〉）
销售部电话 010-62134988　编辑部电话 010-62138978-2018（VF02）

序

随着我国市场经济的发展与成熟，全球经济一体化步伐的加快，市场营销在我国经济与社会生活中发挥着日益重要的作用。为市场营销培养实用人才的高职高专市场营销专业发展迅速，已成为我国财经类在校生规模最大的专业之一，同时，该专业也肩负着深化改革、更好地适应职业需要的重要使命。在全国多所高职高专院校教师深入研讨市场营销职业特点与市场营销专业的培养目标、总结各校乃至全国教学改革经验、探索教材模式创新的基础上，科学出版社策划与组织出版了本系列教材。

一、市场营销的职业特点与市场营销专业的培养目标

职业教育的生命力在于其所培养的人才与职业需要相吻合，衡量职业教育质量的首要尺度是学生就业后对职业岗位的适应能力。因此，研究市场营销专业改革与教材建设，首先就要研究市场营销的职业特点，并相应确定市场营销专业的培养目标。

市场营销职业的特点主要如下:

1. 工作的创新性。市场犹如一匹脱缰的野马，驰骋千里，瞬息万变。商场如战场，竞争激烈，机会随处可见，风险无处不在，成败有时就在旦夕之间。而且，营销人员又大多是人自为战，要独立面对与把握复杂多变的商机。市场营销既有规律可循，又无“长胜”秘诀可依，唯一的取胜之道就是创新。

2. 过程的沟通性。营销的本质是沟通。从表面上看，营销就是卖东西，而营销的实质却是人与人之间的沟通。在信息传播过程中，卖者掌握买的信息，买者掌握卖的信息；在认知与心理沟通过程中，实现买卖双方的互信与双赢；成功的沟通结束了，成功的交易也就实现了。就营销的本质而言，商家卖的不是商品，“卖”的是信息、信誉、情感。成功的营销员首先必须是个沟通高手。

3. 知识的艺术性。营销既是科学，又是艺术，而且主要是艺术。营销是有规律可循的，因此，在大量实践的基础上，创建一整套市场营销科学理论体系，对于指导营销实践具有极为重要的作用。但同时，由于市场营销工作的创新性与过程的沟通性，这就决定了营销不可能按图索骥，照搬理论，“照章”营销，而更多的是在理论的指导下，针对千变万化的市场情景，标新立异，出奇兵制胜。只“啃”书本，“熟记”营销理论，不谙营销实务，在商战中只是纸上谈兵，必败无疑。

4. 技能的心智性。高职高专多数专业都强调培养学生的动作技能，而市场营销专业则不然，强调的是心智技能的培养。固然，市场营销工作实践中

有大量的程序化的业务操作，有的还有较高的技术要求，但营销的本质是创新、是沟通、是艺术，这样，衡量一个营销人员素质与水平的核心标准就是其心智技能，如观察力、思维力、表达力、应变力、创新力等。

基于上述分析，笔者以为，高职高专市场营销专业的培养目标应为：培养具有创新精神，掌握必要理论，熟悉营销实务，以沟通能力见长的高素质营销人才。

要适应市场营销的职业需要，有效地实现上述培养目标，就必须深化市场营销专业教学改革，而改革的核心与关键就是课程的改革与建设。

二、高职高专市场营销课程的改革与建设

在教学内容结构改革上，要树立“应用整体性”理念，探索建立工作过程驱动、职业能力导向的教学内容体系。教学内容结构设计的指导思想要从学科系统性转为应用整体性。在传统的学科导向结构设计中，通常是把现实职业中鲜活的、整体化的知识人为地分解为若干学科或知识单元，教师抽象性讲授，学生“线”性理解；学生到岗位后，还需要把分散学到的知识按实际岗位职责进行重新整合，从而大大增加应用中的转换成本。在现代的应用导向结构设计中，以就业岗位应用的整体性为指导思想，以职业岗位的工作过程（业务流程）为主线设计教学内容体系，加强实务训练，注重技能培养，从而达到了解营销流程、熟悉营销实务、掌握营销技能的目标，使学生立体理解职业过程，能将所学直接运用于实际工作中，构建整体性的职业意识与职业能力结构，从而，最大限度地实现教学过程与职业过程的吻合与对接。具体可选用业务流程模式、工作任务模式、能力单元模式、岗位职责模式等。

在教学模式改革上，树立“以学生为中心”的理念，探索建立校企合作、商学结合、教学做合一等富有职教特色的模式。这就要求在教学中要实现“五个转变”：

1. 教学转为学习，即从教师教为主转变为学生学为主。

2. 从以教师为中心转变为以学生为中心，即教师从学生学习的监督者变为指导者、服务者，学生从被监督者变为学习的主人、教师与学校的服务对象。

3. 课堂教学从单向传播转变为师生互动、双向沟通、双边活动，彻底打破“一言堂”、“满堂灌”的局面。

4. 从以教师讲为主转变为以学生练为主，使学生按照营销业务流程开展实训，接触实务，训练技能。

5. 从以教师组织教学为主转变为鼓励学生组成学习团队，自我控制，师生和谐组织教学。

同时，要与企业深度合作，联手再造以理论教学为支撑的、以实训为主体的、全新的高技能人才培养过程，实现在做中学，使学生在营销中学营销，真正做到教学做合一。

三、本系列教材的特色

本系列教材在策划与编写中形成以下特色:

1. 结构流程化，应用整体性。在教材内容的选择与结构的设计上，坚持应用导向，以营销业务实际流程或环节为主线设计全书总体结构，彻底打破学科导向、按理论条目的逻辑顺序排列的老套路，并注意吸收最新理论前沿知识，总结改革实践新鲜经验。在具体内容设计与选择上，最大限度地贴近营销岗位实际业务，所学要尽可能联系或直接对应所用。同时，注意所用内容的层次定位。所选择的内容一定是高职学生这一特定层次能用得上，而且是必须用的。本系列教材研究的重点，是从企业宏观转为岗位微观、从战略转为实务、从理论知识转为职业技能。

2. 情景渗透，行动导向。打破传统教材一贯到底的知识叙述型编写模式，构建情景渗透、理实穿插的多元化、栏目式编写模式，以更好地服务于行动导向教学的需要。在教材中设置知识点、技能点、案例导入、工作描述、知识拓展、案例分析、实训项目、小结、复习思考题等栏目。并结合知识内容插入营销案例、故事、游戏等。在实训教材中，创建“营销业务流程＋典型工作任务”的综合实训模式。具体内容设计从“说”实训（许多高职实训教材仍是停留在复述知识要点的“说”实训状态）转变成“做”实训，即教材主体内容是具体安排学生实际动手、动脑去做训练项目。为保证“做”实训目标的实现: 一是校企合作、商学结合，即综合训练必须选择一个合作企业，要与企业一道组织实施；二是实训系列化，所有单元一贯到底地使用同一产品进行训练，使学生体验并实践营销全程。以营销实务训练为载体，以实际营销技能与素质培养为根本。

3. 教材系列化，资源集成化。为更好地服务于市场营销专业教学改革的目标，我们打造了一个系列化的教材群，并建立了集成化的教学资源服务系统。本系列教材分为三个子系列，即营销基本业务系列、专项业务系列、非营销专业系列。作为立体化教材精品建设工程，本系列教材还包括与之配套的辅助教学资源，包括课程教学大纲、实训指导大纲、电子教案、教学参考资料、试题库等。

本系列教材的作者主要是来自全国部分高职院校的有较为丰富教学经验和写作水平的教师，并有部分企业管理者和营销业务骨干参与编写。

由于高职高专的改革任重道远，课程改革与建设更是改革的重点与难点，加之作者水平所限，本系列教材难免存在不足，尚有心到而手不到之处。敬请广大读者批评指正。

单凤儒
于渤海大学

第二版前言

高等职业教育作为高等教育发展中的重要类型，肩负着培养面向生产、建设、服务和管理第一线需要的高技能人才的使命。不断加强教材建设，改革教学方法和手段，融“教、学、做”为一体，强化学生能力的培养，成为高职教师不断探索的使命。

为了更好地满足高职高专营销法规实务课程教学的需要，我们对《营销法规实务》第一版进行了修订。在修订过程中，我们坚持的原则是：第一，原书编排体例不变。这种编排体例与高职高专培养第一线需要的高技能人才相对接。第二，教学内容不断更新。一方面根据最新立法信息进行内容的调整；另一方面对原教材中已经过时的信息、数据进行更新。同时又增加了一些新的内容，增添了《食品安全法》和《反垄断法》两节内容，使教材内容更丰富。第三，实践训练是培养学生职业素养和综合能力的有效途径，为了强化高职高专学生的实践能力，我们对原教材实训部分进行了大幅度的修改。本书实训部分贯穿大学生自主创业这条主线。大学生自主创业主题符合当今社会和大学生的需求，因而更具有现实意义。

全书修订任务由王成芬、王晶、单丽雪、刘志慧和王悦共同完成。辽宁科技学院王成芬负责第一章、第五章；天津科技大学王晶负责第四章第二至五节，第六章；辽宁师范大学单丽雪负责第二章第一节、第三节和第四节，第四章第一节；北京信息职业技术学院刘志慧负责第三章；苏州工业园区职业技术学院王悦负责第二章第二节。

由于能力所限，书中难免有疏漏之处，请广大读者谅解并批评指正。

编　者

2014 年 1 月

第一版前言

高职高专教育作为高等教育的一个独立层次，是早已被西方国家的高等教育实践证明的大众高等教育形式之一，而教材建设是整个高职高专教育教学工作中的重要组成部分。然而，在现实中，我国的教材建设仍落后于高职高专教育的发展，因此，加强教材的建设是全体教育工作者所肩负的重任。基于此，本书在总结现有营销法规教材优缺点的基础上，结合市场的发展和变化，比较全面地介绍了与市场营销密切相关的法律和法规知识，希望能为高职高专的教材建设贡献一份力量。

本书介绍了市场营销专业常用的法律、法规，主要包括营销法规基本理论、产品质量法、商标法、价格法、合同法、广告法、反不正当竞争法、消费者权益保护法、电子商务法、直销法、特许经营法、政府采购法及营销争议解决等内容。本书是按照市场营销内在的逻辑关系及业务流程编写的，突出专业特色，符合高职高专的要求，力求做到内容实用、通俗易懂、形式创新、灵活多样。本书以科学发展观为指导，以“培养高等技术应用型专门人才”为理念，以“应用、必需、够用”为宗旨，摒弃传统专科教材以理论知识为核心，以概念、原理为主线的旧框框，立足于提高学生整体素质和学生综合能力，特别是创新能力和实践能力的培养。本书结合市场营销专业的特点，设置了补充知识、小提示、小观点、案例分析、知识拓展、实训项目等栏目，增强趣味性和可读性的同时，实现理论和实践的结合、学习理论和开发智力的结合。

本书的编写人员及分工如下：辽宁科技学院的王成芬编写第 1 章、第 5 章；辽宁师范大学的单丽雪编写第 2 章、第 4 章第一节；天津职业技术学院的王晶编写第 4 章第二至四节、第 6 章；北京信息职业技术学院的刘志慧编写第 3 章。

本书参考了相关教材、书籍及资料，并得到了渤海大学单凤儒教授的精心指导和帮助，在此一并表示感谢！

由于编者水平有限，书中疏漏之处在所难免，恳请广大读者提出宝贵意见，以便不断修订完善。

编　者

2009 年 1 月

营销法规实务综合实训课程流程化架构

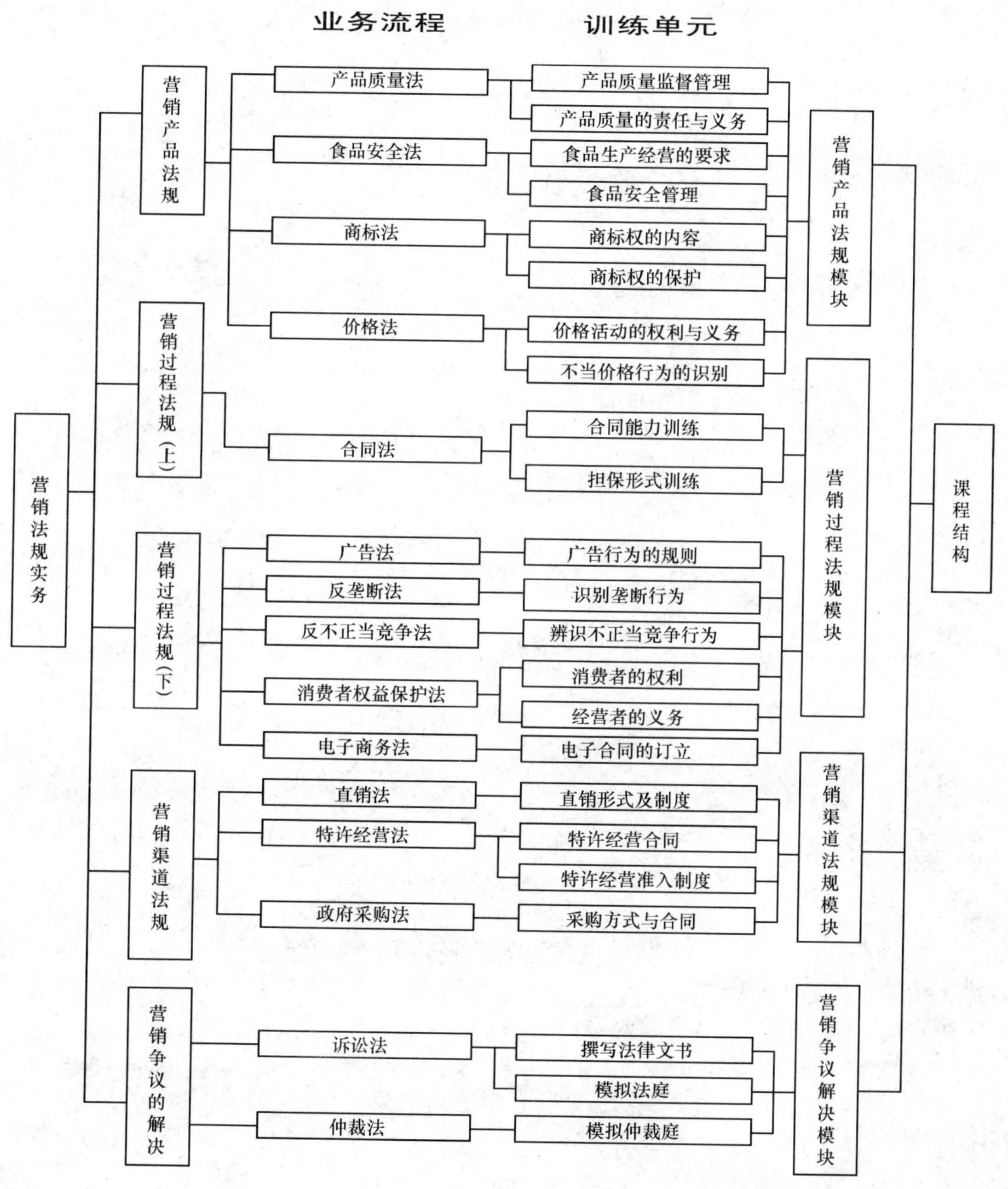

目　录

第一章 营销法规基本理论

市场营销是企业的一种市场经营活动，即企业从满足消费者需求出发，综合运用各种科学的市场经营手段，把商品和服务整体地销售给消费者。在当前市场营销活动中，生产者、经营者处于营销活动的有利地位，为了实现利益最大化，弄虚作假、误导、欺诈等不正当行为时有发生，违背了市场经济公开、公平、公正的原则，因此，为了维护市场经济的有序性，促进市场经济健康发展，必须以完善的法律制度保驾护航。

1. 理解营销法规的含义、调整对象及作用。
2. 掌握营销法律关系的三要素。
3. 能区别公司制企业、合伙企业、个人独资企业三种不同的企业形态特征，并能在实践中加以运用。
4. 掌握营销法规的相关法律制度：代理制度、债权制度、物权和所有权制度。

第一节 营销法规概述

案例导入

2004 年 12 月，某百货商场化妆部的经理郑某参加了深圳全国化妆品展销会。在展销会上，与广东某中外合资的日化公司签订了美白霜的买卖合同。合同约定：首批供货 8000 箱，共 96 000 瓶，每瓶价格为 60 元。郑某收到货物后，想到中外合资日化公司曾承诺公司信誉好，发的货不会有质量问题，所以就没有对货物进行检验。上柜不久，美白霜就吸引了不少顾客。2005 年 2 月底，为迎接 3 · 15 消费者权益保护日，市工商管理部门到商场进行检查，发现这批美白霜的瓶子、盒子上印的全部是英文，没有任何中文说明，于是决定不准销售。可郑某不理会，等检查人员一走，柜台照卖不误。市消费者协会接到群众举报，立即会同监察、技术监督部门组织联合调查组。经查，首批到货的 8000 箱美白霜，其中 1000 箱没有产品合格证书。

问题：什么是营销法规？为什么要制定营销法规？营销法规有哪些作用？

一、营销法规的概念

19 世纪末 20 世纪初，西方资本主义国家进入垄断阶段后，随着科学技术进步，社会生产力的迅速发展，买方市场日趋形成，竞争的焦点逐渐转移到流通领域，如何使产品适应市场需要，占据市场最大份额，获取最大利润成为主要焦点。市场形势的变化，使得企业力图通过对市场的研究和分析，把握市场需求和变化规律以摆脱盲目状态，在激烈的竞争中占据有利地位，于是企业开始重视研究、实践营销活动。但是在营销活动中，生产者和经营者处于主导地位，他们往往从自身利益出发，为实现利益最大化，违背市场经济的公平、公正的原则，漠视消费者的合法权益，这样，矛盾和纷争不可避免地出现。为了维护市场经济的有序性、公正性，各国政府对市场营销活动都采取了一系列手段进行干预或规范，使其制度化、法制化，于是形成了相应的营销法律法规。

营销法规是国家调整在干预或规范市场营销活动中发生的经济关系法律规范的总称。它包括营销产品、营销过程、营销渠道等方面的法律法规。它既是国家对市场营销活动进行监督管理的法律法规，又是保证企业健康运行、顺利发展的法律法规，还是维护广大人民群众利益的法律法规。

我国改革开放后，计划经济转变为社会主义市场经济，条块分割、互相封锁的封闭型市场开始向竞争、开放型市场转换，市场不仅仅是商品交换的领域和场所，还变成了和商品生产相联系的经济范畴，体现着商品生产者、经营者和消费者之间的经济关系。这种经济关系就是竞争关系。在这种情况下，国家为了充分发挥市场机制的调节功能，特别是经济体制改革时期，市场行为不规范的问题比较突出，为了维护和发展市场经济，20 世纪 80 年代开始陆续制定了一系列涉及市场营销的法律法规，进入 20 世纪 90 年代后，初步建立起市场营销竞争行为的立法执法体系，相继颁布的市场营销法律法规有：《中华人民共和国产品质量法》（以下简称《产品质量法》）、《中华人民共和国商标法》（以下简称《商标法》）、《中华人民共和国价格法》（以下简称《价格法》）、《中华人民共和国合同法》（以下简称《合同法》）、《中华人民共和国广告法》（以下简称《广告法》）、《中华人民共和国反不正当竞争法》（以下简称《反不正当竞争法》）、《中华人民共和国消费者权益保护法》（以下简称《消费者权益保护法》）、《中华人民共和国电子商务法》（以下简称《电子商务法》）、《直销管理条例》、《商业特许经营管理条例》（以下简称《特许经营条例》）、《中华人民共和国政府采购法》（以下简称《政府采购法》）、《中华人民共和国反垄断法》（以下简称《反垄断法》）、《中华人民共和国食品安全法》（以下简称《食品安全法》）等，并且随着社会实践的发展逐步完善。

营销法规是现代市场经济发展的产物。其特征是综合性、实效性。所谓综合性，包括企业营销的方方面面，从产品、价格、促销到销售渠道等，均根据各项活动的内在联系理性地予以规范，使企业营销各项工作有条不紊地进行。所谓实效性，是指营销法规的运行成果直接体现在对社会经济效益和社会效益的贡献上。企业的生存必须依靠好的经济效益和社会效益，否则企业无法生存，如果没有企业的生存，法律法规就失去意义。所以，营销法规紧紧规范企业良性运作，通过营销法规保证企业健康、有序地运行，促进企业获得公正的、公平的、正当的经济效益和社会效益。

二、制定营销法规的必要性

市场经济的健康发展绝不是市场机制独自运作的结果，只有靠法律保驾护航才能无“悖论”，才能“不失灵”。政府一方面要给予人们最大限度的经济活动的自由，另一方面又必须以完善的法律制度保证经济活动的顺利进行。

市场是由小到大，由简单到复杂逐步发展起来的，而保护市场经济的法制，也是伴随着市场经济由简单、不完善到健全、完善并形成体系的。营销法规是国家由计划经济向市场经济过渡，市场机制不够完善时期产生的。随着市场经济确立、发展、成熟，营销法规也会逐步完善起来。但是成熟的市场经济起核心作用的还是它的主体——企业，它直接关系到市场的兴衰和经济的发展，因此制定保护和规范企业营销活动，并促进企业顺利发展的营销法规就显得必要和迫切。

1. 市场的缺陷和局限性决定营销法制的必要性

市场经济是人类社会经济发展不可逾越的阶段，它的作用主要有以下几个方面。一是开拓的功能，即市场的开拓、产品的开拓、服务的开拓、效率的开拓。二是资源配置功能，即通过市场需求和价格的波动将有限的资源配置到最需要的地方。三是资金的凝聚功能，即通过市场筹措资金。四是价值评价功能，即通过市场实现和检验商品价值和使用价值的功能。五是优胜劣汰功能，即通过市场经济中的竞争机制使那些技术先进、设备精良、产销对路、管理水平较高的企业在竞争中获胜并得到发展；而那些技术陈旧、产品老化、管理不善、严重亏损的企业，在竞争中被淘汰，乃至破产，退出市场。但是市场并非万能的，也有其固有的缺陷和局限性，例如，市场调节的微观性、短视性、盲目性、自发性，缺乏公益性，存在不正当竞争等。这就要求国家通过法制调动其积极性，抑制其消极性，使市场有序运行，经济顺利发展。为了使经济法制更完善，保证企业在市场中顺畅地运行，还必须制定综合性、基础性、实效性较强的营销法规，做好对企业保驾护航和切实有利的指引。

2. 营销法规是企业规范运行的需要

在现代成熟的市场经济中，企业的营销活动是有规律的，不是杂乱无章的。从目标的确定、产品的设计、材料的采购、合同的签订、定金的交付、销售渠道的选择、广告宣传及售后服务等，都是有规律的。可是在营销法规不健全之前，很多企业不按照规律办事，缺少对营销规律的理性认识，这对企业发展是很不利的。

20 世纪 90 年代，我国相继出台了一系列营销法规，使得企业有章可循，有法可依，在执行营销法规过程中，走上了规范化的道路。营销法规不单单是权利义务法，严格地说，还是过程法，是将企业营销的权利和义务在营销过程中的内在本质、必然联系体现出来，所以营销法规的规范性较强。这样，营销法规制定与实施，不单是国家适度干预社会经济发展的需要，也是企业在逐步成熟的市场中规范经营的需要。

3. 营销法规是市场法制化的必然要求

要使市场机制的调节功能得到充分发挥，固有的缺陷得到弥补，构建市场主体的公平竞争的环境，保护经营者和消费者的合法权益，从而促进市场经济的健康发展，必须制定相适应的法律法规。美国、英国、法国、德国、日本这些发达国家均根据市场的发展，逐步制定和完善法制，使市场运行法制化。

改革开放以来，随着市场的发展，为了调动市场的积极性，克服固有的消极性，以及消除经济体制转轨带来的副作用，我国相应地制定了一系列经济法律法规，为我国庞大而又复杂的市场逐步走上正轨起到很大作用。然而，正规而成熟的市场运行，是各要素的总和。其核心是它的主体企业的健康运行，离开企业的健康运行，离开它对经济和社会的贡献，其他要素的健康运行是毫无意义的，因此在制定法律的同时，必须完善主体法制，使企业在健康的轨道上运行。这样，营销法规的制定与实施，才能真正使市场法制化。所以，营销法规是市场法制化的需要。

三、营销法规的作用

营销法规在指引、保护企业健康运行，防止企业内部各环节的矛盾，抑制企业违法行为，保护公平交易与公平竞争，维护经营者和消费者的权益，营造和建立公平竞争的环境与有序的经济秩序，促进市场经济健康发展等方面具有极其重要的作用。

1. 指引作用

营销法规不单是权利与义务法，也是过程法。使市场主体懂得在追求自身利益的同时，必须考虑自身的行为是否侵害了其他竞争者、消费者以及社会的整体利益或破坏了市场公平的竞争秩序。

2. 保障作用

在市场经济条件下，市场主体间的交易与竞争，市场活力的产生和社会财富的增长，应该主要依靠各类经营者之间独立、自主、公平、平等与合法的竞争机制。由于经营者之间竞争的动力是经济利益，总有某些竞争者为了自己的利益，在市场经营中弄虚作假，进行误导、欺诈等不正当行为，造成市场秩序混乱。营销法规的制定与实施，就是抑制这些不正当行为，保障企业间正常、公正的经济联系，保护消费者的权益不受侵犯，解决和预防市场竞争中的各种争端。

3. 营造作用

营销法规是根据企业营运的相关要素、内在本质之间的联系而制定的，因此营销法规的实施，不但为企业营运创造了良好的环境，也为企业与企业、企业与消费者营造了良好环境，也为市场公正、公平、有序的竞争营造了良好的环境。公平、公正的环境，对提高经营者的经营素质，创新发展，发挥市场的功能，弥补市场的缺陷，增强市场的活力均具有一定作用。

4. 规范作用

自然界、人类社会的运行是有规律的，市场的运行也是有规律的。有规律就要有行为规则，市场的主体是企业，企业在营运过程中，不但各部门、各环节之间有着紧密的联系；企业外部，企业与企业、企业与其他经济组织、管理部门、消费者之间均有密切联系。营销法规的制定与实施，将企业营运的内在要素与外在要素规范起来，构成行为机制，保证市场有序运行。

5. 促进作用

营销法规按照企业的营销规律制定与实施，一方面促进企业内部各部门、各环节准确、高效地做好工作，另一方面促进企业与企业，企业与其他经济组织及时、准确、高效地做好企业营销事宜，从而使企业加快生产，提高物流，加速资金周转，降低费用，提高经济效益和社会效益。这样，市场在井然有序中蓬勃发展。

案例分析

2013 年 8 月 20 日北京警方宣布，一举打掉以“秦火火”“立二拆四”为首的网络推手公司——北京尔玛互动营销策划有限公司。

“秦火火”（本名秦志晖）、“立二拆四”（本名杨秀宇）先后策划、制造了一系列网络热点事件，在网上炮制虚假新闻，歪曲事实，制造事端，混淆是非，颠倒黑白。从 2011 年“温州动车事故”至今，已造谣传谣 3000 余条，包括曾在网上制造传播铁道部巨额赔偿外国游客、雷锋生活奢侈情节、张海迪拥有日本国籍、杨澜使用武警牌照、“诈捐”等。

在网络上有组织地编造传播谣言和恶意诽谤中伤，是对公民言论自由的亵渎和对人身权利的伤害。谣言止于正义，谣言止于法律。在法治社会，人人必须遵纪守法，坚守法律道德底线。网络空间也不能例外。

讨论：结合上述案例阐述法律的作用。

第二节 营销法律关系

案例导入

2006 年 10 月 12 日，好运来建材厂向某银行申领了双币信用卡。12 月 5 日，好运来建材厂与美国某公司签订了《中美合资经营佳美灯具有限责任公司合同》（以下简称《合营合同》）。合同约定：由好运来建材厂出资 40 万美元，美国公司出资 60 万美元，共同创办佳美灯具有限责任公司。好运来建材厂将信用卡交给美方代表，用于支付中美合资公司创办过程中的费用开支。

2007 年 2 月 10 日，由于业务的需要，好运来建材厂分立为好运来建材厂和金丰灯具厂。同年 3 月 1 日，好运来建材厂、金丰灯具厂、美国某公司三方签订协议。协议约定，好运来建材厂与美国公司的《合营合同》由金丰灯具厂履行，其他内容不变。

从 2006 年 12 月 20 日到 2007 年 4 月 5 日，美国某公司使用信用卡共透支人民币 7 万元。银行催款时才知道好运来建材厂已经分立成两个公司，并且查明，好运来建材厂分立时，未在工商部门登记公告，也未到银行办理所开信用卡的有关事宜手续。《合营合同》已经获得商务部的批准，但是三方协议未获得批准。

问题：什么是营销法律关系？银行信用卡欠款应该由谁来偿还？

一、营销法律关系概述

营销法律关系是由营销法律规范所确认和调整的市场营销主体之间在市场营销活

动中所形成的权利与义务的关系。营销法律关系包括三大要素，即主体、客体、内容。

1. 营销法律关系的主体

营销法律关系的主体是指参加营销法律关系，依法享有权利和承担义务的当事人，是营销经济关系产生的先决条件，是营销法律关系客体的占有者和营销法律关系内容的实践者。

2. 营销法律关系的客体

营销法律关系的客体是指营销法律关系主体权利和义务所指向的对象。客体是确定权利义务关系性质和具体内容的依据。如果没有客体，经济权利义务就失去了依附的目标和载体。概括起来，客体主要包括以下三类：①物，是指可为人们控制的、具有一定经济价值和实物形态的生产资料和消费资料。②智力成果，是指人们通过脑力劳动创造的能够带来经济价值的精神财富，如著作、发现、发明、设计等。③行为，作为法律关系的客体不是指人们的一切行为，而是指法律关系的主体为达到一定目的所进行的作为（积极行为）或不作为（消极行为），如生产经营行为、经济管理行为、完成一定工作的行为和提供一定劳务的行为等。

3. 营销法律关系的内容

营销法律关系的内容是指营销法律关系的主体所享有的权利和承担的义务，这是营销法律关系的核心，直接体现了营销法律关系主体的要求和利益。

营销法律关系的主体指的是从事经济活动，享有权利和承担义务的个人和组织。下面主要介绍营销法律关系的主体。

二、有限责任公司

有限责任公司是指依照《中华人民共和国公司法》（以下简称《公司法》）设立的，股东以其认缴的出资额为限对公司承担有限责任，公司以其全部资产对公司债务承担责任的公司。

（一）设立有限责任公司的条件

1）股东符合法定人数。

有限责任公司由50个以下股东出资设立。《公司法》对于股东人数只有上限的规定，而没有下限的规定，承认了一人有限责任公司的法律地位。

2）股东出资达到法定资本最低限额。

法定资本又称注册资本，是指公司在公司登记机关登记的、由全体股东认缴的出资额之和，是公司营运的物质基础和对外承担债务担保的资本保证。《公司法》规定有限责任公司的注册资本最低限额为人民币3万元。一人有限责任公司的注册资本最低限额为人民币10万元。

3）股东共同制定公司章程。

公司章程是规范公司的组织与行为，规定公司与股东之间、股东与股东之间权利义务关系的公司重要的法律文件。

有限责任公司的章程由全体股东共同制定。公司章程应当载明下列事项：公司名称和住所；公司经营范围；公司注册资本；股东的姓名或者名称；股东出资方式、出资额和出资时间；公司的机构及其产生办法、职权、议事规则；公司法定代表人；股东会议认为需要规定的其他事项。所有股东应当在公司章程上签名、盖章。

4）有公司名称，建立符合有限责任公司要求的组织机构。

5）有公司住所。

（二）有限责任公司的设立程序

1. 制定公司章程

设立有限责任公司，必须根据《公司法》的规定制定公司章程。所有股东应当在公司章程上签名、盖章。公司章程对公司、股东、董事、监事、经理具有约束力。

2. 股东缴纳出资

《公司法》规定股东可以分期缴付其认缴的出资额。公司全体股东首次出资额不得低于注册资本的20%，也不得低于法定的注册资本最低限额，其余部分由股东自公司成立之日起两年内缴足；投资公司可以在5年内缴足。

股东可以用货币出资，也可以用实物、知识产权、土地使用权等可以用货币估价并可以依法转让的非货币财产作价出资；但是法律、行政法规规定不得作为出资的财产除外。以货币出资的，应当将货币出资足额存入有限责任公司在银行开设的账户；全体股东的货币出资金额不得低于有限责任公司注册资本的30%。股东以非货币财产出资的，应当进行评估作价，核实财产，不得高估或者低估作价，并依法办理财产权的转移手续。

3. 确立公司组织机构

公司应根据《公司法》的要求成立股东会、董事会或者执行董事、监事会或监事等组织机构，确定董事长、董事、监事、经理的人选。只有在确立了公司组织机构及公司高级管理人员人选后，才可以申请设立登记。

4. 申请设立登记

有限责任公司股东的首次出资经法定验资机构验资后，由全体股东指定的代表或者共同委托的代理人向公司登记机关申请设立登记。申请设立登记时应提交公司登记申请书、公司章程、验资证明等文件。法律、行政法规规定需要经有关部门审批的，还须提交有关部门的批准文件。公司登记机关对符合《公司法》规定条件的，予以登记，发给公司营业执照。公司营业执照签发日期，为有限责任公司成立日期。

公司可以设立分公司。分公司只是总公司管理的一个分支机构，不具有法人资格。

补充知识

公司作为一种现代企业组织形式，早在100多年前就广泛发展了，而且其萌芽和产生还要久远得多，距今已有2000多年的历史。在这一漫长的历史长河中，其数量、内容、形式和发育程度都经历了巨大变化。贸易的发展是公司产生的前提，信用制度的出现为公司的创立提供了条件，商品经济意识为公司的产生提供了适宜的文化土壤。

三、股份有限责任公司

股份有限责任公司是指全部资本由等额股份构成，并通过发行股票筹集，股东以其所认购的股份对公司承担责任，公司以其全部资产对公司债务承担责任的企业法人。

（一）设立股份有限责任公司的条件

1）发起人符合法定人数。股份有限公司的发起人是指依法办理筹建股份有限公司事务的人。《公司法》规定，设立股份有限公司，应当有两人以上200人以下为发起人，其中必须有半数以上的发起人在中国境内有住所。

2）发起人认缴和募集的股本达到法定资本最低限额。法定资本即注册资本，是指在公司登记机关登记的实收股本总额。股份有限公司注册资本的最低限额为人民币500万元。

3）股份发行、筹办事项符合法律规定。

4）发起人制定公司章程，并经创立大会通过。股份有限公司章程由发起人制定，公司章程应当载明的事项有：公司名称和住所；公司经营范围；公司设立方式；公司股份总数、每股金额和注册资本；发起人的姓名或者名称、认购的股份数、出资方式和出资时间；股东的权利和义务；董事会的组成、职权和议事规则；公司法定代表人；监事会的组成、职权、任期和议事规则；公司利润分配办法；公司解散事由与清算办法；公司的通知和公告办法；股东大会认为需要规定的其他事项。

5）有公司名称，建立符合股份有限公司要求的组织机构。

6）有公司住所。

（二）股份有限公司的设立程序

1. 发起人的发起

发起人确立了设立公司的共同意思后，应订立发起人协议，规定发起人相互之间的权利与义务。发起人进行具体的公司筹建工作。

2. 制定公司章程

股份有限公司章程的制定者为发起人，而不是公司全体股东。但是，发起人所订立的公司章程在公司成立前，尚不能作为公司的章程，当公司募集设立时，其后召集的股东创立大会可以对章程进行修改。章程须经创立大会决议通过后，才能作为公司的正式章程。

3. 申请设立批准

根据我国《公司法》的规定，设立股份有限公司，必须经过国务院授权部门或者省级人民政府批准。

4. 认购股份

股份有限公司的设立，可以采取发起设立或者募集设立的方式。股份认购程序因采取不同的设立方式而有很大区别。

1）发起设立。发起设立是指由发起人认购公司应发行的全部股份而设立公司。注册资本为在公司登记机关登记的全体发起人认购的股本总额。

2）募集设立。募集设立是指由发起人认购公司发行股份的 35%，其余部分向社会公开募集而设立公司。

5. 发行股份

发起人向社会公开募集股份，必须公告招股说明书，招股说明书是由发起人制定的、记载公司基本情况及招股事项的公开文件。同时制作认股书。发行股份的股款缴足后，必须经依法设立的验资机构验资并出具证明。发起人应当自股款缴足之日起 30 日内召开公司创立大会。

6. 召开创立大会

创立大会是出资人一起讨论决定即将成立的股份有限责任公司重大事项的大会，它实际上是一次股东大会。创立大会行使下列职权：①审议发起人关于公司筹办情况的报告；②通过公司章程；③选举董事会成员；④选举监事会成员；⑤对公司的设立费用进行审核；⑥对发起人用于抵作股款的财产的作价进行审核；⑦发生不可抗力或者经营条件发生重大变化直接影响公司设立的，可以作出不设立公司的决议。创立大会对上述所列事项作出的决议，必须经出席会议的认股人所持表决权的半数以上通过。

7. 申请设立登记

以发起设立方式设立股份有限公司的，发起人首次缴纳出资后，应当选举董事会和监事会，由董事会向公司登记机关报送设立公司的批准文件、公司章程、验资证明等文件，申请设立登记。

以募集设立方式设立股份有限公司的，董事会应于创立大会结束后 30 日内，向公司登记机关报送有关主管部门的批准文件、创立大会的会议记录、公司章程、验资证明、董事会和监事会成员姓名及住所、法定代表人的姓名及住所等有关文件，申请设立登记。

公司登记机关自接到股份有限公司设立登记申请之日起 30 日内作出是否予以登记的决定。对符合《公司法》规定条件的，予以登记，发给公司营业执照。公司营业执照签发日期，为公司成立日期。

小提示

公司制企业的优点：有限责任、筹资方便、企业管理水平高、所有权转移方便、企业发展稳定。

公司制企业的缺点：组建程序复杂、政府对公司的限制较多、保密性差。

四、合伙企业

合伙企业是指自然人、法人和其他组织依照《中华人民共和国合伙企业法》（以下简称《合伙企业法》）在中国境内设立的普通合伙企业和有限合伙企业。合伙企业不具有法人资格，是自然人企业。

（一）普通合伙企业

普通合伙企业由普通合伙人组成，合伙人对合伙企业债务承担无限连带责任。

1. 设立普通合伙企业应具备的条件

1）有两个以上合伙人。合伙人可以是自然人、法人或其他组织。法律、行政法规禁止从事营利性活动的人，不得成为合伙企业的合伙人，如国家公务员、人民警察、法官、检察官等。

2）有书面合伙协议。合伙协议是合伙企业成立的基础，也是合伙企业成立的必要条件。

3）有合伙人认缴或实际缴付的出资。

4）有合伙企业的名称和生产经营场所。

5）法律、行政法规规定的其他条件。

合伙协议是合伙企业成立的依据，也是确定合伙人权利义务的依据。合伙协议应当由全体合伙人协商一致，以书面形式订立。合伙协议应当载明下列事项：①合伙企业名称和主要经营场所的地点；②合伙目的和合伙企业经营范围；③合伙人的姓名或者名称、住所；④合伙人的出资方式、数额和缴付期限；⑤利润分配、亏损分担方式；⑥合伙事务的执行；⑦入伙与退伙；⑧争议解决办法；⑨合伙企业解散和清算；⑩违约责任。

合伙人可以用货币、实物、知识产权、土地使用权或其他财产权利出资，也可以用劳务出资。合伙人对自己用于缴纳出资的财产或财产权，应当拥有合法的处分权。

2. 合伙企业设立登记

申请设立合伙企业，应当向企业登记机关提交登记申请书、合伙协议、合伙人身份证明等文件。符合法定条件的，登记机关当场登记，发给营业执照；不予登记的，应当说明理由。合伙企业的营业执照签发日期是合伙企业成立日期。

（二）有限合伙企业

有限合伙企业由普通合伙人和有限合伙人组成，普通合伙人对合伙企业债务承担无限连带责任，有限合伙人以其认缴的出资额为限对合伙企业债务承担责任。

有限合伙企业与普通合伙企业相比较，具有以下几个方面的特点。

1）在人数上，《合伙企业法》规定，普通合伙企业的合伙人至少两人以上；有限合伙企业的合伙人是两个以上 50 个以下。但是法律另有规定的除外。

2）在合伙企业内部结构上，普通合伙企业的成员均为普通合伙人；而有限合伙企业的成员则划分成两个部分，即有限合伙人和普通合伙人。这两部分合伙人在主体资格、权利享有、义务承担等方面存在明显的差异。

《合伙企业法》规定，自然人、法人和其他组织都可以设立有限合伙企业，成为有限合伙企业的合伙人。但是国有独资公司、国有企业、上市公司以及公益性的事业单位、社会团体不得成为普通合伙人。

3）在经营管理上，普通合伙企业的合伙人，一般都可以参与合伙企业的经营管理；而在有限合伙企业中，有限合伙人不执行合伙企业事务，而由普通合伙人从事具体的经营管理，并且普通合伙人对合伙企业的债务承担无限连带责任。

4）在风险承担上，普通合伙企业的合伙人之间对合伙企业债务承担无限连带责任；而在有限合伙企业中，不同类型的合伙人所承担的责任则存在差异，其中，有限合伙人以其各自的出资额为限承担有限责任，普通合伙人之间承担无限连带责任。

5）在出资上，普通合伙人可以用货币、实物、知识产权、土地使用权或者其他财产权利出资，也可以用劳务出资；而有限合伙人不得以劳务出资。

小提示

合伙企业的优点：组建较为简单和容易；扩大了资金来源和信用能力；提高了经营水平与决策能力。

合伙企业的缺点：合伙人承担无限连带责任；稳定性差；容易造成决策上的延误。

案例分析

李冰、王洪、丁晖三人和一家国有企业——达华纺织股份有限公司共同设立乐美服装厂，四方签订了合伙协议。协议约定：①李冰以劳务出资，作价 15 万元；王洪以门市房出资，作价 110 万元；丁晖以现金 20 万元出资；达华公司以现金 150 万元出资。②李冰、王洪和达华公司对合伙企业债务承担无限连带责任；丁晖以其出资额为限，对合伙企业债务承担有限责任。③达华公司委派该公司销售部的经理孙军为合伙企业事务执行人，对外代表合伙企业。乐美服装厂成立后生意蒸蒸日上，不料王洪因家庭变故，精神受到刺激，患上了间歇性精神病，被认定为限制民事行为能力的人。经其他合伙人协商一致，王洪转为有限合伙人。

思考：合伙企业法对有限合伙企业中主体资格有什么要求？有限合伙人的权利怎样？限制民事行为能力的人可以是合伙人吗？

分析提示：所有的市场主体都可以参与设立合伙企业，成为合伙人。但对于特殊的市场主体来说，只能成为有限合伙人，不能成为普通合伙人。有限合伙人的权利受到一定的限制，不得以劳务出资。作为有限合伙人的自然人在有限合伙企业存续期间丧失民事行为能力的，经全体合伙人一致同意，可以依法成为有限合伙人。

五、个人独资企业

个人独资企业是依法在中国境内设立，由一个自然人投资，财产为投资个人所有，投资人以其个人财产对企业债务承担无限责任的经济实体。

补充知识

在市场经济条件下，区分不同企业形式的标准主要是出资者的责任形式和出资方式。根据出资方式及责任形式的不同，现代企业类型主要包括个人独资企业、合伙企业、公司制企业等三种类型。

（一）设立个人独资企业的条件

1）投资人为一个自然人。法律、行政法规禁止从事营利性活动的人，不得作为投资人申请设立个人独资企业。

2）有合法的企业名称。企业名称应当与其责任形式及从事的营业相符合。个人独资企业的名称中不得使用“有限”、“有限责任”、“公司”字样，个人独资企业的名称可以叫厂、店、部、工作室等。

3）有投资人申报的出资。对设立个人独资企业的出资数额法律未作限制。设立个人独资企业可以用货币、实物、土地使用权、知识产权或其他财产权利出资。投资人可以个人财产出资，也可以家庭共有财产作为出资。

4）有固定的生产经营场所和必要的生产经营条件。

5）有必要的从业人员。

（二）设立个人独资企业的程序

申请设立个人独资企业，应当由投资人或者其委托的代理人向个人独资企业所在地的登记机关提交设立申请书、投资人身份证明、生产经营场所使用证明等文件。委托代理人申请设立登记时，应当出具投资人的委托书和代理人合法证明。登记机关在收到设立申请文件之日起 15 日内，对符合条件的，予以登记，发给营业执照，营业执照签发日期为个人独资企业成立日期。

小提示

个人独资企业的优点：企业由个人出资兴办的，由业主自己直接经营，因而经营方式灵活，决策迅速；经营者与产权关系紧密、直接，利润独享，风险自担，因而精打细算，有充分的积极性对生产经营过程进行监督；信息渠道单一，经营的保密性强。

个人独资企业的缺点：无限责任、有限规模、企业寿命有限。

案例分析

2003 年 2 月，在家待业多年的杨磊想用个人的积蓄 3 万元和父母送给的 1 万元开一个干洗店。于是，他以每月 6000 元的价格租下一间临街的门市房。然后到工商管理机关以个人名义申报 3 万元的出资额。开业后，生意红火，杨磊决定扩大规模，将干洗店隔壁一家刚关闭的理发店店面也租下来，并购置了 4 台干洗机，雇用了 4 名打工者做帮手。后来，附近居民相继搬迁，干洗店生意日渐冷清，而购买干洗机所欠的 6 万元的货款未偿还，还拖欠房租 12 000 元，各债权人不断上门讨债。杨磊实在经营不下去了，对他们说：我现在就只有这 10 台机器了，价值 2 万元，反正我也想关门不干了，你们拿去抵债好了，还不上就不还了。

思考：杨磊的债务如何偿还？

分析提示：杨磊在企业登记时是以个人名义申报出资的，因此他应当以个人财产承担企业的债务；干洗店关闭时，虽然只有价值 2 万元的货物，但杨磊承担无限连带责任，即使现在没有偿还能力，其责任也不能免除。

六、公民（自然人）

按照《中华人民共和国宪法》（以下简称《宪法》）的规定，凡是具有我国国籍的人都是中华人民共和国公民。由此可见，我国公民的概念就是具有我国国籍的自然人。在我国领域内的外国人、无国籍的人，除法律另有规定外，和中国公民享有同等的权利，承担同样的义务。所以，他们作为外国公民也可以成为我国经济法律关系的主体。

公民的民事权利能力是指依法享有民事权利、承担民事义务的资格。根据法律规定，公民的民事权利开始于出生，终于死亡。具有民事权利能力的人，才享有法律上的人格，才能成为独立的民事主体。公民的民事行为能力是指能够以自己的行为独立地取得民事权利、承担民事义务的资格。《中华人民共和国民法通则》（以下简称《民法通则》）根据公民的年龄、精神状态，将公民的民事行为能力分为三种，即完全民事行为能力、限制民事行为能力、无民事行为能力。

《民法通则》规定，“公民在法律允许的范围内，依法经核准登记，从事工商业经营的为个体工商户”。“农村集体经济组织的成员，在法律允许的范围内，按照承包合同规定从事商品经营的为农村承包户”。可见，个体工商户、农村承包户的主体是公民个人和家庭。

在营销法律关系中，围绕着反不正当竞争、商标、产品质量、特许经营、广告、消费者权益等法律关系，公民个人作为主要主体参与其中。公民个人参与营销活动是以两种身份出现的，一是营销产品、服务的提供者；二是营销产品、服务的接受者。作为营销产品的提供者，要遵守法律、法规的规定，并受其约束。作为营销产品、服务的接受者，在市场经济环境中处于弱势地位，法律给予切实的保护。

案例分析

隆平高科股份有限公司发起人为 6 人，即湖南省农科院、湖南杂交水稻研究中心、湖南东方农业产业有限公司、中科院长沙农业现代化研究所、湖南省郴州市种子公司和袁隆平先生。袁隆平先生以 379.16 万元现金投入股份公司，占总股本的 5%，这样袁隆平成为公司第四大股东、名誉董事长、董事。袁隆平是如何拥有 379.16 万元入股现金的呢？

隆平高科股份有限公司的名字是由袁隆平先生授权使用的，根据公司和袁隆平签订的协议，袁隆平同意在股份公司存续期间将其姓名作为股份公司的名称和股票上市时的简称，公司则向袁隆平先生支付姓名使用费 580 万元，这样使袁隆平先生拥有了一笔资金，并用来入股企业而成为公司发起人之一。据湖南省某资产评估所的评估，“袁隆平”品牌的评估价值为 1000 亿元。

讨论：自然人入股可以采取何种方式？

第三节 相关的法律制度

案例导入

个体户王强因生意不景气，资金紧张，向王侠借款 3 万元。到期后王强没能偿还欠款。王侠多次讨要未果。一天，王侠率人到王强的店铺向其讨要欠款。王强称手头暂时没钱，请求再宽限几日。为使王强主动还钱，王侠遂强行将王强用于营运的货车扣押。王强几次托人交涉，要求王侠返还车辆，但王侠拒不返还。王强无奈，遂将王侠诉至法庭。

问题：什么是所有权？所有权和物权是怎样的关系？物权和债权有什么区别？

一、代理制度

（一）代理制度的概念及特征

代理就是代理人在代理权限内，以被代理人的名义与第三人实施法律行为，所产生的法律后果由被代理人承担的民事法律制度。代理具有以下特征。

1）代理人以被代理人的名义实施代理行为。

2）代理人须在代理权限内独立实施代理行为。

3）代理行为的法律后果直接归属于被代理人。

（二）代理的适用范围

所有的民事主体都可以成为被代理人。但对代理人而言，其必须有完全民事行为能力。代理适用的法律行为，简而言之，一般法律行为均可代理。但是，依照法律规定，下列行为不能代理：①法律规定不能代理的行为；②具有人身性质的行为；③当事人约定不能代理的行为；④法律规定只能由特定人代理的行为，特定人以外的人不得代理；⑤违法行为。

（三）代理种类

根据我国《民法通则》的规定，代理可以分为以下几种。

1. 委托代理

委托代理是指根据被代理人的授权委托而产生的代理。委托代理可以采用书面形式，也可以采用口头形式。书面形式的委托书应当写明代理人的姓名或名称、代理事项、代理权限和时间，并由委托人签名或者盖章。

2. 法定代理

法定代理是指根据法律规定而产生的代理。如法律规定无民事行为能力的人和限制行为能力的人，由他们的监护人作为法定代理人。

3. 指定代理

指定代理是指根据人民法院或者其他有关部门的指定而产生的代理。

4. 复代理

复代理是指代理人为了被代理人的利益，将其代理事项的全部或一部分又转托他人代理的一种代理类型。

（四）无效代理

无效代理指的是代理权滥用。代理权滥用给被代理人及其他人造成损害的，必须承担相应的赔偿责任。具体情形有：①代理人以被代理人的名义与自己进行的法律行为；②代理人同时代理双方当事人进行同一项法律行为；③代理人与第三人恶意串通，损害被代理人的利益。

（五）无权代理及法律后果

无权代理是指没有代理权、超越代理权或者代理权终止后而以被代理人名义进行的代理活动。无权代理具体情形有：①没有合法的授权行为；②越权代理，即行为人虽然有代理权，但实施代理行为时超越了授权范围；③逾期代理，即原有的代理权已经终止后而实施的代理行为。

无权代理视为无效民事行为，不对被代理人产生任何法律效力，但在下列情况下除外。①在无权代理的情况下，如果经过本人追认或者本人知道他人以本人名义实施民事行为而不作否认表示的，无权代理人所为的代理行为的法律后果归属于被代理人，视为有权代理。②表见代理。无权代理人所为的代理行为，善意相对人有理由相信其有代理权，在此情况下，被代理人应当承担代理的法律后果。具体情形有：被代理人对第三人表示已将代理权授予他人，而实际上并没有授权；被代理人将某种有代理权的证明文件交给他人，他人出示该文件使第三人相信其有代理权；代理权授权不明；代理人违反被代理人的意思或者超越代理权，第三人无过失地相信其有代理权；代理权终止后未采取必要措施而使第三人仍然相信行为人有代理权。

案例分析

陆某是本市一套房屋的产权人。2007 年 5 月，陆某儿子拿着他的印章、身份证和房屋产权证原件委托一家房产中介公司出售房屋。中介公司及时找到了下家徐某。2007 年 6 月，陆某的儿子和徐某签了房屋买卖合同，并办理了房屋过户手续。2007 年 8 月，徐某要求入住房屋时，遭到陆某的拒绝。陆某认为，自己的印章、身份证和房屋产权证是被儿子偷出去的，儿子的所作所为他并不知情，因此否认房屋买卖合同的效力。

思考：陆某的儿子实施卖房的行为是代理行为吗？

分析提示：由于陆某儿子所持的陆某印章、身份证和房屋产权证均是真实的，因此陆某儿子的售房行为在法律上可以视为表见代理关系。

二、债权制度

（一）概念

债权是权利主体享有的请求他人为一定行为或不为一定行为的权利。债权是一种请求权，也是一种法律关系。即按照合同的约定或法律的规定，当事人之间产生的特定的权利和义务。享有权利的是债权人，负有义务的是债务人。

（二）债权的分类

1. 特定物之债和种类物之债

按照标的物属性划分可分为特定物之债和种类物之债。特定物之债的债务人必须以约定的特定物履行债务，特定物若灭失，债务人可以免除实际履行的义务，但要承担赔偿损失责任；而种类物之债的债务人则可以以约定的同种类的任何物履行债务，若种类物灭失，不免除债务人实际履行的义务。

2. 单一之债和多数人之债

按照主体人数划分可分为单一之债和多数人之债。债权人和债务人都是一人的是单一之债。债权人和债务人有一方或双方都是两人或两人以上的是多数人之债。

3. 按份之债和连带之债

按份之债是指债权的各个主体按照预先确定的份额享有权利或承担义务的债；连带之债是指债的各个主体享有连带权利或承担连带债务的债。享有连带债权的债权人有权请求负有连带债务的任何债务人清偿全部债务，负有连带债务的债务人应当根据请求清偿全部债务。

（三）债权的发生、变更和消灭

1. 债权的发生

债券的发生必须借助于一定的法律事实，主要有合同之债、侵权之债、不当得利之债、无因管理之债等。

2. 债权的变更

债权的变更是指债权基于一定的法律事实，改变主体、内容或客体。债权的变更原因有：法律规定或国家政策的变化；双方当事人协议变更；发生不可抗力等原因。

3. 债权的消灭

债权的消灭是基于一定法律事实而终止。债权因履行、抵消、提存、混同及法律规定或行政命令等法律事实而消灭。

补充知识

债权和所有权的区别

法律意义上所讲的债和债权，含义广泛，不能简单地理解为欠钱。债是指按照合同的约定或者依照法律规定，在当事人之间产生的特定的权利和义务关系。债权与所有权不同，它不是绝对的，债权人不能直接实现权利，而需要通过相关义务人履行债务才能实现。此外，所有权只能因合法行为才能取得，而债权可由合法行为引起，也可由非法行为引起。所有权确认财产的归属，而债权体现财产的流转过程，流转的结果往往导致所有权的转移。

三、物权制度

（一）物权的概念及特征

物权是指权利人直接支配标的物享有其利益并排除他人之干涉的民事财产权利，包括所有权、用益物权和担保物权。

物权具有如下法律特征：①物权是民事财产权的一种，在这一点上物权与债权相同；②物权的客体是特定的物，这使物权与债权、知识产权区别开来；③物权是支配权、绝对权和对世权。

补充知识

物权法遏制了开发商的“一房数卖”

在物权法颁布之前，开发商将房屋“一房数卖”的现象并不少见。某房地产开发公司总共建了150套房子，却签了500多份预售合同，其中一套商品房出卖给六个买受人。没有物权法，这种“一房数卖”的受害人只能通过合同法的规定寻求救济，要求对方承担合同责任。但这种救济是事后的无奈之举。《合同法》提供的救济手段难以达到遏制开发商“一房数卖”的恶劣行径。《中华人民共和国物权法》（以下简称《物权法》）针对合同法救济手段的缺陷，规定了一项新的制度——预告登记制度。预告登记是指当事人约定买卖期房或者转让其他不动产物权时，为了限制债务人处分该不动产，保障债权人将来取得物权而作的登记。

物权体系如图1-1所示。

（二）所有权

1. 所有权的概念和内容

财产所有人依法对自己的财产享有占有、使用、收益和处分的权利。占有、使用、收益和处分的这四项权能构成了所有权的内容。

（1）占有权

占有权是所有人实际控制、管理财产的权能。占有权是行使所有权的前提条件。占有权一般由所有人行使，也可以通过约定由非所有人行使。对于非法、非善意的他人占有，所有人可以排除之，恢复其占有。

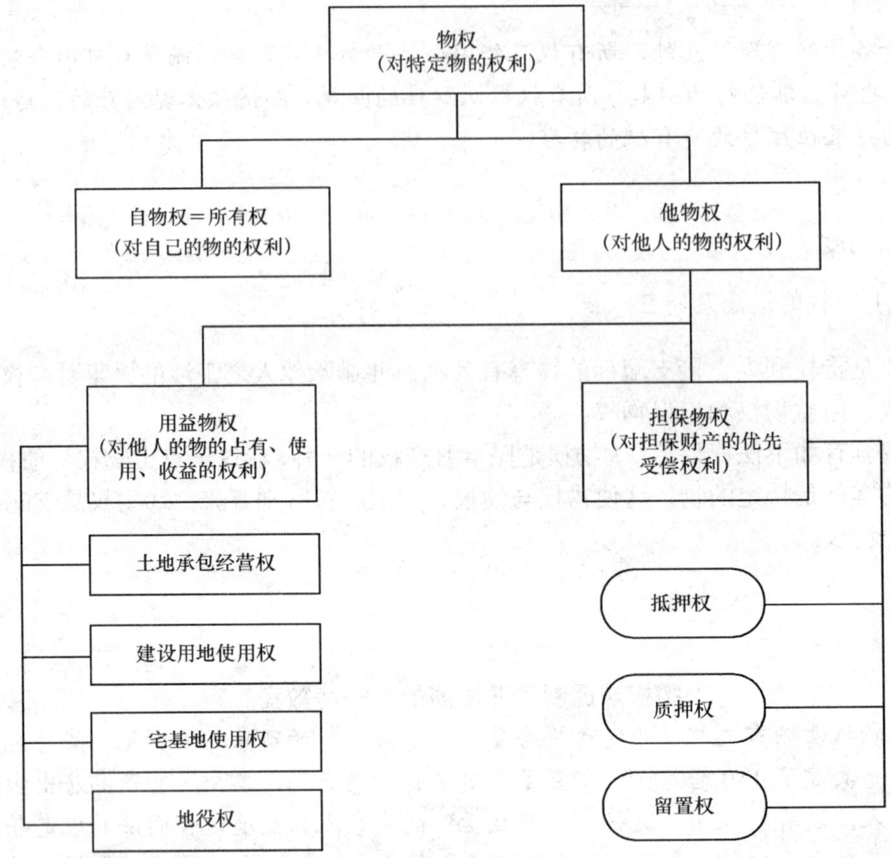

图 1-1　物权体系

（2）使用权

使用权是指按照物的性质、用途对物加以利用，以满足生产、生活需要的权能。使用分为所有人使用和非所有人使用，非所有人使用又分为合法使用和非法使用。使用必须以占有为前提，但享有占有权者并不一定享有使用权，如质权人、管理人只能对标的物进行占有而不能对其进行使用。

（3）收益权

收益权是指收取由原物产生出来的新增经济价值的权能。所谓新增经济价值包括原物派生出来的孳息（天然孳息和法定孳息）和运用原物进行生产经营活动所产生的利润。收益权也可以与所有权相分离。

（4）处分权

处分权是指依法对物进行处置，决定财产命运的权能。处分包括事实上处分和法律上处分。事实上处分是指生产或生活中使物的形态发生变化或消灭。如原材料经过生产成为产品，粮食被吃掉等。法律上处分是指依照所有人的意愿通过某种法律行为对物进行处置，如将物转让给他人。

处分权是四项权能中最基本的权能，一般只能由所有人行使。

2. 所有权的种类

按照主体不同，所有权可以分为三种。

（1）国家所有权

国家所有权是指国家作为所有人的所有权，国家是抽象的主体。法律必须找一个具体的主体来行使国家所有权，以避免国家所有权虚位。具体行使国家所有权的主体有：国务院、国家机关、事业单位、国有企业等。

（2）集体所有权

集体所有权的主体有：①区域性集体组织，如乡村集体组织；②城镇集体企业联合经济组织，如城镇集体所有制企业、城市商业银行；③合作社组织，包括农村信用社等；④国家机关和国有企业内部的集体企业；⑤社会团体。

（3）公民个人所有权

公民个人所有权主体和客体的范围具有限定性，但随着社会经济发展，法律允许公民个人拥有的财产范围越来越广泛。

补充知识

私人所有的财产都包括哪些？

"私人"包括公民、个体工商户、农村承包经营户、外国人、无国籍人，也包括个人独资企业、外资企业等。我国《民法通则》对私人财产的保护主要集中在生活资料上，《物权法》则对私人所有的生活资料、生产资料都要保护。《物权法》扩大了对私有财产的保护范围："私人对其合法的收入、房屋、生活用品、生产工具、原材料等不动产和动产享有所有权"；"私人合法储蓄、投资及其收益受法律保护"；"国家依照法律规定保护私人的继承权及其他合法权益"。

3. 所有权的取得和消灭

（1）所有权的取得

所有权的取得方式有原始取得和继受取得。原始取得是指不以原所有人的权利和意志为依据，第一次产生或直接依据法律规定而取得所有权。如生产创造的财产，国家依法强制没收、征收的财产，对所有人不明的特定财产如埋藏物、隐藏物等归国家所有。继受取得是指以原所有人的权利或意志为依据，通过法律行为或法定事实而取得所有权，如买入的房产、继承的财产。

（2）所有权的消灭

所有权的消灭是指因一定的法律事实使所有权脱离所有人。所有权消灭分为绝对消灭和相对消灭。所有权的消灭有以下几种方式：①权利人将所有权转让给他人；②权利人放弃所有权；③所有权主体消灭，包括自然人死亡和社会组织的终止；④所有权客体灭失；⑤被国家依法收缴。

4. 财产共有

（1）财产共有的概念

财产共有是指两个或两个以上所有人对一项财产共同享有所有权。在共有关系中，一项财产上只有一个所有权，所有人却是两个或两个以上的多数人。

（2）财产共有的分类

根据共有关系所有人之间对共有财产享有权利、承担义务的不同，财产共有可以分为按份共有和共同共有。按份共有是共有人按照预先确定的份额对共有财产享有权利、承担义务的共有关系；共同共有是共有人平等地、不分份额地对共有财产享有权利、承担义务。

案例分析

王某购买房屋一套，但以李某的名字进行产权登记，后李某瞒着王某把房子卖给赵某并进行了产权过户登记。数月后，王某得知李某已将自己的房屋卖给别人，遂向法院提出李某不是该房屋所有权人，并提供自己买房时从银行取款及支付房款的凭证，主张李某与赵某订立房屋买卖合同的行为属无权处分行为，申请撤销李、赵的房屋买卖合同，确认房屋所有权变动无效。

讨论：赵某能否享有房屋所有权？

第四节 营销法律关系的保护

案例导入

某乡村民刘某承包了该村的一口鱼塘，承包合同 5 年，合同约定刘某每年上交集体收入 1500 元。几个月后，村里遭遇洪水，鱼苗大部分流失、死光，致使合同不能履行。但是村里要求刘某履行合同义务，刘某拒绝。

问题：什么是法律事实？法律事实中的行为和事件有什么区别？

一、营销法律关系的发生、变更和消灭

营销法律关系的发生，是指根据法律规范在营销法律关系主体之间形成一定的权利和义务关系。营销法律关系的变更，是指营销法律关系主体、内容或客体的变化。营销法律关系的消灭，是指营销法律关系主体之间权利和义务关系的终止。

营销法律关系的发生、变更和消灭要求具备三个条件：一是有相应的法律规范的依

据；二是有营销法律关系主体，这是法律权利与义务的实际承担者；三是有法律事实出现。法律事实是指由法律规范所确定的、能够产生法律后果，即能够直接引起法律关系发生、变更或者消灭的客观情况。根据法律事实与法律主体的意志是否有关，可以分为两大类：行为和事件。

（一）行为

行为是指以主体意志为转移、能够引起法律后果，即引起法律关系发生、变更和消灭的人们有意识的活动。它是引起法律关系发生、变更和消灭的最普遍的法律事实。行为按其性质可以分为合法行为和违法行为。

合法行为是指符合经济法律规范要求的行为。合法行为引起法律关系的发生、变更和消灭的情况最为常见，如依法订立合同、登记行为、监督行为等。

违法行为是指违反营销法规，侵犯其他主体权利的行为。如侵权行为可以引起民事诉讼和损害赔偿关系，违反行政法规可以引起行政处罚和行政处分关系。

（二）事件

事件是指不以人的主观意志为转移的，能够引起法律关系发生、变更和消灭的客观事实。事件可以是自然现象，如地震、洪水、台风等造成的自然灾害；也可以是某些社会现象，如战争爆发、重大政策的改变等，虽然是人的行为引起，但其出现在特定法律关系中并不以当事人的意志为转移。自然灾害可引起保险赔偿关系的发生或合同关系的解除；重大社会变革可引起多领域法律关系的变化。由自然现象引起的事实又称为绝对事件，由社会现象引起的事实又称为相对事件。它们的出现都是不以人们（当事人）的意志为转移的，具有不可抗力的特征。

二、违反营销法规的法律责任

（一）法律责任与法律制裁的概念

法律责任，从广义上说与法律义务含义一致，司法上对法律责任通常作狭义解释，指法律关系主体由于违法行为、违约行为或者由于法律规定而应承受的某种不利的法律后果。欠债还钱、杀人偿命，是人们对法律责任最通俗的解释。

产生法律责任的原因大体上可以分为三种：①侵权行为，也就是违法行为，如侵犯他人的财产权利、人身权利等；②违约行为，即违反合同规定，没有履行合同法律关系中作为的义务或不作为的义务；③法律规定，指无过错推定责任或叫严格责任。

与道义责任或其他社会责任相比，法律责任有两个特点：①承担法律责任的最终依据是法律。虽然承担法律责任的具体原因或者说法律事实各有不同，但最终依据是法律。②法律责任具有国家强制性，即法律责任的履行由国家强制力保证。当然，国家强制力一般是作为威慑力隐蔽于法律实施的幕后，只有在责任人不主动履行其应承担的法律责任时，才需要使用国家强制力。

与法律责任相联系的另外一个经常用到的词是法律制裁。法律制裁是由特定国家机关对违法者依其所应负的法律责任而实施的强制性惩罚措施。法律制裁与法律责任有着密切的联系。法律制裁是承担法律责任的重要方式，法律责任是前提，法律制裁是结果或体现。法律制裁的目的，是强制责任主体承担不利的法律后果，惩罚违法者，恢复被侵害的权利和法律秩序。法律制裁与法律责任又有明显的区别，有法律责任不等于有法律制裁。当责任人主动履行了其应当承担的法律责任时，就不存在法律制裁；只有由特定国家机关凭借国家强制力追究违法者的法律责任时，才称为法律制裁。

（二）承担法律责任的原则

1. 过错责任原则

过错责任原则是我国法律确认的，在追究违法主体的法律责任时普遍适用的一项原则，其使用应具备以下条件。

1）有违法行为。违法行为是指营销法律关系的主体拒不履行和不适当履行法定义务。违法主体通过作为或不作为的方式违反法定义务。

2）行为人有过错。过错是指行为人在实施违法行为时，主观上所持的故意或过失的心理状态。故意是指行为人能够预见到自己行为会产生一定的危害社会的后果，但仍实施该行为并希望或放任危害结果的发生；过失是指行为人应该预见自己的行为会发生危害结果，但由于疏忽大意而没有预见或者虽然预见却轻信可以避免而致使危害结果发生。

3）有损害或危害的事实。一般来说，行为人的行为只要违法，就应当承担相应的法律责任。但是，违法行为是否造成了危害经济管理秩序或损害他人利益的事实，是确定法律责任时一个不可忽视的要件。

4）违法行为与危害事实之间要有因果关系。如果违法行为与危害事实之间没有因果联系，就不能让行为人对该损害承担责任。

2. 无过错责任原则

无过错责任原则是指在有法律直接规定的情况下，无论行为人有无过错都要对其行为导致的损害事实承担责任的原则。无过错责任原则是营销法律关系主体承担法律责任的特殊原则。所谓特殊，是指这种原则只有在特定情况下，即在法律有明确规定时才能适用。这一原则的确立，可以使因实行过错责任原则得不到应有补偿的受害人得到补偿，使法律责任的承担更加公平、合理。

（三）法律责任的种类

根据我国有关法律规定，违反法律、法规应当承担的法律责任可分为民事责任、行政责任和刑事责任三种，也有人将民事责任和行政责任中的经济内容部分称为经济责任。

1. 民事责任

民事责任是指法律关系主体由于民事违法、违约行为或根据法律规定所应承担的不利的法律后果。根据《民法通则》的规定，承担民事责任的主要形式有：①停止侵害；②排除妨碍；③消除危险；④返还财产；⑤恢复原状；⑥修理、重作、更换；⑦赔偿损失；⑧支付违约金；⑨消除影响、恢复名誉；⑩赔礼道歉。

2. 行政责任

行政责任是指国家行政机关或国家行政机关授权的组织依行政程序对违反法律、法规规定的当事人所给予不利后果的法律追究。行政责任包括行政处分和行政处罚，种类有：①警告；②罚款；③没收违法所得、没收非法财物；④责令停产停业；⑤暂扣或者吊销许可证、暂扣或者吊销执照；⑥行政拘留；⑦法律、行政法规规定的其他行政处罚。

3. 刑事责任

刑事责任是指触犯国家刑法的犯罪人所应承受的由国家审判机关（人民法院）给予的不利后果的法律追究。根据我国刑法规定，刑罚分为主刑和附加刑两类。主刑是对犯罪分子适用的主要刑罚，有管制、拘役、有期徒刑、无期徒刑和死刑 5 种；附加刑是补充、辅助主刑适用的刑罚，有罚金、剥夺政治权利、没收财产。附加刑可以附加于主刑之后作为主刑的补充，同主刑一起适用，也可以单独适用。

案例分析

某房地产开发商对正在开发的某花园小区进行预售，该小区于 3 月份动工，预计同年 9 月份完工交付使用。该公司在与购房者签订的合同中约定，开发商于 2003 年 9 月 30 日前交房，逾期按日千分之一支付违约金，如逾期 30 日以上，购房者有权单方面解除合同，不可抗力因素除外。结果到 9 月底时，开发商未能如期交房。当购房者找到开发商要求索赔时，却遭到了开发商的拒绝。开发商声称，之所以迟延交房是由于不可抗力造成的，本来按规划是可以如期完工的，但是今年雨水大，七八月份连续下了几场大雨，好多天都没办法施工。再有，由于该公司是省建筑行业的龙头企业，在施工期间各级领导多次前来视察工作，导致该公司多次停工，多次修改施工进度。所以，迟延交房是不可抗力造成的，开发商不承担违约责任。购房者对开发商的说法不同意，故诉到法院。

讨论：下雨和上级领导视察导致开发商延期交房是行为还是事件？为什么？

小　结

营销法规是调整营销活动的法律规范的总称。营销法规在指引、保护企业健康运行，抑制企业违法行为，保护公平交易与公平竞争，维护经营者和消费者的权益，促进市场经济健康发展等方面具有极其重要的作用。

营销法律关系是指当事人在营销活动中所形成的权利义务关系，营销法律关系是由主体、客体和内容三个要素组成的。

代理是代理人在代理权限内，以被代理人的名义与第三人实施法律行为，所产生的法律后果由被代理人承担的民事法律制度。债权是权利主体享有的请求他人为一定行为或不为一定行为的权利。物权是指权利人直接支配标的物享有其利益并排除他人之干涉的民事财产权利，包括所有权、用益物权和担保物权。

营销法律关系发生、变更和终止要依据一定的法律事实。法律事实是指由法律规范所确定的、能够产生法律后果，即能够直接引起法律关系发生、变更或者消灭的客观情况。根据法律事实与法律主体的意志是否有关，分为行为和事件。

思 考 题

1．简述营销法规的概念及营销法律关系的构成要素。
2．简述公司制企业、合伙企业、个人独资企业三种企业形态的区别。
3．营销经济法律关系产生、变更和终止的条件是什么？
4．物权和所有权的区别是什么？
5．物权与债权有哪些区别？
6．代理制度在营销活动中的作用是什么？

案 例 讨 论

1998年3月，甲贸易公司与乙技术开发公司签订买卖电视机套件合同。合同约定：由乙供应电视机套件25 000套，每套293元，总货款732.5万元，甲与乙签订合同后7日内预付款50%。合同订立后，甲立即与某县供销社签订电视机买卖合同，并依据该合同取得预付款75万元，汇给了乙。乙用该款购入部分电视机散件发给甲。因散件不配套，无法组装成机，甲要求乙继续发货。而乙无资金，又无正常的货源渠道，同时甲也没按合同约定付足预付款。于是双方发生纠纷。

受诉法院查明：甲、乙系乡镇企业，注册资金分别是2万元和10万元，根本无力履行高达700多万元的合同，靠收取他人的预付款进行经济活动。双方在无实际履约能力情况下签订的合同应属于无效合同。

讨论：

（1）当事人参加营销法律关系应具备怎样的条件？

（2）甲贸易公司与乙技术开发公司形成的法律关系的依据是什么？

（3）甲贸易公司与乙技术开发公司应该承担怎样的法律责任？

实 训 项 目

实训目的：

理解不同企业类型的法律地位及特征，解释不同类型企业的内部管理体制。

实训方式：

学生分成小组，扮演投资人，模拟成立个人独资企业、合伙企业或有限责任公司。

实训背景资料：

赵天天和张长弓毕业于一家糕点技术专修学校，会做各式面包、蛋糕等美食。刘流在大学里学的是市场营销专业，能说会道，头脑灵活，交际能力比较强。三人毕业后，经过一番市场调研，决定自主创业，开办面包房。

赵天天拿出家里资助的 4 万元现金，在市中心租了个大约 30 平方米的临街房做营业用房。张长弓也从朋友那里借来了 1 万元。他们购置了面包房所需要的烤箱、烘焙设备、和面机、酥皮机、烧烤炉、面包模具、蛋糕模具，三人开始了创业。在申请营业执照时，三人犯难了，不知道选择什么类型的企业适合他们。是公司企业？个人独资企业还是合伙企业？

实训内容：

1．评价三种企业类型各自的优势和局限性。

2．给自己的企业或公司起个名称，起草公司章程或合伙协议。

3．建立组织机构。

实训要求：

根据实训内容，学生分成小组，扮演投资人。各小组进行商讨，然后每个小组派代表发言，阐述本企业类型选择的理由，进而阐明公司章程或合伙企业的合伙协议及组织机构的构建。其他小组同学给予评价。最后老师就各小组完成情况进行总结发言，评定各小组的成绩。

知 识 拓 展

请学生阅读以下法条：

[1]《中华人民共和国民法通则》，1986 年 4 月 12 日第六届全国人民代表大会第四次会议通过，1987 年 1 月 1 日起施行。

[2]《中华人民共和国公司法》，2005 年 10 月 27 日第十届全国人民代表大会常务委员会第十八次会议修订，2006 年 1 月 1 日起施行。

[3]《中华人民共和国个人独资企业法》，1999 年 8 月 30 日第九届全国人民代表大会常务委员会第十一次会议通过，2000 年 1 月 1 日起施行。

[4]《中华人民共和国合伙企业法》，1997 年 2 月 23 日第八届全国人民代表大会常务委员会第二十四次会议通过，2006 年 8 月 27 日第十届全国人民代表大会常务委员会第二十三次会议修订，2007 年 6 月 1 日起施行。

[5]《中华人民共和国物权法》，2007 年 3 月 16 日第十届全国人民代表大会第五次会议通过，2007 年 10 月 1 日起施行。

第二章

营销产品法规实务

产品是市场营销的核心和基础，商标和价格是产品的组成部分。企业若想生存和发展，一方面要树立现代产品观念，另一方面要自觉遵守《产品质量法》、《食品安全法》、《商标法》和《价格法》等法律法规，确保消费者的合法权益，维护正常的市场经营秩序。

1. 理解产品质量监督管理制度的内容。
2. 解释生产者、经营者的产品质量责任和义务。
3. 理解食品安全监管制度的内容。
4. 解释食品生产经营者的责任和要求。
5. 说明商标的概念和构成要素，能够识别商标与其他商业标志的区别。
6. 了解经营者定价的权利和义务，指导企业在营销活动中依法定价。
7. 熟悉价格违法行为。经营者要守法经营；消费者懂得维护自己的合法权益。

第一节 产品质量法

案例导入

陆某为装修房屋先后向恒成装饰材料门市部购买了138.27平方米的水曲柳实木地板，总价款人民币8711元。装修竣工后不久，他发现室内飞虫不断，越来越多，影响正常生活。故陆某将出售地板的恒成装饰材料门市部起诉到法院，称飞虫系地板中所长出，显然地板质量不合格，故要求将已铺设使用的地板退货，并由被告承担赔偿责任。本案在审理过程中，有两种意见：一种意见认为，地板铺设后出现飞虫是质量瑕疵，属于没有按照合同约定交付合格的货物，是违约行为；另一种意见认为，地板出现飞虫，不仅是质量瑕疵，而且是产品缺陷，属于产品责任。

问题：什么是产品质量？生产者、销售者对其生产或销售的产品有什么样的质量责任和义务？在产品出现质量问题时，消费者应该向谁主张赔偿？本案中的销售者到底应该承担何种责任？

一、产品质量法概述

（一）产品和产品质量

在营销活动中，产品既是营销活动的对象，也是营销活动的核心，可以说一切营销行为都是围绕着产品而展开的。那么何谓产品？产品就是通常所说的商品，从经济学意义来讲，生产者生产出来的非自然物品就是产品。在商品经济条件下，产品就成了商品。从法律的意义来讲，对产品概念的界定相对严格，不同国家的不同立法对产品的概念的界定在内涵和外延上颇有不同。我国《产品质量法》中对产品的定义是："本法所称产品是指经过加工、制作，用于销售的产品。"产品的法律特征是：第一，产品必须经过加工、制作，天然物品，比如空气、河水等不是产品；第二，产品必须是用于销售的，即产品必须是用来交换的商品，虽经加工、制作，如果没有用来销售，也不是《产品质量法》中所说的产品。同时，《产品质量法》规定："建筑工程不适用本法的规定"，即建筑工程不属于《产品质量法》中所说的产品。

小提示

《产品质量法》中的产品不同于经济学意义上的产品，有其特定范围。只有属于《产品质量法》中的产品才适用《产品质量法》的规定。

产品质量是指产品满足明示或隐含要求的能力的特征的总和[①]。所谓"明示"，是指通过合同、产品说明书、广告、样品等明确告知。"隐含"则指虽未明示，但可通过法律法规、有关质量标准，以及用户和消费者对产品的基本产品期望等作出判断。产品质量是用户和消费者要求的集中体现。由于人们对产品质量的要求具有差异性，因而产品质量的具体内容难以作出统一、完整的界定。但产品的适用性和安全性则是一切产品共同的最基本的质量特征。所谓适用性，是指产品在性能上能满足用户和消费者使用的基本需要。所谓安全性，是指该产品在使用时具有安全性，能保证用户和消费者的人身和财产安全。产品质量是产品的生命，是企业竞争力的源泉。优良的产品质量对企业树立品牌、赢得声誉、占领市场都具有重要的意义。

小观点

对产品质量来说，不是100分就是0分。

——松下幸之助

（二）《产品质量法》

产品质量不仅关系到企业的竞争力，还涉及社会经济秩序和消费者权益。为了加强对产品质量的监督管理，提高产品质量水平，明确产品责任，保护消费者合法权益和维护社会经济秩序，国家制定了以《产品质量法》为核心的规范产品质量监督、产品质量责任的法律法规体系。

产品质量法是指调整产品质量监督管理关系和产品质量责任关系的法律规范的总和。狭义的产品质量法也叫形式意义上的产品质量法，专指《产品质量法》。广义的产品质量法则包括产品质量基本法的配套法规，如《产品质量认证条例》以及其他法律法

① 李昌麒．2007．经济法学．北京：中国政法大学出版社：324．

规中关于产品质量的规定，如《计量法》、《标准化法》、《商标法》、《药品管理法》、《食品卫生法》、《进出口商品检验法》)、《反不正当竞争法》、《消费者权益保护法》、《民法通则》等法律中有关产品质量的规定。

二、产品质量监督管理法律制度

（一）产品质量的监督管理机关

根据《产品质量法》的规定，我国产品质量监督机构是国务院产品质量监督部门和地方各级产品质量监督部门。国务院产品质量监督部门，即国家质量监督检验检疫总局；地方各级产品质量监督部门主要指县级以上地方人民政府质量技术监督部门和其他依法对产品质量监督负有责任的有关部门。

产品质量监督机构的职权如下：第一，对产品质量进行宏观监督。《产品质量法》规定，各级人民政府应当把提高产品质量纳入国民经济和社会发展规划，加强对产品质量工作的统筹规划和组织领导，引导、督促生产者、销售者加强产品质量管理，提高产品质量，组织各有关部门依法采取措施，制止产品生产、销售中违反本法规定的行为。国务院产品质量监督部门主管全国产品质量监督工作。国务院有关部门在各自的职责范围内负责产品质量监督工作。县级以上地方产品质量监督部门主管本行政区域内的产品质量监督工作。县级以上地方人民政府有关部门在各自的职责范围内负责产品质量监督工作。第二，对具体产品质量违法案件进行查处。《产品质量法》规定，县级以上产品质量监督部门根据已经取得的违法嫌疑证据或者举报，对涉嫌违反本法规定的行为进行查处时，可以行使下列职权：对当事人涉嫌从事违反本法的生产、销售活动的场所实施现场检查；向当事人的法定代表人、主要负责人和其他有关人员调查、了解与涉嫌从事违反本法的生产、销售活动有关的情况；查阅、复制当事人有关的合同、发票、账簿以及其他有关资料；对有根据认为不符合保障人体健康和人身、财产安全的国家标准、行业标准的产品或者有其他严重质量问题的产品，以及直接用于生产、销售该项产品的原辅材料、包装物、生产工具，予以查封或者扣押。县级以上工商行政管理部门按照国务院规定的职责范围，对涉嫌违反本法规定的行为进行查处时，可以行使上述职权。

（二）产品质量监督的主要制度

1. 产品质量检验制度

产品质量检验是指按照特定的标准，对产品质量进行检测，以判明产品是否合格的活动。这里的标准可以是国家标准、行业标准、地方标准或企业标准。但有强制性标准的产品，必须要按强制性标准检验。《产品质量法》关于产品质量检验的规定主要如下。

（1）产品质量检验的基本要求

根据《产品质量法》的规定，对产品质量检验的基本要求是产品质量应当检验合格，不得以不合格产品冒充合格产品。对可能危及人体健康和人身、财产安全的工业产品，必须符合保障人体健康和人身、财产安全的国家标准、行业标准；未制定国家标准、行业标准的，必须符合保障人体健康和人身、财产安全的要求。禁止生产、销售不符合保障人体健康和人身、财产安全的标准和要求的工业产品。

（2）产品质量检验机构

产品质量的检验从主体上可分为生产经营者的自我检验以及产品质量检验机构的第三方检验。产品质量检验机构是依法成立的对产品质量为社会提供公证检验数据和检验结论的机构。《产品质量法》对产品质量检验机构的资格和性质做了规定。按照规定，产品质量检验机构必须具备相应的检测条件和能力，经省级以上人民政府产品质量监督部门或者其授权的部门考核合格后，方可承担产品质量检验工作。另外，由于我国的《药品管理法》、《计量法》、《食品卫生法》、《进出口商品检验法》等法律、法规，分别对药品、计量器具、食品、进出口商品等特殊产品的质量检验设有专门的机构。因而为了保证对这些特殊商品质量检验的专业化和保持法律之间的协调，《产品质量法》规定法律、行政法规对产品质量检验机构另有规定的，依照有关法律、行政法规的规定执行。除上述某些特殊产品的质量检验机构外，其他产品质量检验机构是社会中介机构，必须依法设立，不得与行政机关和其他国家机关存在隶属关系或者其他利益关系。

小观点

产品质量检验机构是中介服务机构，产品质量检验机构必须保持其客观性和中立性，以保证产品质量检验的客观、公正、准确。

2. 标准化管理制度

为了实现产品质量管理的专业化、社会化和现代化，促进技术进步、改进产品质量，产品质量应实施标准化管理，即对产品质量制定特定的标准并予以实施。

（1）产品质量标准的制定

产品质量的标准分为国家标准、行业标准和国际标准。行业标准和国家标准是我国国内的标准，由国务院有关主管部门依法制定。按照《标准化法》的规定，国家标准由国务院标准化行政主管部门（现在即为国家质量技术监督局）制定，行业标准由国务院有关行业主管部门制定，报国务院标准化行政主管部门备案。国际标准是指由国际标准化组织（ISO）和国际电工委员会（IEC）所制定的标准，以及国际标准化组织确认并公布的其他国际组织制定的标准。这些标准中的产品质量标准，是组织产品生产、检验产品质量、进行质量管理的基本技术依据。

（2）产品质量标准的实施

按照产品质量法的规定，可能危及人体健康和人身、财产安全的工业产品，如电器、压力容器、易燃易爆产品、儿童玩具、医疗器械等，必须符合保障人体健康和人身、财产安全的国家标准、行业标准；未制定国家标准、行业标准的，必须符合保障人体健康和人身、财产安全的要求，包括符合依法制定的有关地方标准。禁止生产、销售不符合保障人体健康和人身、财产安全的标准和要求的工业产品，这样的产品一旦生产并进入流通环节，将危及消费者的生命和财产安全，必须坚决制止。

小提示

依照《标准化法》的规定，保障人体健康，人身、财产安全的标准是强制性标准；强制性标准必须执行。

3. 企业质量体系认证制度

企业质量认证是指由国家产品质量监督管理部门或其授权的部门认可的认证机构，依据国际通用的“质量管理和质量保证”系列标准，对企业的质量体系和质量保证能力进行审核合格，颁发企业质量体系认证证书，以兹证明。所谓国际通用的“质量管理和质量保证”系列标准，是由国际标准化组织/质量管理和质量保证技术委员会（ISO/TC176）编写的国际化通用质量管理准则 ISO 9000 族标准，旨在完善单位内部质量管理、稳定产品和服务质量、提高顾客的信任度和单位的信誉度。

产品质量是企业的生命，而科学、先进、完善的企业质量管理体系则是产品质量的保证。《产品质量法》规定，国家根据国际通用的质量管理标准，推行企业质量体系认证制度。企业根据自愿原则可以向国务院产品质量监督部门认可的或者国务院产品质量监督部门授权的部门认可的认证机构申请企业质量体系认证。经认证合格的，由认证机构颁发企业质量体系认证证书。获得认证的企业可以在产品或其包装上标明。

小观点

企业质量体系认证的作用在于，在有合同的条件下，是为了提高卖方的质量信誉，向买方提供质量担保，增强企业在市场上的竞争力。在非合同条件下，有助于加强企业内部质量管理、实现质量方针和目标。

4. 产品质量认证制度

产品质量认证是指依据特定的产品标准和技术要求，经过认证机构确认，并通过颁发认证证书和产品质量认证标志的形式，证明产品符合相应的标准和技术要求的活动。自 1903 年，英国标准学会首创世界第一质量认证标志——“风筝”标志至今，质量认证已成为国际通行的标准实施监督有效形式。对有效地贯彻执行标准，保证产品质量，维护经济利益和人身安全及健康，提高产品在国内外市场上的竞争能力，具有很重要的作用。我国《产品质量法》规定，国家参照国际先进的产品标准和技术要求，推行产品质量认证制度。企业根据自愿原则可以向国务院产品质量监督部门认可的或者国务院产品质量监督部门授权的部门认可的认证机构申请产品质量认证。经认证合格的，由认证机构颁发产品质量认证证书，准许企业在产品或者其包装上使用产品质量认证标志。

1981年4月，我国成立中国电子元器件认证委员会后，开始实行产品质量认证制度。产品质量认证的依据是《产品质量法》、《标准化法》和《产品质量认证管理条例》。依据法律、法规规定，产品质量认证分为安全认证和合格认证。认证合格后，经认证机构批准，产品的生产者可以在认证合格的产品上、产品包装物、产品说明书或者出厂合格证上使用产品质量认证标志。产品质量认证标志一般情况下不是必须标注的产品标识。即使是生产者获得了产品质量认证，也可以不使用。但是，对于国家法律、行政法规和质量技术监督部门会同国务院有关部门制定的规章规定的实施安全认证强制性监督管理的产品，比如电视机、电冰箱等电工产品，必须取得电工产品安全认证，并在产品上加贴安全认证标志。

补充知识

产品质量认证标志是指产品经法定的认证机构按规定的认证程序认证合格，准许在该产品及其包装上使用的表明该产品的质量性能符合认证标准的标识。使用认证标志，可提高商品的竞争力，增强用户的信任度。目前，我国国内常见的关于产品质量和安全认证的标志主要有：中国强制认证标志（CCC）、中国质量环保产品认证标志（CQC）、中国名牌产品认证标志、中国有机产品认证标志、中国饲料产品认证标志、无公害农产品认证标志、中国能源效率标识、适用于电子元器件产品的PRC认证标志等。此外，一些较有影响的国际机构和外国的认证机构按照自己的认证标准，也对向其申请认证并经认证合格的我国国内生产的产品颁发其认证标志。如国际羊毛局的纯羊毛标志、美国保险商实验室的UL标志、欧盟的CE标志等都是在国际上有较大影响的认证标志。

为了加强对产品质量认证的管理，《产品质量法》规定，从事产品质量认证的社会中介机构必须依法设立，不得与行政机关和其他国家机关存在隶属关系或其他利益关系。产品质量认证机构必须依法按照有关标准，客观、公正地出具检验结果或认证证明。

5. 产品质量监督制度

为了保证产品的质量，设立监督检查制度是必要的。产品质量监督包括国家监督和社会监督。

（1）国家监督

国家监督即国家以抽查为主要方式对产品质量实行的监督检查制度。对可能危及人体健康和人身、财产安全的产品，影响国计民生的重要工业产品以及消费者、有关组织反映有质量问题的产品进行抽查。

抽查的样品应当在市场上或者企业成品仓库内的待销产品中随机抽取。根据监督抽查的需要，可以对产品进行检验。检验抽取样品的数量不得超过检验的合理需要，并不得向被检查人收取检验费用。监督抽查所需检验费用按照国务院规定列支。国家监督抽查的产品，地方不得另行重复抽查；上级监督抽查的产品，下级不得另行重复抽查。生产者、销售者对抽查检验的结果有异议的，可以自收到检验结果之日起 15 日内向实施监督抽查的产品质量监督部门或者其上级产品质量监督部门申请复检，由受理复检的产品质量监督部门作出复检结论。

监督抽查工作由国务院产品质量监督部门规划和组织。县级以上地方产品质量监督部门在本行政区域内也可以组织监督抽查。法律对产品质量的监督检查另有规定的，依照有关法律的规定执行。对依法进行的产品质量监督检查，生产者、销售者不得拒绝。国务院和省、自治区、直辖市人民政府的产品质量监督部门应当定期发布其监督抽查的产品的质量状况公告。

（2）社会监督

对产品质量的监督、管理是一个复杂的问题，需要从全社会综合治理的角度去考虑。因而《产品质量法》不仅规定了国家技术监督部门、企业主管部门和综合经济管理部门履行产品质量监督的职责，同时明确了产品质量的社会监督问题。《产品质量法》规定，消费者有权就产品质量问题，向产品的生产者、销售者查询；向产品质量监督部门、工商行政管理部门及有关部门申诉，接受申诉的部门应当负责处理。保护消费者权益的社会组织可以就消费者反映的产品质量问题建议有关部门负责处理，支持消费者对因产品质量造成的损害向人民法院起诉。另外，报刊、广播、电视等社会舆论单位，有权依法运用新闻媒介，对产品质量进行舆论监督。

小提示

标明企业质量体系认证标识或有关产品质量的标识对于提高产品质量形象和声誉，使消费者更容易接受和认知该产品具有重要的意义。企业应当加强质量管理，完善质量管理制度，以增强产品在市场上的竞争力，提升企业形象。

三、生产者、销售者关于产品质量的责任和义务

为了加强产品质量管理，促进企业提高、保证产品质量，维护消费者合法权益和正常的市场秩序，《产品质量法》对生产者和销售者的产品质量责任、义务作了明确的规定。企业必须遵守法定义务，依法开展生产经营活动。

（一）生产者的产品质量责任和义务

1. 生产者的产品质量责任

生产者是市场经济活动的主体之一，是产品的直接制造者，而其产品最终要流入消费领域，为消费者所使用。生产者只有努力使自己生产的产品在适用性、安全性、可靠性、经济性等质量指标上，都符合相应的标准和要求，才能满足消费者的需要，实现产

品的价值，才能取得相应的经济效益，在激烈的市场竞争中求得生存和发展。因而法律规定保证产品质量是生产者的首要义务。《产品质量法》规定，生产者对其产品的质量责任如下。

1）不存在危及人身、财产安全的不合理的危险，有保障人体健康和人身、财产安全的国家标准、行业标准的，应当符合该标准。产品不存在危及人身、财产安全的不合理的危险，是法律对产品质量最基本的要求，直接关系到产品使用者的人体健康和人身、财产安全。生产者违反这一质量保证义务的，将要依法承担责任。这就要求生产者在产品设计、制造上保证安全、可靠，不存在产品缺陷，有国家标准、行业标准的，严格执行该标准。没有国家标准、行业标准的新产品，生产者应当通过制定企业标准等措施，保证其产品具备应有的安全性能，达到保证其产品不存在危及人身、财产安全的不合理的危险的法定要求。

2）具备产品应当具备的使用性能，但是对产品存在使用性能的瑕疵作出说明的除外。产品的使用性能，是指其应当具备的基本的使用功能，并在正常使用条件下应有的合理使用寿命。产品应当具有的使用性能既可以是在产品标准、合同、说明、实物样品以及其他文件中明示的，也可以是隐含需要的，即人们通常的、公认的对该产品使用基本功能的合理期望。具备产品应当具备的使用性能是生产者保证产品质量的法定义务。但是，当生产者对产品使用性能的瑕疵作出说明时，可以免除生产者的此项义务。这里的瑕疵，是指产品质量在使用性能上的一定的缺陷，但以该产品不存在危及人身、财产安全的不合理的危险，未丧失产品原有的使用价值为限。生产者对产品使用性能上的瑕疵在销售时予以明示的，对该瑕疵不承担责任。

3）符合在产品或者其包装上注明采用的产品标准，符合以产品说明、实物样品等方式表明的质量状况。这是法律对生产者保证产品质量所规定的明示担保义务。所谓产品质量的明示担保，是指产品的生产者对产品质量性能的一种明示的自我声明或者陈述。法律要求，生产者的产品应当符合其在产品或者包装上注明采用的产品标准，符合其在产品说明或实物样品中表明的产品质量状况。

2. 遵守质量标识制度

为了表明产品的有关信息，帮助消费者了解产品的质量状况，说明产品的正确使用、保养方法，生产者通常在产品或其包装上通过文字、符号、标志、标记、数字等表示产品的特征、特性，即产品标识。产品标识必须真实，并符合下列要求。

1）有产品质量检验合格证明。产品质量检验合格证明是指生产者出具的用于证明产品质量符合相应要求的证件，包括合格证、合格印章等各种形式。合格证一般注明检验人员或者其代号，检验、出厂日期等事项。一些不便于佩戴合格证的产品，可用合格章。产品质量检验合格证明只能用于经过检验合格的产品上，未经检验的产品或者检验不合格的产品，不得使用产品质量检验合格证明。

2）有中文标明的产品名称、生产厂厂名和厂址。根据需要，也可以附以中国民族文字、外国语言文字。产品名称是对产品的称谓，通常反映产品的用途、特色、主要成分等最突出的特点。生产厂厂名和厂址是生产产品的企业名称、称谓和企业的主要生产经营场所所在地的实际地址。表明产品名称和厂名、厂址，有助于消费者选择和识别产品及其来源，维护其合法权益和促使企业遵守市场经济活动中的诚实信用原则。

3）根据产品的特点和使用要求，需要标明产品规格、等级、所含主要成分的名称和含量的，用中文相应予以标明；需要事先让消费者知晓的，应当在外包装上标明，或者预先向消费者提供有关资料。产品的规格、等级、成分、含量等标识的标注，应当按照不同产品的不同特点以及不同的使用要求进行标注。法律、法规要求标明上述内容的，生产者就应当予以标明。需要事先让消费者知晓的，应当在外包装上标明，或者预先向消费者提供有关资料。

4）限期使用的产品，应当在显著位置清晰地标明生产日期和安全使用期或者失效日期。限期使用的产品是指具备一定使用期限，并且在此期限内能够保证产品质量的产品。例如，食品、药品、化妆品等产品，都应当具有一定的使用期限。对限期使用的产品，可以有两种标注方法：一种方法是标注生产日期和安全使用期，两者都不可缺少。另一种方法是可以仅标注失效日期，而不再标注生产日期、保存期、保质期等标识。标注必须在显著位置并清晰可见，不能模糊和难以识别。

5）使用不当，容易造成产品本身损坏或者可能危及人身、财产安全的产品，应当有警示标志或者中文警示说明。这是对产品安全标识的要求。所谓警示标志，是指用以表示特定的含义，告诫、提示人们应当对于某些不安全因素引起高度注意和警惕的图形。例如，表示剧毒、危险、易燃、易爆等意思专用的对应的图形标志。所谓中文警示说明，是指用来告诫、提示人们应当对不安全因素引起高度重视和警惕的中文文字说明。

另外，裸装的食品和其他根据产品的特点难以附加标识的裸装产品，可以不附加产品标识。易碎、易燃、易爆、有毒、有腐蚀性、有放射性等危险物品以及储运中不能倒置和其他有特殊要求的产品，其包装质量必须符合相应要求，依照国家有关规定作出警示标志或者中文警示说明，标明储运注意事项。

案例分析

2012年7月6日《京华时报》报道：近日，上海市工商行政管理局公布了流通领域木地板质量监测情况。检测结果显示，罗恩、永吉、柏高、兔宝宝等知名品牌因标志或包装标识不合格被曝光。

上海市工商部门公布的检测结果显示，共有22个批次商品不合格，有超80%的不合格商品存在外包装标志标识不合格的现象，或未明示产品厚度、甲醛释放量等级、耐磨等级，或无“QS”标识等。

有报道称，一些企业虽然已开始整改，但因为没有标志或包装标识、甲醛释放量等级标识而沦为不合格产品而感到冤枉和委屈。尽管标识不合格与质量不合格有较大的差别，但生产者应当明确遵守质量标识制度是其法定义务，不容许有任何违背。

思考：地板的包装上应该有哪些标识？

分析提示：按照国家标准，每包木地板的包装上必须有明确的标志，标明规格、等级、产品标准号、生产厂厂名、厂址和生产日期等。

3. 法律禁止实施的行为

《产品质量法》通过明确列举的方式，以禁止性的规定明确了生产者不得有下列行为。

1）生产者不得生产国家明令淘汰的产品。国家明令淘汰的产品是指国家行政机关按照一定的程序，采用行政的措施，对涉及耗能高、技术落后、污染环境、危及人体健康等方面的因素，宣布不得继续生产、销售、使用的产品。这样的产品多是产品性能落后，耗能高，效能小，环境污染较大，毒副反应大，对人体健康或者人身、财产安全和动植物安全危害较大，因而必须禁止生产。

2）生产者不得伪造产地，不得伪造或者冒用他人的厂名、厂址。产地是指产品生产的所在地。一些产品因产地不同，其性能和质量可能会有一定差异。产地在一定程度上也表示产品的质量与信誉，对消费者起到了诱购的作用。生产者伪造产地，是一种对消费者欺骗的行为，因而必须禁止。厂名和厂址是一个企业的重要标志，伪造厂名、厂址，使消费者在产品发生质量问题时无法找到生产者，冒用他人的厂名、厂址则利用了消费者对被冒用企业的信赖，二者都是欺骗消费者，损害消费者权益的行为，必须禁止。

3）生产者不得伪造或者冒用认证标志等质量标志。质量标志是表明企业生产产品的质量达到相应水平的证明标志，代表着产品的质量水平和状态，只有具备认证资格的机构经过一定的程序对达到一定条件的企业授权后，企业才能使用质量标志。因此，任何以非法手段使用、冒充这些质量标志的行为，都是对产品质量事实真相的隐瞒，是对消费者的欺骗，应为法律所禁止。

4）生产者生产产品，不得掺杂、掺假，不得以假充真、以次充好，不得以不合格产品冒充合格产品。“掺杂、掺假”是指生产者在产品中掺入杂质或者造假，致使产品中有关物质的成分或者含量不符合国家有关法律法规的欺骗行为；“以假充真”是指生产者用一种产品冒充另一种与其特征、特性不同的产品的欺骗行为；“以次充好”是指生产者以低等级、低档次的产品，冒充高等级、高档次的产品的欺骗行为；合格产品是指达到一定的质量标准或要求的产品。掺杂、掺假，以假充真、以次充好，以不合格产品冒充合格产品，都是严重欺骗消费者、扰乱市场秩序的行为，必须予以禁止。

（二）销售者的产品质量责任和义务

1. 进货查验

《产品质量法》规定，销售者应当建立并执行进货检查验收制度，验明产品合格证明和其他标识。销售者在购进货物时，应当进行检查，验明产品是否为合格产品，有无法律规定或合同约定的质量标识、产品标识、警示标识等。进货查验义务要求销售者严把货源关，这既可以防止法律禁止的产品流入市场损害消费者权益，也有利于销售者自身权益的维护。销售者对所进货物经过检查验收，发现存在产品质量问题时，可以提出异议，经进一步证实所进产品不符合质量要求的，可以拒绝验收进货。如果销售者不认真执行进货检查验收制度，对不符合质量要求的产品，予以验收进货，则产品质量责任随即转移到销售者这一方。

2. 采取措施，保证销售产品的质量

为了促使销售者增强对产品质量负责的责任感，加强企业内部质量管理，增加对保证产品质量的技术投入，保证消费者购买产品的质量。法律规定销售者应当根据产品的特点，采取必要的措施保证产品的质量状态。如采取必要的防水、通风、防晒、防霉变、分类存放等方式和控制温度等措施。

3. 禁止销售的产品

《产品质量法》规定，销售者不得销售国家明令淘汰并停止销售的产品和失效、变质的产品。销售者应当经常关注国家有关这方面的决定和命令，对自己的进货产品及时加以调整。对于国家明令淘汰的产品，销售者已经进货的，应当停止销售，并对淘汰的产品加以退货或销毁处理。如果销售者在国家规定的时间以后仍然继续销售淘汰产品的，有关执法部门则要对所销售的产品加以没收，并处违法销售产品货值金额等值以下的罚款，有违法所得的，还要没收违法所得。失效、变质的产品，由于其功能、效力、作用等皆已丧失或大部分已丧失，已经不具备应有的安全性、适用性等必要的性能，很容易对人体健康造成危害，因此，法律规定禁止销售失效、变质的产品。销售者违反了这一法定义务，要承担相应的法律责任；造成人身、财产损害的，要承担赔偿责任；构成犯罪的，要依法追究刑事责任。

此外，销售者销售的产品也应当符合《产品质量法》对生产者规定的产品标识的要求，并承担与生产者相同的禁止性义务，如不得伪造产地，不得伪造或者冒用他人的厂名、厂址；不得伪造或者冒用认证标志等质量标志；不得掺杂、掺假，不得以假充真、以次充好，不得以不合格产品冒充合格产品。

案例分析

中奖产品的质量问题谁来买单？

陈先生在某超市消费后参加了抽奖活动，结果中了特等奖——某品牌空调一台。他将空调领回家后，空调一直放着，包装也没拆。直到次年他家新房子装修好了，才请来工人帮其安装。但装上去后，空调不仅不能制冷，风扇转几下就停了。陈先生因为税金、运费、安装费等已经花了几百元，结果空调还不能用。于是他找到超市反映了空调的质量问题，但超市说奖品并不是消费者花钱购买的商品，所以不在三包范围内，质量问题应该由他自行解决。无奈之下，他向有关部门反映了此事，在他们的协调下，超市最后答应联系厂家帮助换一台空调。

思考：中奖的产品出现质量问题，到底应该由谁来买单？

分析提示：奖品也属于商品的范畴。根据《产品质量法》的相关规定，商家同样要对奖品存在的质量问题承担责任。同时，由国家五部委共同起草的《零售商促

销行为管理办法》也明文规定：零售商开展促销活动，不得降低促销商品（包括有奖销售的奖品、赠品）的质量和售后服务水平，不得将质量不合格的物品作为奖品、赠品。所以超市不能因空调是奖品而拒绝为其质量负责。将次品、劣品作为奖品是商家常用的手段，但这是为法律所明确禁止的，一旦因为奖品质量低劣出现问题，销售者仍需承担责任。消费者若遇到类似问题，可向当地工商部门或消协投诉。

四、产品质量责任

（一）产品质量责任

生产者、销售者以及对产品质量负有直接责任的人员违反产品质量法律义务，应当依法承担法律责任，即产品质量责任。按照《产品质量法》的规定，产品质量责任包括民事责任、行政责任和刑事责任三大类。

1. 民事责任

民事责任即违反产品质量义务所应承担的民事法律后果。一般包括合同责任和产品责任。

（1）合同责任

合同中的义务必须履行。买卖合同的一方（卖方）违反质量担保义务即需承担违约责任。例如，《产品质量法》第四十条规定，售出的产品有下列情形之一的，销售者应当负责修理、更换、退货；给购买产品的消费者造成损失的，销售者应当赔偿损失。

1）不具备产品应当具备的使用性能而事先未作说明的。

2）不符合在产品或者其包装上注明采用的产品标准的。

3）不符合以产品说明、实物样品等方式表明的质量状况的。销售者依照前款规定负责修理、更换、退货、赔偿损失后，属于生产者的责任或者属于向销售者提供产品的其他销售者（以下简称供货者）的责任的，销售者有权向生产者、供货者追偿。生产者之间，销售者之间，生产者与销售者之间订立的买卖合同、承揽合同有不同约定的，合同当事人按照合同约定执行。

（2）产品责任

产品责任又称产品侵权责任，在国外立法和国际公约中，“产品责任”一词专指产品缺陷损害赔偿责任。因而产品责任可定义为产品的生产者、销售者因为其产品造成他人人身、该产品以外的其他财产的损害而应依法承担的责任。产品责任是 19 世纪中叶在英美两国判例基础上产生和发展起来的一种民事责任。1842 年英国“温特博特姆诉赖特案”首创了“无合同，无责任”原则。因而产品责任最初是作为合同责任来对待的，但进入 20 世纪后，随着生产的发展和消费者保护运动的高涨，立法和司法将消费者权益放在了首要地位。与之相适应的是，产品责任则突破了合同责任发展为侵权责任，从而使一些与产销人无合同关系的缺陷产品的受害人也可以提出赔偿请求权，拓宽了产品责任适用的范围。20 世纪二三十年代，英美两国法院率先适用侵权行为法理论来处理产品责任案件。凡因产品缺陷造成他人损害的，无论受害人与产销人是否有合同关系，都将按照一定的归责原则追究产销人的责任。目前，各国的立法和司法基本形成共识，将产品责任作为侵权责任由专门的产品责任法来调整。

2. 行政责任、刑事责任

产销人以及对产品质量负有责任的人员违反《产品质量法》，给对方造成损失的，不仅要依法承担一定的民事责任，而且视其违法行为的轻重不同，在符合法律规定的情况下，还要承担一定的行政后果甚至是刑事法律后果。生产者、销售者违反《产品质量法》的义务，视其不同情况，可由产品质量监督机关对其作出行政处罚。处罚的方式有：责令停止生产或销售、没收违法所得、罚款、吊销营业执照、责令改正、治安处罚等。产品质量检验机构、认证机构伪造检验结果或者出具虚假证明的，产品质量监督机关有权对其罚款。当违反《产品质量法》的单位和个人，其违法行为情节严重，构成犯罪的，还要承担刑事责任，对其适用《刑法》的有关规定科以刑罚。

（二）产品责任

如前所述，产品责任是一种侵权责任，是因产品缺陷造成他人损害而应依法承担的责任。《中华人民共和国侵权责任法》（以下简称《侵权责任法》）第四十一至四十五条以及《产品质量法》第四十一至四十五条是关于产品责任的规定。其基本内容如下。

1. 产品责任的归责原则和免责事由

产品责任的归责原则是确定产品的生产者和销售者承担产品责任的标准和规则。我国《侵权责任法》第四十一条、四十二条规定：“因产品存在缺陷造成他人损害的，生产者应当承担侵权责任。”“因销售者的过错使产品存在缺陷，造成他人损害的，销售者应当承担侵权责任。销售者不能指明缺陷产品的生产者也不能指明缺陷产品的供货者的，销售者应当承担侵权责任。”我国《产品质量法》第四十一条、四十二条规定：“因产品存在缺陷造成人身、缺陷产品以外的其他财产（以下简称他人财产）损害的，生产者应当承担赔偿责任。生产者能够证明有下列情形之一的，不承担赔偿责任：①未将产品投入流通的；②产品投入流通时，引起损害的缺陷尚不存在的；③将产品投入流通时的科学技术水平尚不能发现缺陷的存在的。”“由于销售者的过错使产品存在缺陷，造成人身、他人财产损害的，销售者应当承担赔偿责任。”可见我国产品责任的归责原则是：对生产者适用严格责任原则，对销售者适用过错推定原则。

（1）严格责任原则

严格责任原则是美国法院首创的一项产品责任规则原则。其基本含义是：生产者生产的产品因产品缺陷造成他人人身或财产损害时，不论生产者是否有过错，均应向受害人赔偿。即不以生产者是否有过错作为归责的要件，受害人也无需对生产者的过错承担举证责任。我国《产品质量法》规定生产者因产品缺陷造成的人身、财产损害承担赔偿责任，但其具备法定的免责事由的除外。这一规定通常被认为是我国产品质量立法中的严格责任原则。法院在使用严格责任原则时，审查的重点是产品本身及其存在的风险，而不在于生产者在产品的设计或制造过程中是否尽了合理的注意，这就免除了受害人对生产者有过错的证明责任，有利于对受害人权利的保护。严格责任原则因为强化了生产者的义务，也有利于督促生产者改进技术、完善管理、提高产品质量。

（2）过错推定原则

过错推定原则是过错责任原则的特殊形式，也是各国产品责任立法中的一项基本的归责原则。即仍然把对产品缺陷存在过错作为归责的要件，但对过错的证明责任并不由受害人负担。产品的生产者、销售者如果不能证明其对产品缺陷不存在过错，则法律上推定其有过错。过错推定原则与严格责任原则具有一定的共同性。即：均以扩大法律救济提高受害人的求偿权的实现程度为目的；均免除了受害人对生产者或销售者过错的证明责任；具有共同的免责条件，即严格责任原则下的免责条件对过错推定原则仍然适用。因而过错推定原则已经非常接近严格责任原则，但由于其承认缺陷产品的生产者、销售者可能通过证明无过错而获得免责，所以在对受害者利益的保护上相对于严格责任原则还是存在差距的。我国《产品质量法》对销售者归责原则的规定应当理解为过错推定原则，这样才能给缺陷产品的受害者以应有的保护。同时，依据《侵权责任法》，销售者在以下两种情况下有过错，应当承担产品责任：第一，由于销售者的过错使产品存在缺陷，造成他人损害。第二，销售者不能指明缺陷产品的生产者也不能指明缺陷产品的供货者的，销售者应当承担赔偿责任。

补充知识

从各国立法来看，产品责任的归责经历了一个由主观责任到客观责任演化的过程。在早期的产品责任立法中确认的是过错责任原则，即生产者和销售者对其产品缺陷主观上存在过错作为承担责任的要件。这里的过错包括故意和过失。受害人要获得赔偿必须能够证明生产者和销售者存在过错，而显然这对在信息和实力上均处于弱势地位的受害人而言是很困难的，实际上限制了受害人获得法律保护的机会。因而各国陆续采取了加强对产品受害者保护的法律政策，从而使产品责任出现了严格化的趋势，并逐步确立了严格责任原则、过错推定原则和担保原则。

（3）免责事由

在产品责任的归责上，生产者、销售者具有下列情形的可以免予承担法律责任。具体是：①生产者能够证明未将产品投入流通的，不承担赔偿责任。所谓“未将产品投入流通”，是指生产者生产的产品虽然经过了加工制作，但是根本没有投入销售。而《产品质量法》第二条规定“产品是经过加工、制作，用于销售的产品”，因而“未将产品投入流通”的，不应适用本法。②生产者能够证明产品投入流通时，引起损害的缺陷尚不存在的，不承担赔偿责任。所谓“产品投入流通时，引起损害的缺陷尚不存在”，是指生产者能够证明其将产品投放市场，转移到销售商或者直接出售给购买者时，产品并不存在缺陷。③生产者能够证明将产品投入流通时的科学技术水平尚不能发现缺陷的存在的，不承担赔偿责任。由于科学技术的发展，根据新的科学技术，可能会发现过去生产并投入流通的产品会存在一些不合理的危险。如果对这种不合理的危险在产品投入流通时根据当时的科学技术水平无法发现，那么对该产品缺陷生产者是难以预见到的，所以对其免除责任是合理的。

2. 产品责任的构成要件

产品责任的构成要件是指生产者或销售者承担产品责任的法律要件。根据我国《产品质量法》的规定，在对生产者适用严格责任原则确定产品责任时，其构成要件如下。

（1）产品存在缺陷

一般认为，产品缺陷是指产品缺乏人们期待的安全性和适用性。我国《产品质量法》第四十六条规定：“本法所称缺陷，是指产品存在危及人身、他人财产安全的不合理的危险；产品有保障人体健康和人身、财产安全的国家标准、行业标准的，是指不符合该标准。”因而判断产品缺陷的基本标准有两个：一是产品存在“不合理的危险”，即因为设计、制造或告知上的缺陷而使产品存在危及他人人身、财产的危险；二是不符合保障人体健康和人身、财产安全的国家标准、行业标准。保障人体健康和人身、财产安全的标准是强制性标准，必须执行。产品不符合强制性标准，即为违法产品。这种违法产品一旦进入市场就有可能给消费者造成人身、财产上的损害，因而属于缺陷产品。

（2）有损害事实发生

有损害事实发生即因为产品缺陷造成了人身、他人财产的损害。如果产品存在缺陷，但未造成损害他人人身或财产损害，或者仅造成了缺陷产品本身的损害，均不构成产品责任。这种情况下，消费者只能要求生产者或销售者因其违反产品质量义务而承担修理、退换或赔偿损失的责任。

（3）产品缺陷与损害后果之间有因果关系

产品缺陷与损害后果之间有因果关系即产品缺陷与损害事实有前因后果的关联性，损害的结果是由产品缺陷直接导致的。唯有在产品缺陷是损害后果的唯一的或直接原因时，产品责任才能成立，生产者才承担责任。

在对销售者适用过错推定责任原则确定产品责任时，除上述三个要件外，还需具备销售者存在主观过错这一要件。但对过错的举证责任不由受害者承担，即由销售者举证证明其对产品缺陷不存在过错，否则推定其存在过错。

3. 产品责任的承担

（1）产品责任承担的主体

《产品质量法》第四十三条规定：“因产品存在缺陷造成人身、他人财产损害的，受害人可以向产品的生产者要求赔偿，也可以向产品的销售者要求赔偿。属于产品的生产者的责任，产品的销售者赔偿的，产品的销售者有权向产品的生产者追偿。属于产品的销售者的责任，产品的生产者赔偿的，产品的生产者有权向产品的销售者追偿。”《侵权责任法》第四十三条的规定基本相同。立法从方便消费者维护自己合法权益的角度出发规定了生产者和销售者都是赔偿义务主体。因缺陷产品引起的损害赔偿，受害人可以向生产者和销售者中的任何一方提出赔偿请求。如果二者不予赔偿，受害人可以生产者和销售者中的任何一方或者双方为被告提起民事诉讼。此外，《侵权责任法》还补充规定了生产者、销售者对第三人的追偿权。依据《侵权责任法》第四十四条的规定，因运输者、仓储者等第三人的过错使产品存在缺陷，造成他人损害的，产品的生产者、销售者赔偿后，有权向第三人追偿。

（2）产品责任承担的方式

产品存在缺陷对他人可能产生两种影响：第一，造成他人损害，这种损害是已经发生的，是现实存在的。因产品缺陷造成人身、他人财产损害的，受害人有权向生产者、销售者请求赔偿。第二，对他人人身、财产安全产生一种危险，存在不安全因素。因而当此种危险已经存在但尚未发生时，生产者、销售者应承担何种责任，对此《产品质量法》没有规定。为弥补此不足，《侵权责任法》第四十五条规定：因产品缺陷危及他人人身、财产安全的，被侵权人有权请求生产者、销售者承担排除妨碍、消除危险等侵权责任。”该法第四十六条规定：“产品投入流通后发现存在缺陷的，生产者、销售者应当及时采取警示、召回等补救措施。未及时采取补救措施或者补救措施不力造成损害的，应当承担侵权责任。”第四十七条规定：“明知产品存在缺陷仍然生产、销售，造成他人死亡或者健康严重损害的，被侵权人有权请求相应的惩罚性赔偿。”

（3）赔偿范围

《产品质量法》第四十四条规定：“因产品存在缺陷造成受害人人身伤害的，侵害人应当赔偿医疗费、治疗期间的护理费、因误工减少的收入等费用；造成残疾的，还应当支付残疾者生活自助具费、生活补助费、残疾赔偿金以及由其扶养的人所必需的生活费等费用；造成受害人死亡的，应当支付丧葬费、死亡赔偿金以及由死者生前扶养的人所必需的生活费等费用。因产品存在缺陷造成受害人财产损失的，侵害人应当恢复原状或者折价赔偿。受害人因此遭受其他重大损失的，侵害人应当赔偿损失。

4. 产品责任的诉讼时效

诉讼时效是指请求人民法院保护自己合法权益的法定的有效期限。在法定的有效期限内，人民法院对当事人的请求权予以保护；超过法定的有效期限的，人民法院对当事人的请求权不予保护。《产品质量法》第四十五条规定：“因产品存在缺陷造成损害要求赔偿的诉讼时效期间为二年，自当事人知道或者应当知道其权益受到损害时起计算。因产品存在缺陷造成损害要求赔偿的请求权，在造成损害的缺陷产品交付最初消费者满十年丧失；但是，尚未超过明示的安全使用期的除外。”为了督促受害者积极行使权利，法律对产品责任诉讼的一般时效作了两年的规定。同时为了体现公平原则，平衡产品的生产者和消费者的利益，又规定了最长保护时效为十年，但仍处在产品安全期内的除外。

案例分析

陈树青退休在家，为了休闲，于2004年2月7日到自由市场花费230元购买了一把秋千椅回家，2004年3月19日中饭后，陈树青带着孙女坐在秋千椅上自然摇动，突然其中一根支撑的木料断裂，陈树青摔在地上致使右手骨折，经医院治疗共花去医药费1100元。

陈树青治愈后立即去自由市场找销售人，但发现销售人已不在原处，一时无法找到，后发现秋千椅上刻着“鸿达木竹制品厂”生产的字样，通过打听在城郊找到了该厂，陈树青即要求该厂承担其一切损失，而厂方认为陈树青应先向销售者索赔。协商无果的情况下，陈树青便向法院提起民事诉讼，对被告鸿达木竹制品厂提出要求被告赔偿秋千椅的损失230元和医药费1100元。

本案在审理过程中，针对鸿达木竹制品厂是否应赔偿人、椅的损失，存在以下两种意见。

第一种意见认为，鸿达木竹制品厂对陈树青购椅的损失和所花的医药费均应赔偿。理由是根据《产品质量法》第四十三条规定“因产品存在缺陷造成人身、他人财产损害的，受害人可以向产品的生产者要求赔偿，也可向产品的销售商要求赔偿”。同时第二十六条规定“生产者应当对其生产的产品质量负责”。因此，鸿达木竹制品厂作为生产厂家应对陈树青的人身损害及秋千椅的损失承担赔偿责任，如果该产品质量缺陷属于销售者责任的，该厂有权向销售者再追偿。

第二种意见认为，鸿达木竹制品厂只赔偿原告医药费，对原告购椅的损失不予赔偿。理由是根据《产品质量法》第四十六条的规定，因产品质量存在缺陷造成人身损害的，受害人可以向产品生产者要求赔偿，也可以向产品的销售者要求赔偿，因此陈树青在找不到产品销售者的情况下，可以直接向产品的生产者鸿达木竹制品厂要求赔偿其医药费。

讨论：你认为上述哪一种意见是正确的？

第二节 食品安全法

案例导入

2008年6月28日，位于兰州市的解放军第一医院收治了首例患“肾结石”病症的婴幼儿，据家长们反映，孩子从出生起就一直食用河北石家庄三鹿集团所产的三鹿婴幼儿奶粉。随后短短两个多月，该医院收治的患婴人数就迅速扩大到14名。到9月，陕西、宁夏、湖南、湖北、山东、安徽、江西、江苏等地都报告有类似案例发生。经相关部门调查石家庄三鹿集团股份有限公司生产的三鹿牌婴幼儿配方奶粉有三个批次受到三聚氰胺污染。三聚氰胺是不法分子为增加原料奶或奶粉的蛋白含量而人为加入的。卫生部专家指出，三聚氰胺是一种化工原料，可导致人体泌尿系统产生结石。2008 年 9 月 13 日国务院启动国家重大食品安全事故 I 级响应，并成立应急处置领导小组。随后，事态不断扩大，中国国家质量监督检验检疫总局对全国婴幼儿奶粉三聚氰胺含量进行检查，结果显示，有 22 家婴幼儿奶粉生产企业的 69 批次产品检出了含量不同的三聚氰胺，除了河北三鹿外，广东雅士利、内蒙古伊利、蒙牛集团、青岛圣元、上海熊猫、山西古城、江西光明乳业英雄牌、宝鸡惠民、多加多乳业、湖南南山等 22 个厂家 69 批次产品中检出三聚氰胺，被要求立即下架。

截至 2008 年 9 月 17 日 8 时，三鹿奶粉安全事故导致全国 6422 名婴幼儿患病，158 名肾衰竭，3 名死亡。2008 年 3 月份以来，三鹿奶粉和其他一些品牌奶粉受到三聚氰胺污染致婴儿患病的情况被陆续发现并最终检验证实，污染事件共导致中国 29 万余名婴幼儿出现肾功能异常。这就是震惊中外的“三鹿奶粉”事件。

问题：什么是食品安全？食品生产经营应当遵守哪些法律规定？

一、食品安全法概述

（一）食品与食品安全

“食品”是一个既简单又复杂的概念，不同的领域对其有不同的解释，并且随着社会和经济的发展不断变化。根据《中华人民共和国食品安全法》（以下简称《食品安全法》）附则的解释，“食品，指各种供人食用或者饮用的成品和原料以及按照传统既是食品又是药品的物品，但是不包括以治疗为目的的物品。”从这个概念可以看出，食品不仅包括了能够直接食用的各种食物，还包括了未经加工的原料，另外还包括了“按照传统既是食品又是药品的物品，但是不包括以治疗为目的的物品”。比如胡椒、豆蔻、蜂蜜、枸杞、山药这类材料，在中医传统实践中，不仅可以作为药品，也可以作为食品的原料。但是不是所有的中药材都属于食品，国务院卫生行政部门制定、公布按照传统既是食品又是中药材的物质目录，目录之外的中药材属于药品，按照药品管理法进行管理。

食品安全是《食品安全法》的核心。依据《食品安全法》附则的解释“食品安全，指食品无毒、无害，符合应当有的营养要求，对人体健康不造成任何急性、亚急性或者慢性危害。”也就是说一方面，一种食物或成分在合理食用方式和正常食量的情况下，不会导致对健康损害；另一方面食品必须符合应当有的营养要求，即国家或地方标准中关于某一食品应有的营养要求。

（二）《食品安全法》

古语有云“民以食为天”，食品是人类维持生命的物质，食品质量的好坏决定了生命的质量。因此食品的质量安全关系到人们的生活、生存、延续，与人们的生命财产，社会的稳定发展息息相关。然而，从上个世纪八十年代以来，我国的食品安全问题日益严重，从二噁英、甲醛（福尔马林）、激素、面粉添加剂（过氧化苯甲酰）、面粉漂白剂、假酒（甲醇）、洗衣粉油条、苏丹红、瘦肉精到三聚氰胺等，这些骇人听闻的食品安全事件接连爆发，给人民生命健康造成了严重的损害。

我国在1995年颁布了《中华人民共和国食品卫生法》（以下简称《食品卫生法》），但随着经济和社会的发展，《食品卫生法》已不适应目前的食品安全管理。首先，《食品卫生法》对食品监管部门的职责表述较为简单，造成了各部门之间管理上既有交叉又存在盲区，导致了食品监管体系的混乱，出现了“谁都管”和“没人管”的情况。其次，《食品卫生法》的处罚力度较轻，违法者违法成本小，这也是造成我国食品安全事件中假冒伪劣产品泛滥的一个重要原因。正是在这样的背景下，从2006年起，《食品安全法》被列入了立法计划，历经三年，终于在2009年2月28日，经全国人大常委会表决，获得高票通过，并于同年6月1日开始施行，《食品卫生法》同时废止。

《食品安全法》规定，在中华人民共和国境内从事下列活动，应当遵守本法。

1）食品生产和加工，食品流通和餐饮服务。

2）食品添加剂的生产经营。

3）用于食品的包装材料、容器、洗涤剂、消毒剂和用于食品生产经营的工具、设备（以下简称食品相关产品）的生产经营。

4）食品生产经营者使用食品添加剂、食品相关产品。

5）对食品、食品添加剂和食品相关产品的安全管理。

以上五点既涵盖了食品从“农田到餐桌”全部过程，又防止了各种法律的适用范围交叉重复，明确了食用农产品在食品安全法中的具体适用问题。

供食用的源于农业的初级产品的质量安全管理，遵守《中华人民共和国农产品质量安全法》的规定。

二、食品安全监管体制

（一）食品安全监管的主体

根据《食品安全法》第四条的规定，国务院设立食品安全委员会，其工作职责由国务院规定。国务院卫生行政部门承担食品安全综合协调职责，国务院质量监督、工商行政管理和国家食品药品监督管理部门依照本法和国务院规定的职责，分别对食品生产、食品流通、餐饮服务活动实施监督管理。

这一条款确立了食品安全分段与统一相结合的食品安全监管体制，即食品安全委员会作为最高层次的议事协调机构，协调指导食品安全监管工作；卫生部门承担食品安全综合协调、食品安全标准制定、食品安全信息公布、食品检验机构的资质认定条件和检验规范的制定，组织查处食品安全重大事故；而食品生产、流通、农产品源头、餐饮服务这四个主要环节由四个主要的监管部门进行监管：即质量监督部门负责食品生产加工环节的监管，工商部门负责食品流通环节的监管，农业部负责初级农产品生产环节的监管，食品药品监督部门负责餐饮业和食堂等消费环节的监管。通过分段监管，各个部门发挥各自专业优势，形成合力，实现从农田到餐桌的全程监管。

具体到各地方的食品安全监管制度上，《食品安全法》第五条规定了由县级以上地方人民政府统一组织、协调本行政区域的食品安全监管工作，并承担制定食品安全监督管理协调机制、指挥应对食品安全突发事件、建立食品安全监督责任制、评议考核食品安全监督管理部门等职责。而县级以上地方卫生行政、质量监督、工商行政管理、食品药品监管部门则各司其职，各自承担不同的监管职责。

（二）食品安全监管的主要制度

1. 食品安全风险监测和评估制度

面对日益严峻的食品安全形势，要做到及早预防、发现食品的潜在危险，因为食品安全是事关人民生命健康的重大问题，没有“改错”的机会，因此《食品安全法》建立了食品安全风险监测和评估制度。

（1）食品安全风险监测

食品安全风险监测是指为了掌握和了解食品安全状况，对食品安全水平进行检验、分析、评价和公告的活动。根据《食品安全法》的规定，国务院卫生行政部门会同国务院有关部门制定、实施国家食品安全风险监测计划。省、自治区、直辖市人民政府卫生行政部门根据国家食品安全风险监测计划，结合本行政区域的具体情况，组织制定、实施本行政区域的食品安全风险监测方案。食品安全风险监测的主要内容包括食源性疾病、食品污染、食品中的有害因素。

补充知识

食源性疾病是指食品中致病因素进入人体引起的感染性、中毒性等疾病。包括常见的食物中毒、肠道传染病、寄生虫病以及化学性有毒有害物质所引起的疾病。例如食用含有瘦肉精的猪肉之后产生胸闷、心慌、手脚麻木等症状。

食品污染是指食品及其原料在生产、加工、运输、包装、贮存、销售以及烹调等过程中因农药、废水、污水、各种食品添加剂、病虫害和家畜疫病所引起的污染，霉菌毒素引起的食品霉变，以及运输、包装材料中有毒有害物质等对食品所造成的污染的总称。我们常听说的农药超标、重金属污染都属于食品污染。

食品中的有害因素，按性质分为生物性因素、化学性因素和物理性因素三类。例如酿酒过程中会产生甲醇、杂醇油等有害成分，大豆中存在蛋白酶抑制剂这种有害物质。

食品安全风险状况是动态的，了解和制定风险监测计划和方案也应是动态的，根据实际情况做出调整。国务院农业行政、质量监督、工商行政管理和国家食品药品监督管理等有关部门在日常监督过程获知有关食品安全风险信息后，应当立即向负有综合协调职能的国务院卫生行政部门通报，卫生部门应当会同有关部门对信息进行核实，及时调整食品安全风险监测计划。

（2）食品安全风险评估

食品安全风险评估是对食品、食品添加剂中的生物性、化学性和物理危害性进行食品安全风险评估。国务院卫生行政部门负责组织食品安全风险评估工作，成立由医学、农业、食品、营养、化学、检验等方面的专家组成的食品安全风险评估专家委员会进行食品安全风险评估。对于食品安全风险监测或者接到举报发现食品可能存在安全隐患的，应当立即组织进行检验和食品安全风险评估。

食品安全风险评估结果是制定、修订食品安全标准和对食品安全实施监督管理的科学依据。例如食品中的致病性微生物、农药残留、重金属以及其他危害人体健康物质的限量规定，都依赖于食品安全风险评估结果。食品安全风险评估结果得出食品不安全结论的，国务院质量监督、工商行政管理和国家食品药品监督管理部门应当依据各自职责立即采取相应措施，确保该食品停止生产经营，及时提出食品安全风险警示，并予以公布。

（3）新食品原料的安全性评估

《食品安全法》明确了企业申请利用新的食品原料从事食品生产或者从事食品添加剂生产活动的单位或者个人，应当向国务院卫生行政部门提交相关产品的安全性评估材料。国务院卫生行政部门对符合食品安全要求的，依法决定准予许可并予以公布；对不符合食品安全要求的，决定不予许可并书面说明理由。

食品添加剂是科技发展的产物，并非食品原料。化学合成的食品添加剂大都有一定的毒性，因此食品添加剂的使用存在着很大的安全隐患。《食品安全法》规定食品添加剂应当在技术上确有必要且经过风险评估证明安全可靠，方可列入允许使用的范围。因此一种食品添加剂能够被使用必须具备两项条件。首先，在技术上确有使用的必要，也就是说该种食品添加剂的使用能满足食品防腐、营养、加工等技术的需要且必不可少；其次，所有允许使用的食品添加剂都应当经过风险评估，证明安全，方可列入《食品添加剂使用卫生标准》或者卫生行政部门公布的食品添加剂的名单。

2. 食品安全标准

食品安全标准是指为了保证食品安全，对食品生产经营过程中影响食品安全的各种要素以及各种关键环节所规定的统一技术要求。食品安全标准是保障食品安全、保障人民身体健康的重要技术支持。截至 2013 年 7 月，我国已制定公布 303 部食品安全国家标准，覆盖 6000 余项食品安全指标，已经初步建立了一个以国家标准为主体，门类齐全、结构相对合理，具有一定配套性和完整性，与中国食品产业发展要求基本相适应的食品安全标准体系。

（1）食品安全标准的内容

《食品安全法》第二十条规定，食品安全标准包括 8 个方面的内容，即：食品、食品相关产品中的致病性微生物、农药残留、兽药残留、重金属、污染物质以及其他危害人体健康物质的限量规定；食品添加剂的品种、使用范围、用量；专供婴幼儿和其他特定人群的主辅食品的营养成分要求；对与食品安全、营养有关的标签、标识、说明书的要求；食品生产经营过程的卫生要求；与食品安全有关的质量要求；食品检验方法与规程；其他需要制定为食品安全标准的内容。

补充知识

重金属：重金属是指比重大于5的金属，例如金、银、铜、铁、汞、锰、锌等，重金属超过一定浓度时对人体有毒。河流、湖泊、海洋和土壤受重金属污染，这些金属元素在鱼类、贝类、粮食作物中累积，最终被人类食用，进入人体导致重金属中毒。

（2）食品安全标准的制定和公布

依据《食品安全法》以及《标准化法》等法律法规的规定，食品安全国家标准由国务院卫生行政部门负责制定和公布。食品安全国家标准应经国务院卫生行政部门组织的医学、农业、食品、营养等有关方面的专家，以及有关部门的代表组成的食品安全国家标准审评委员会依据食品安全风险评估结果并充分考虑食用农产品质量安全风险评估结果，参照相关的国际标准和国际食品安全风险评估结果，并广泛听取食品生产经营者和消费者的意见进行审查，审查通过后，再由国务院卫生行政部门公布。

在统一的食品安全国家标准公布前，食品生产经营者应当按照已经存在的食用农产品质量安全标准、食品卫生标准、食品质量标准和有关食品的行业标准生产经营食品。

没有食品安全国家标准的，省、自治区、直辖市人民政府卫生行政部门可以制定食品安全地方标准，并报国务院卫生行政部门备案。企业生产的食品没有食品安全国家标准或者地方标准的，应当制定企业标准，作为组织生产的依据。国家鼓励食品生产企业制定严于食品安全国家标准或者地方标准的企业标准。

3. 食品安全信息公布

食品安全信息一般包括国家食品安全总体情况、食品安全风险评估信息和食品安全风险警示信息，重大食品安全事故及其处理信息以及其他重要的食品安全信息和国务院确定的需要统一公布的信息。食品安全信息一方面是关系到消费者生命安全的重要信息，消费者有权利知道；另一方面权威正确的食品安全信息非但不会引起市场的恐慌，还能稳定市场，打消消费者的惶恐情绪。

《食品安全法》确立了国家建立食品安全信息统一公布制度，对于上述的各项食品安全信息，由国务院卫生行政部门统一公布。如果该食品安全信息的影响限于特定区域的，也可以由有关省、自治区、直辖市人民政府卫生行政部门公布。县级以上农业行政、质量监督、工商行政管理、食品药品监督管理部门依据各自职责公布食品安全日常监督管理信息。

补充知识

当前我国的食品安全信息公开欠充分。食品监督管理部门在信息公开时，为保护地方企业的利益，往往遮遮掩掩，拖拖拉拉，玩起“躲猫猫”。2013年5月广州市食药监局公布餐饮环节一季度食品抽检数据，在抽检的18批次米及米制品产品中，有8批次产品镉超标。但是并未公布所检不合格产品的品牌、生产单位及销售单位名单。17 日，公众向广州市食药监局提出了信息公开申请，要求公开镉含量超标米及米制品的品牌、生产公司（或餐饮单位）以及各品牌镉含量超标的具体数据等情况。广州市食药监局 17 日晚公布了四家被检米及米制品镉超标的使用单位及其镉含量，但是仍旧没有公布不合格米及米制品的品牌及生产厂家。在又经历了一天的舆论拷问之后，18 日晚，广州市食药监局公布了不合格米及米制品的生产厂家及品牌情况，但是对于产品流向及查获数量则仍未公开。在这次公布的抽查结果中，除了米及米制品之外，年糕类、油炸小食品、熟肉制品、食用油、餐饮具、辣椒干及辣椒粉等 6 类被检不合格产品的品牌、生产厂家、使用单位在其抽检公告中均未公布。

4. 食品检验

食品检验是指食品检验机构根据有关国家标准，对食品原料、辅助材料、成品的质量和安全性进行的检验，包括对食品理化指标、卫生指标、外观特征以及外包装、内包装、标志等进行的检验。食品检验是食品监管的一项重要技术支持，是保障食品安全一系列制度中不可缺少的一个环节。

为了保证食品检验结果的客观公正，减少食品检验结果中可能出现的误差，《食品安全法》规定食品检验由食品检验机构指定的检验人独立进行，并且检验人应当具有相应的业务素质和职业素质，能够依照有关法律、法规的规定，并依照食品安全标准和检验规范对食品进行检验，尊重科学，恪守职业道德，保证出具的检验数据和结论客观、公正，不得出具虚假的检验报告。

由于 2008 年三聚氰胺事件中多个属于“国家免检产品”的奶制品被检出三聚氰胺，因此新的《食品安全法》规定食品安全监督管理部门对食品不得免检，并且设立了食品的抽查制度。法律规定，县级以上质量监督部门、工商行政管理部门、食品药品监督管理部门应当对食品进行定期或者不定期的抽样检验。进行抽样检验，应当购买抽取的样品，不收取检验费和其他任何费用。县级以上质量监督部门、工商行政管理部门、食品药品监督管理部门在执法工作中需要对食品进行检验的，应当委托符合本法规定的食品检验机构进行，并支付相关费用。对检验结论有异议的，可以依法进行复检。

案例分析

王芳和李建在大学毕业后自主创业，开了一间咖啡厅，主要经营咖啡、蛋糕等西式食品。开张之后由于小店布置十分有创意，环境幽雅，服务热情周到，受到很多年轻人的喜爱。可是让王芳和李建烦恼的是每次食品监督管理部门的人来抽样检查，都会白白拿走一大堆咖啡饮料和蛋糕，还要收取几百元的检测费用。在某一次抽测中显示蛋糕中有过量的大肠杆菌群，属于不卫生不合格食品，李建认为自家的产品绝对不会有问题，食品监督管理部门的抽检结果，将会给咖啡厅的经营造成严重的损害，于是提出了复检的申请，但是食品监督管理部门称微生物指标不得复检，拒绝了李建的要求。

思考：上述食品安全监督管理部门的做法合法吗？

分析提示：食品安全监督管理部门的做法显然是违反法律规定的。首先根据《食品安全法》第60条第2款的规定，执法部门进行抽样检验，应当购买抽取的样品，不收取检验费和其他任何费用。其次，《食品安全法》等60条第3款规定了对检验结论有异议的，可以依法进行复检。

5. 食品安全事故处置

（1）食品安全事故应急预案

食品安全事故应急预案是指经过一定程序制定的开展食品安全事故应急处理工作的事先指导方案。食品安全事故应急预案能够确保一旦发生食品安全事故，各部门各单位可以有效组织，快速反应，及时控制，最大限度减少食品安全事故的危害。

国务院已经制定了国家食品安全事故处理应急预案，按照食品安全事故的性质、危害程度和涉及范围，将重大食品安全事故分为特别重大食品安全事故（Ⅰ级）、重大食品安全事故（Ⅱ级）、较大食品安全事故（Ⅲ级）和一般食品安全事故（Ⅳ级），并对适用规范、工作原则、应急处理指挥机构、监测预警报告制度、重大食品安全事故的应急响应、后期处置及应急保障做了规定。

《食品安全法》要求县级以上地方人民政府应当根据有关法律、法规的规定和上级人民政府的食品安全事故应急预案以及本地区的实际情况，制定本行政区域的食品安全事故应急预案，并报上一级人民政府备案。食品生产经营企业应当制定食品安全事故处置方案，定期检查本企业各项食品安全防范措施的落实情况，及时消除食品安全事故隐患。

（2）食品安全事故报告制度

发生食品安全事故后，及时报告以便启动相应的食品安全事故应急预案，防止事故影响范围的进一步扩大。事故发生单位和接收病人进行治疗的单位应当及时向事故发生地县级卫生行政部门报告。

农业行政部门、质量监督部门、工商行政管理部门、食品药品监督管理部门在日常监督管理中发现食品安全事故，或者接到有关食品安全事故的举报，应当立即向卫生行政部门通报。县级卫生行政部门应当按照规定向本级人民政府和上级人民政府卫生行政部门报告。县级人民政府和上级人民政府卫生行政部门应当按照规定上报。任何单位或者个人不得对食品安全事故隐瞒、谎报、缓报，不得毁灭有关证据。

（3）食品安全事故处置

《食品安全法》的第七十一条的规定，发生食品安全事故的单位应当立即予以处置，防止事故扩大。具体措施包括立即停止可能导致食品安全事故食品及原料的食用和使用，密切注意已食用可能导致事故的食品的人员等。

补充知识

依据《国家重大食品安全事故应急预案》的规定，责任报告主体包括责任报告单位和报告责任人，责任报告单位指：①食品种植、养殖、生产、加工、流通企业及餐饮单位；②食品检验机构、科研院所以及与食品安全有关的单位；③重大食品安全事故发生（发现）单位；④地方各级食品安全综合监管部门和有关部门。

责任报告人包括：①行使职责的地方各级食品安全综合监管部门和相关部门的工作人员；②从事食品行业的工作人员；③消费者。

行政机关内部逐级报告有时限要求，地方人民政府和食品安全综合监管部门接到重大食品安全事故报告后，应当立即向上级人民政府和上级食品安全综合监管部门报告，并在 2 小时内报告至省（区、市）人民政府。地方人民政府和食品安全综合监管部门也可以直接向国务院和食品药品监管局以及相关部门报告。食品药品监管局和相关部门、事故发生地的省（区、市）人民政府在接到重大食品安全事故报告后，应当在 2 小时内向国务院报告。

县级以上卫生行政部门接到食品安全事故的报告后，应当立即会同有关农业行政部门、质量监督部门、工商行政管理部门、食品药品监督管理部门进行调查处理，并立即成立食品安全事故处置指挥机构，启动应急预案，并采取下列措施，防止或者减轻社会危害：开展应急救援工作，对因食品安全事故导致人身伤害的人员，卫生行政部门应当立即组织救治；封存可能导致食品安全事故的食品及其原料，并立即进行检验；对确认属于被污染的食品及其原料，责令食品生产经营者予以召回、停止经营并销毁；封存被污染的食品用工具及用具，并责令进行清洗消毒；做好信息发布工作，依法对食品安全事故及其处理情况进行发布，并对可能产生的危害加以解释、说明。

6. 具体监管措施

质量监督、工商行政管理和国家食品药品监督管理部门作为具体的食品安全监管部门，是食品监管措施的具体实施者。《食品安全法》规定，县级以上质量监督部门、工商行政管理部门、食品药品监督管理部门履行各自食品安全监督管理职责，有权采取下列措施。

1）进入生产经营场所实施现场检查。

2）对生产经营的食品进行抽样检验。

3）查阅、复制有关合同、票据、账簿以及其他有关资料。

4）查封、扣押有证据证明不符合食品安全标准的食品，违法使用的食品原料、食品添加剂、食品相关产品，以及用于违法生产经营或者被污染的工具、设备。

5）查封违法从事食品生产经营活动的场所。

县级以上农业行政部门应当依照农产品质量安全法规定的职责，对食用农产品进行监督管理。县级以上质量监督部门、工商行政管理部门、食品药品监督管理部门对食品生产经营者进行监督检查，应当记录监督检查的情况和处理结果。监督检查记录经监督检查人员和食品生产经营者签字后归档。

三、食品生产经营

（一）食品生产经营的要求

1）食品生产经营的卫生环境要求。食品生产经营应具有与生产经营的食品品种、数量相适应的食品原料处理和食品加工、包装、贮存等场所，保持该场所环境整洁，并与有毒、有害场所以及其他污染源保持规定的距离。

2）食品生产经营中应当具备的卫生设施。食品生产经营应具有与生产经营的食品品种、数量相适应的生产经营设备或者设施，有相应的消毒、更衣、盥洗、采光、照明、通风、防腐、防尘、防蝇、防鼠、防虫、洗涤以及处理废水、存放垃圾和废弃物的设备或者设施。

3）食品生产经营应具有食品安全专业技术人员、管理人员和保证食品安全的规章制度。

4）食品生产经营应具有合理的设备布局和工艺流程，防止待加工食品与直接入口食品、原料与成品交叉污染，避免食品接触有毒物、不洁物。

5）餐具、饮具和盛放直接入口食品的容器，使用前应当洗净、消毒，炊具、用具用后应当洗净，保持清洁。

6）食品贮存、运输和装卸食品的容器、工具和设备应当安全、无害，保持清洁，防止食品污染，并符合保证食品安全所需的温度等特殊要求，不得将食品与有毒、有害物品一同运输。

7）直接入口的食品应当有小包装或者使用无毒、清洁的包装材料、餐具。

8）食品生产经营人员应当保持个人卫生，生产经营食品时，应当将手洗净，穿戴清洁的工作衣、帽；销售无包装的直接入口食品时，应当使用无毒、清洁的售货工具。

9）食品用水应当符合国家规定的生活饮用水卫生标准。

10）使用的洗涤剂、消毒剂应当对人体安全、无害。

食品生产要求各异，以上的要求可能无法涵盖实践中所有生产经营中的卫生要求，因此，法律、法规规定的其他要求，生产经营者也应当遵守。

除上述法律规定食品生产经营者应该符合的安全目标外，《食品安全法》还规定了10种禁止经营的食品，具体如下。

1）用非食品原料生产的食品或者添加食品添加剂以外的化学物质和其他可能危害人体健康物质的食品，或者用回收食品作为原料生产的食品。

2）致病性微生物、农药残留、兽药残留、重金属、污染物质以及其他危害人体健康的物质含量超过食品安全标准限量的食品。

3）营养成分不符合食品安全标准的专供婴幼儿和其他特定人群的主辅食品。

4）腐败变质、油脂酸败、霉变生虫、污秽不洁、混有异物、掺假掺杂或者感官性状异常的食品。

5）病死、毒死或者死因不明的禽、畜、兽、水产动物肉类及其制品。

6）未经动物卫生监督机构检疫或者检疫不合格的肉类，或者未经检验或者检验不合格的肉类制品。

7）被包装材料、容器、运输工具等污染的食品。

8）超过保质期的食品。

9）无标签的预包装食品。

10）国家为防病等特殊需要明令禁止生产经营的食品。

案例分析

大学生小李暑假到“张记麻辣烫”打工，麻辣烫又麻又辣，方便好吃，价格便宜，深受年轻人的欢迎，生意火爆。小李注意到，老板为了方便，省去人工洗碗，就在装麻辣烫的碗上套上塑料袋，顾客吃完后，服务员只要将顾客吃完的碟子收回，再套上一个新的塑料袋就可以继续使用了。这些套在碗上的塑料袋都是老板在附近的小商品市场购买的，没有任何生产标识。小李还注意到从冰箱里拿出的各种火腿肠、肉丸、鱼丸等肉类制品都没有任何食品标识，只是简单地用一个塑料袋包着。为了降低成本，老板还让小李到小店后面的河里取水制作汤汁。夏天天气炎热，老板经常赤膊为顾客制作麻辣烫。

思考：这家麻辣烫的哪些做法是违法的呢？

分析提示：这家麻辣烫的做法违反多项食品安全法的规定，首先，《食品安全法》规定，餐具、饮具和盛放直接入口食品的容器，使用前应当洗净、消毒，炊具、用具用后应当洗净，保持清洁；第二，食品生产经营者不得经营无标签的预包装食品。第三，食品生产经营用水应当符合国家规定的生活饮用水卫生标准。第四，食品生产经营人员应当保持个人卫生，生产经营食品时，应当将手洗净，穿戴清洁的工作衣、帽；销售无包装的直接入口食品时，应当使用无毒、清洁的售货工具。

（二）食品生产经营许可制度

行政许可是指行政机关根据公民、法人或者其他组织的申请，经依法审查，准予其从事特定活动的行为。大多数生产经营活动是不需要行政许可的，只有那些涉及国家安全、公共安全、经济宏观调控和生态环境保护以及直接关系身体健康、生命财产安全等特定活动，需要按照法定条件予以批准的事项，设定了行政许可。民以食为天，食品安全直接关系到民众的身体健康，因此，我国对于食品生产经营采取食品生产经营许可证制度。

《食品安全法》规定，从事食品生产、食品流通、餐饮服务，应当依法取得食品生产许可、食品流通许可、餐饮服务许可。本着精简行政许可的精神，法律对以下的情况又做了一些特殊规定：①取得食品生产许可的食品生产者在其生产场所销售其生产的食品，不需要取得食品流通的许可；②取得餐饮服务许可的餐饮服务提供者在其餐饮服务场所出售其制作加工的食品，不需要取得食品生产和流通的许可；③农民个人销售其自产的食用农产品，不需要取得食品流通的许可；④食品生产加工小作坊和食品摊贩从事食品生产经营活动，应当符合法律规定的与其生产经营规模、条件相适应的食品安全要求，保证所生产经营的食品卫生、无毒、无害。

补充知识

食品生产加工小作坊，一般是指有固定生产经营场所，其生产规模、生产条件、固定从业人数等达不到国家规定的食品生产加工企业许可要求的食品生产经营者。食品生产加工小作坊主要从事传统、低风险食品的加工。小作坊一般生产条件比较简陋，生产隐蔽，成为食品安全监管工作的难点。

小作坊受生产条件所限，往往无法申请食品生产许可证，但这并不意味着对小作坊的放任自流，《食品安全法》要求有关部门应当对食品生产加工小作坊加强监督管理，制定具体的管理监督办法，例如实施生产报告制度、添加物质备案制度，加强日常监督等。

除加强监管外，《食品安全法》还明确了县级以上地方人民政府鼓励食品生产加工小作坊改进生产条件；鼓励食品摊贩进入集中交易市场、店铺等固定场所经营，帮助小作坊扩大生产规模，进行产业升级，改变小作坊小、散、乱的状态，发展成为食品生产企业，提升食品生产等级，确保食品生产安全。

食品相关许可证的申请过程主要可分为申请、审查、现场核查以及发证这几个步骤。首先，申请人，也就是食品生产、流通和餐饮服务企业应分别向相应的质量监督、工商行政管理，食品药品监督管理部门提出申请。其次，相关管理部门在接到申请后应该按照《食品安全法》的规定审查申请人提供的相关材料是否真实合法。为保证材料反映的情况与实际情况相符合，按照《食品安全法》的规定必要时对申请人的生产经营场所进行现场核查。最后，对符合规定条件的，相关部门决定准予许可。对不符合规定条件的，相关部门决定不予许可并向申请人书面说明理由。

（三）食品生产经营者的责任

食品的质量安全问题事关公众的身体健康和生命安全，因此，作为从事食品的生产、采集、收购、加工、储存、运输、陈列、供应、销售等活动的食品经营者，有向市场提供合格产品的义不容辞的责任。《食品安全法》将食品生产者规定为食品安全的第一责任人。食品生产经营者应当依照法律、法规和食品安全标准从事生产经营活动，对社会和公众负责，保证食品安全，接受社会监督，承担社会责任。

补充知识

我们在食品的包装上经常会看到 QS 标志，QS 标志是什么呢？

QS 标志是指企业食品生产许可（“Qiyeshipin Shengchanxuke”的缩写，用“QS”

表示），并标注“生产许可”中文字样（见左图）。请注意，QS 不是认证标志，是生产许可证标志。实行生产许可证的不是只有食品，还包括其他。

为什么要在食品包装上印制QS标志呢？那是因为我国对食品采取的是食品质量安全市场准入制度，具体包括以下三项制度。

（1）对食品生产企业实施生产许可证制度，未取得《食品生产许可证》的企业不准生产食品。

（2）对企业生产的食品实施强制检验制度。未经检验或经检验不合格的食品不准出厂销售。对于不具备自检条件的生产企业强令实行委托检验。

（3）对实施食品生产许可制度的产品实行市场准入标志制度。对检验合格的食品要加印（贴）市场准入标志——QS 标志，没有加贴 QS 标志的食品不准进入市场销售。这样做，便于广大消费者识别和监督，便于有关行政执法部门监督检查。

（四）企业食品安全管理

1. 建立企业的食品安全管理制度，鼓励企业符合良好的生产规范要求

要保障食品的安全，就要求企业必须有严格的食品安全管理制度。首先，食品生产经营企业应该建立本单位的食品安全管理制度，并要求每位工作人员认真遵守。一般而言，食品安全管理制度应该包括经营食品索证索票制度、台账管理制度、库房管理制度、食品销售与展示卫生制度、从业人员健康检查制度、从业人员安全知识培训制度、食品用具清洗消毒制度和卫生检查制度等。其次，通过各种形式，对职工进行食品安全知识教育，增强员工食品安全意识的自觉性和责任心。再次，每个食品生产企业都要配备专职或者兼职的食品安全管理人员，所有的食品安全管理人员都要经过食品安全法规和食品卫生知识的学习和培训。最后，建立食品生产经营企业的食品检验机构，做好对所生产经营食品的检验工作。

除此之外，国家还鼓励食品生产经营企业符合良好生产规范要求，实施危害分析与关键控制点体系，提高食品安全管理水平。所谓食品良好生产规范（GMP），是一套适用于食品行业的强制性标准，要求食品生产企业具备合理的生产过程，良好的生产设备、先进科学的生产规程、完善的质量控制以及严格的操作程序和成品质量管理体系，并通过对其生产过程的正确控制，以达到食品营养与安全的全面提升的目标。我国目前实施的良好生产规范包括《保健食品良好生产规范》（GB 17405—1998）和《膨化食品良好生产规范》（GB 17404—1998），这两个标准是我国首批颁布的食品 GMP 强制性标准。危害分析和关键控制点体系（Hazard Analysis and Critical Control Point，简称 HACCP）是指对食品种植/饲养、收货、加工、运输以及销售整个过程中所有的实际存在和潜在的危险进行分析和控制，这种体系是一种预防食品安全为基础的质量保证体系，从危害发生之前就有效地进行控制，以便于最大限度地保证食品的质量和安全。

对通过良好生产规范、危害分析和关键控制点体系认证的食品生产经营企业，认证机构应当依法实施跟踪调查；对不再符合认证要求的企业，应当依法撤销认证，及时向有关质量监督、工商行政管理、食品药品监督管理部门通报，并向社会公布。认证机构实施跟踪调查不收取任何费用。

2. 食品从业人员健康管理制度

食品从业人员的健康状况事关广大消费者的健康，如果这些人患有传染病或者是带菌者，就容易通过污染食品进而造成传染病的传播和流行。除了要求食品从业人员要注意个人卫生之外，《食品安全法》规定食品生产经营者应当建立并执行从业人员健康管理制度。食品生产经营者应每年组织食品从业人员进行健康检查，取得健康证明后方可上岗。健康证明过期的，应当立即停止食品生产经营活动，待重新进行健康体检后，才能继续上岗。《食品安全法》还规定患有痢疾、伤寒、病毒性肝炎等消化道传染病的人员，以及患有活动性肺结核、化脓性或者渗出性皮肤病等有碍食品安全的疾病的人员，不得从事接触直接入口食品的工作。

3. 食品生产经营者的检验记录制度

食品生产企业通常要从上游市场购买食品原材料、食品添加剂、食品相关产品，这些上游产品的质量是否安全，直接关系到企业生产出的食品是否安全。因此，《食品安全法》规定了食品生产企业的进货查验记录制度。

食品生产者采购食品原料、食品添加剂、食品相关产品，应当查验供货者的许可证和产品合格证明文件；对无法提供合格证明文件的食品原料，应当依照食品安全标准进行检验。食品生产企业应当建立食品原料、食品添加剂、食品相关产品进货查验记录制度，如实记录食品原料、食品添加剂、食品相关产品的名称、规格、数量、供货者名称及联系方式、进货日期等内容。食品原料、食品添加剂、食品相关产品进货查验记录应当真实，保存期限不得少于二年。

出厂检验是食品生产的最后一道工序，这道关把不严，那么不符合食品安全标准的食品就会直接流入市场，为此，《食品安全法》规定食品生产企业要建立食品出厂检验记录制度。查验出厂食品的检验合格证和安全状况，并如实记录食品的名称、规格、数量、生产日期、生产批号、检验合格证号、购货者名称及联系方式、销售日期等内容。食品出厂检验记录应当真实，保存期限不得少于二年。

食品经营者的进货查验制度是指食品经营者根据国家有关规定和同食品生产者或者其他供货者之间的合同约定，对购进的食品质量进行检查，对符合约定的食品予以验收的制度。食品经营者对所进货物进行检查验收，发现有食品安全问题可以提出异议，甚至拒绝收货。食品经营者查验的内容包括供货者的许可证和食品合格的证明文件。食品进货查验记录应当真实，保存期限不得少于二年。

实行统一配送经营方式的食品经营企业，可以由企业总部统一查验供货者的许可证和食品合格的证明文件，进行食品进货查验记录。

（五）食品贮存和包装

由于食品的性质不同，所以贮存食品的方式也不尽相同。食品贮存在恶劣条件下，会加速食品的腐败变质。因此，法律要求食品经营者在贮存食品时，要采取必要的防雨、通风、防晒、防霉变、合理分类、温度控制等措施，保证食品的安全。食品经营者还应该定期检查库存食品，及时清理变质或者超过保质期的食品。

散装食品是指无预包装的食品、食品原料及加工半成品，但是不包括新鲜果蔬及需清洗后加工的原粮，鲜冻畜禽产品和水产品等。食品经营者贮存散装食品，应当在贮存位置标明食品的名称、生产日期、保质期、生产者名称及联系方式等内容。

由于散装食品没有预包装，所以消费者在购买时无法得知食品的相关信息，因此，《食品安全法》规定食品经营者销售散装食品，应当在散装食品的容器、外包装上标明食品的名称、生产日期、保质期、生产经营者名称及联系方式等内容。

食品经营者应当按照“生熟分开”的原则设定散装食品销售区域。散装食品销售区域应具有明显的区分或隔离标志，经营者重新分装的食品，其标签按原生产者的生产标识真实标注；散装食品标签标注的生产日期必须与生产者在出厂时标注的生产日期相一致。

对于有预包装的食品，《食品安全法》强制规定包装上必须有标签，标签上应标明名称、规格、净含量、生产日期；成分或者配料表；生产者的名称、地址、联系方式；保质期；产品标准代号；贮存条件；所使用的食品添加剂在国家标准中的通用名称；生产许可证编号；法律、法规或者食品安全标准规定必须标明的其他事项。专供婴幼儿和其他特定人群的主辅食品，其标签还应当标明主要营养成分及其含量。

食品的标签、说明书，应当清楚、明显、容易辨识，不得含有虚假、夸大的内容，特别是不得涉及疾病预防、治疗功能。生产者对标签、说明书上所载明的内容负责。

（六）食品召回制度

食品召回制度是获悉其生产经营的食品存在系统性缺陷时，在政府部门监督下主动或者责令从市场和消费者手中收回缺陷食品，从而制止已流入市场的缺陷食品对广大消费者的人身健康和安全损害的发生或扩大的一项制度。2007 年发布的《食品召回管理规定》，建立了我国的食品召回管理制度。新的《食品安全法》中明确规定了食品召回制度。

根据食品召回程序的启动方式，食品召回可分为食品生产者主动召回和监管部门强制召回两种。

主动召回程序：食品生产者发现其生产的食品不符合食品安全标准，应当立即停止生产，召回已经上市销售的食品，通知相关生产经营者和消费者，并记录召回和通知情况。食品生产者应当对召回的食品采取补救、无害化处理、销毁等措施，并将食品召回和处理情况向县级以上质量监督部门报告。

监管部门强制召回程序：县级以上质量监督部门、工商行政管理部门、食品药品监督管理部门发现食品生产经营者未按法律的规定召回或者停止经营不符合食品安全标准的食品的，可以责令其召回或者停止经营。食品生产者在接到责令召回的通知后，应当立即停止生产，并按照法律规定召回不符合食品安全标准的食品。

四、食品添加剂

食品添加剂是为改善食品色、香、味等品质，以及为防腐和加工工艺的需要而加入食品中的化合物质或者天然物质。目前我国食品添加剂有23个类别，2000多个品种，包括酸度调节剂、抗结剂、消泡剂、抗氧化剂、漂白剂、膨松剂、着色剂、护色剂、酶制剂、增味剂、营养强化剂、防腐剂、甜味剂、增稠剂、香料等，在饮料、调料、酿造、面食、乳品、营养保健等各工业部门广泛运用。

近年来，由于像“苏丹红”、“塑化剂”这样的与违法添加物有关的食品安全事故频发，人们谈食品添加剂色变，认为食品添加剂都是对人体有害的，其实，这完全混淆了非法添加物和食品添加剂的概念。食品添加剂是现代科技发展的产物，食品添加剂的使用使食品的品种和花样大大增加；食品添加剂的使用使得近年来食品中微生物的感染大大降低，食品性传染病和细菌性食物中毒的发生大大减少，并显著延长了人类的寿命，也减少了因腐败变质而造成的食品的浪费。但是，食品添加剂种类繁多，很多食品添加剂是化学合成物，有一定的毒性，使用必须限定在一个安全的范围内。因此一旦食品添加剂的生产和使用出现问题，将会引起以后的食品生产经营的一系列问题。所以国家必须对食品添加剂的生产和使用严加监管。除了在食品安全风险监测评估制度中已经介绍过的食品添加剂的新品种的安全评估制度以及食品添加剂标准的及时修订制度，《食品安全法》还明确了食品添加剂生产许可证制度、食品添加剂的使用要求以及食品添加剂的标签、说明和包装制度。

1. 食品添加剂的生产许可制度

《食品安全法》规定国家对食品添加剂的生产实行许可制度。申请食品添加剂生产许可的条件、程序，按照国家有关工业产品生产许可证管理的规定执行。企业取得生产许可证，应当符合下列条件。

1）有营业执照。

2）有与所生产产品相适应的专业技术人员。

3）有与所生产产品相适应的生产条件和检验检疫手段。

4）有与所生产产品相适应的技术文件和工艺文件。

5）有健全有效的质量管理制度和责任制度。

6）产品符合有关国家标准、行业标准以及保障人体健康和人身、财产安全的要求。

7）符合国家产业政策的规定，不存在国家明令淘汰和禁止投资建设的落后工艺、高耗能、污染环境、浪费资源的情况。

法律、行政法规有其他规定的，还应当符合其规定。

2. 食品添加剂的使用要求

食品生产者应当按照《食品添加剂使用卫生标准（GB 2760—2007）》规定的品种、使用范围以及用量使用食品添加剂。食品添加剂的使用应符合以下基本要求：不得对人体产生任何健康危害；不得掩盖食品腐败变质；不得掩盖食品本身或者加工过程中的质量缺陷或以掺杂、掺假伪造为目的使用食品添加剂；不得降低食品本身的营养价值；在达到预期效果下尽可能降低在食品中的用量。

3. 食品添加剂的标签、说明和包装制度

食品添加剂应当有标签、说明书和包装。食品添加剂的标签、说明书的记载要求与食品标识的记载要求相同。

食品添加剂的说明书应置于食品添加剂的外包装以内，用以说明食品添加剂的名称、成分，使用方法、生产者或者销售者等相关信息，通常含有比标签更多的信息。

五、保健食品

保健食品是指适宜于特定人群使用，具有调节机体功能，不以治疗疾病为目的并且不对人体产生任何急性、亚急性或者慢性危害的食品。保健食品不是药品，其本质仍然是食品，虽有调节人体某种机能的作用，但它不是治疗疾病的物质。保健食品可以说是一种营养补充剂，帮助人们维护健康，调理某种身体机能，强化免疫系统。

许多保健食品为了吸引消费者，在广告和包装上大肆宣扬所谓的“疗效”，导致有些患者由于听信虚假宣传，延误治疗，造成严重损失。因此国家对保健食品实施严格监管。《食品安全法》规定保健食品的标签、说明书不得涉及疾病预防、治疗功能，内容必须真实，应当载明适宜人群、不适宜人群、功效成分或者标志性成分及其含量等。《广告法》规定“食品广告的内容不得使用医疗用语或者易与药品混淆的用语”。《保健食品广告审查暂行规定》中规定，保健食品广告必须说明或标明“本产品不能替代药品”的忠告语，食品广告中不得含有“使用该产品能获得健康”的表述。

补充知识

如何分辨药品、保健食品和食品？

通常我们可以从批准文号和标志上对药品、保健食品和普通食品进行区分。药品的批号是“药准字”，食品的批号是“卫食字”，正规的保健食品会在外包装盒上标出天蓝色的，形如“蓝帽子”的保健食品专用标志，下方会标注批准文号，如“国食健字【年号】××××号”，或者是“卫食健字【年号】××××号”。国产保健食品的批准文号是“卫（国）食健字”，进口保健食品是“卫（进）食健字”，可登录国家食品药品监督管理局“数据查询”栏目查询产品的真实情况。

六、集中交易市场开办者的责任

集中交易市场是食品经营者开展食品流通、餐饮活动等食品经营活动的一个重要地点，但是集中交易市场里的食品经营者有经营规模小、流动性较强等特点，发生食品安全事故后，食品经营者往往一跑了之，无法承当赔偿责任，给消费者造成巨大的损失。为了能加大对集中交易市场的食品经营者的监管力度，能保证消费者的合法权益，《食品安全法》将集中交易市场的开办者纳入到了食品安全的责任体系中来。

法律规定，集中交易市场的开办者、柜台出租者和展销会举办者具有下列管理责任：首先，应当审查入场食品经营者的许可证，明确入场食品经营者的食品安全管理责任。其次，定期对入场食品经营者的经营环境和条件进行检查，发现食品经营者有违反《食品安全法》的行为的，应当及时制止并立即报告所在地县级工商行政管理部门或者食品药品监督管理部门。

如果集中交易市场的开办者、柜台出租者和展销会举办者未履行前款规定义务，本市场发生食品安全事故的，应当承担连带责任。

案例分析

很多城市都喜欢举办“特色食品展”，展销全国各地的特色美食。小张在一次“特色食品展”上购买了一包“四川风味腊肠”，回家食用后，出现了肚子疼、腹泻、呕吐等状况，经医院检查，认定为食物中毒。小张出院回家后，仔细查看了腊肠的包装，发现包装上没有生产日期，也没有食品生产许可证编号，只有简单的生产厂家和地址。于是，小张带着剩下的腊肠和包装来到了展会，可是展会早已结束，腊肠的经销商也不见了踪影。于是小张找到了展会的举办者，想要讨个说法，可是展会的举办者说：“这事情我们组织方不承担责任，你按照包装上的信息，去找食品的生产商负责。”可是按照包装上的地址，腊肠的生产商远在千里之外的四川，小张犯难了。

思考：小张的合法权益能得到保障吗？

分析提示：根据《食品安全法》的规定，如果集中交易市场的开办者、柜台出租者和展销会举办者未履行法定义务的，对本市场发生食品安全事故的，应当承担连带责任。在本案中，显然，展会的举办者没有履行自己的义务，造成没有生产许可证和生产日期的食品在展会上售卖，因此，展会的举办者应该和食品的生产经营者承担连带责任，也就是说，小张既可以找食品的生产经营者要求赔偿，也可以找此次展会的举办者要求赔偿。

七、法律责任

（ ）民事责任

食品生产经营者是保证食品安全的第一责任人。如果食品生产者违反了《食品安全法》的规定，生产了不符合食品安全标准的食品，给消费者造成人身、财产损害的，要依据《民法通则》、《产品质量法》的有关规定，承担民事赔偿责任。造成受害人人身伤害的，食品生产经营者应该赔偿医疗费用，治疗期间的护理费用，因误工减少的收入等费用；造成残疾的，还应该支付残疾者生活自助具费、生活补助费、残疾赔偿金以及由其抚养的人所必需的生活等费用；造成受害人死亡的，应当支付丧葬费用、死亡赔偿金以及由死者生前抚养的人所必需的生活等费用。造成受害人财产损失的，食品生产经营者应当赔偿其财产损失。

因购买了不符合食品安全标准的食品，而造成人身、财产损害的，受害人可以向食品的生产者要求赔偿，也可以向食品的销售者要求赔偿。

为了惩戒不法食品生产经营者，也为了保护消费者，《食品安全法》规定了惩罚性赔偿责任。生产不符合食品安全标准的食品或者销售明知是不符合食品安全标准的食品，消费者除要求赔偿损失外，还可以向生产者或者销售者要求支付价款十倍的赔偿金。

为了保护受害者的合法权益，使其受损的权利得到补偿，《食品安全法》确立了民事赔偿优先的原则。食品生产经营者应当承担民事赔偿责任和缴纳罚款、罚金，其财产不足以同时支付时，先承担民事赔偿责任。

（二）行政责任

违反《食品安全法》的法律规定，相关食品监督执法部门可以根据各自的职责以及法律的规定给予警告、责令整改，没收违法所得；对于情节严重或者拒不改正的，可以进行一定程度的罚款；如果情节特别严重的，可以由原发证部门吊销相关许可证。

对于未按照《食品安全法》的规定履行职责的各级国家行政机关，不履行法律规定的职责或者滥用职权、玩忽职守、徇私舞弊的，对直接负责的主管人员和其他直接责任人员给予记大过或者降级的处分；造成严重后果的，给予撤职或者开除的处分；其主要负责人应当引咎辞职。

（三）刑事责任

《刑法》第一百四十三条规定，生产、销售不符合食品安全标准的食品，足以造成严重食物中毒事故或者其他严重食源性疾病的，处三年以下有期徒刑或者拘役，并处罚金；对人体健康造成严重危害或者有其他严重情节的，处三年以上七年以下有期徒刑，并处罚金；后果特别严重的，处七年以上有期徒刑或者无期徒刑，并处罚金或者没收财产。

《刑法》第一百四十四条规定在生产、销售的食品中掺入有毒、有害的非食品原料的，或者销售明知掺有有毒、有害的非食品原料的食品的，处五年以下有期徒刑，并处罚金；对人体健康造成严重危害或者有其他严重情节的，处五年以上十年以下有期徒刑，并处罚金；致人死亡或者有其他特别严重情节的，依照本法第一百四十一条的规定处罚。

案例分析

老王这些年深受糖尿病折磨，身体十分虚弱，也无法正常工作。一日，老王在电视上看到一位他十分喜爱的电影演员向观众介绍一种保健食品，这位电影演员向大家介绍说这种保健食品有很好的降糖功能，长期服用可以治愈糖尿病，并宣称自己的糖尿病就是因为长期服用这种保健食品治好的。老王十分心动，于是就到超市一探究竟，超市的保健品销售员热情地接待了老王，并向老王保证只要坚持每天服用这种保健食品半年就可以将血糖降到正常水平，并且现在买五送一，非常划算。老王检查了包装，发现批号是“药健字【年号】××××××××”，于是就向销售员询问，销售员解释说，保健食品是一种药物性质的食品，所以生产要求很严格，要按照药品的标准生产。于是老王便购买了5盒。老王回家后，按照说明书的要求每天服用，两个月后，血糖没有半点降低。老王还发现，剩下的保健品已经出现了变质的情况，可是保健品明明还在保质期内。老王来到了超市，发现那个销售员早已不见踪影，于是老王找到超市要个说法，可是超市负责人却说自己已经按法律的规定检查了这个食品的生产许可证，所以没有义务再处理老王的问题，老王应该去找这个保健品的生产企业，老王一时没了主意。

讨论：上述案件中违反了《食品安全法》的哪些规定？老王应该怎么办？

第三节 商 标 法

案例导入

沈阳××压力锅厂自1979年即开始批量生产的“红××”牌压力锅，系国家A级产品，工艺先进，全国首创。于1982年获国家银质奖，1983年和1990年两次获出口产品金奖和荣誉证书，1989年获国家级质量认证证书，1990年在全国铝制品行业中荣获唯一的国家金质奖，产品出口40多个国家和地区，深受国内外广大用户欢迎。从1979年至1990年，“红××”压力锅在中央电视台及众多地方电视台做过大量宣传，广告宣传费达上千万元，“红××”商标在国内基本上家喻户晓。但截至1990年，“红××”商标尚未申请注册。当沈阳××压力锅厂向国家工商局申请“红××”商标注册时，其已被某外贸公司抢先注册。沈阳××压力锅厂多方求助并找到该外贸公司协商，愿意以800万巨资购回“红××”商标，但未能如愿，只能看着含有巨额无形资产的“红××”商标流失。

问题：什么是商标？注册的商标和未注册的商标在法律上有什么区别？什么是驰名商标？法律如何对驰名商标进行保护？本案中某外贸公司抢注的行为是否合法？“红××”压力锅厂如何维护自己的合法权益？

一、商标法概述

随着商品经济的日益发达，品牌已成为产品或服务的重要内容。知名品牌对于提高产品竞争力、扩大产品或服务的市场占有率、提升企业信誉和声誉、增强企业实力都具有重要的意义。因而，品牌策略成为企业营销策略的重要内容。商品或服务的品牌在法律上称为商标，我国立法对商标的取得、使用和管理以及法律保护等方面作了较为完备的规定，企业在运用品牌策略从事营销活动时，必须熟悉相关法律规定，依法从事营销活动和运用法律手段维护企业合法权益，从而实现营销活动的目的、增强营销活动的效果。

（一）商标的概念和功能

1. 商标的概念

商标俗称牌子，通常指一个企业的商品或者服务同其他企业的商品或者服务区别开来的标志。我国《商标法》对商标的定义是："任何能够将自然人、法人或者其他组织的商品与他人的商品区别开来的可视性标志，包括文字、图形、字母、数字、三维标志和颜色组合，以及上述要素的组合。"可见，商标是一种商业标志，一般由文字、图形或其组合而构成，附注在商品或其包装、服务设施或其宣传品上，使其与其他经营者的同类商品或服务相区别。

补充知识

三维商标又称立体商标，它与我们通常所见的表现在一个平面上的商标图案不同，而是以一个具有长、宽、高三种度量的立体物质形态出现，这种形态可以出现在商品的外形上，也可以表现在商品的容器或其他地方。颜色组合商标是指通过特定的意图或顺序将两种或两种以上的色彩组合而成的商标。独特新颖的颜色组合，不仅可以给人以美感，而且具有显著性，能起到表示产品或者来源的作用，也能起到区别生产者、经营者或者服务者的作用。

2. 商标的功能

商标是商品经济的产物，是在有了商品生产、出现了商品交换之后，用在商品上以示区别的标记。商标在其产生之后随着商品经济的发展而发展，其功能也不断扩大。最初的商标只是为了表明该商品的生产者，而现代经济中，商标具有多方面的功能。

（1）标示来源

这是商标最原始最基本的功能。经营者使用商标可以将其商品或服务与其他经营者的同类商品或服务区别开，消费者通过商标将不同来源的商品和服务区别开。就商品而言，标示来源并非只表示商品的生产者，有时也表示加工者、销售者和进口者。

（2）品质指示

商标将同类商品和服务区别开来的同时，因为不同的经营者提供的商品或服务的质量和品质不同，因而商标又有了品质表示的功能。消费者通过不同的商标识别商品或服务，进而认识到其品质。所以商标又代表着不同的经营者提供的商品或服务的品质差异。商标的这一功能可以帮助消费者在购买商品或服务时判断其质量，也有利于促进经营者努力提高产品质量，维护企业信誉。

(3) 广告宣传

商标一般突出醒目，简明易记，因而是很好的广告宣传的工具。借助商标这种特定标记，可以吸引消费者的注意力，加深对商品的印象。一方面，消费者在使用商品或服务之后，商标会对其再次购买起到引导作用，并通过消费者的口碑在消费者之间相互传递。另一方面，经营者通过宣传商标，可以使消费者易于接受产品或服务，激发其购买欲望，从而实现促销目的。

(二) 商标的分类

按不同的标准可以对商标作不同的分类。按商标的构成要素不同，可将商标分为文字商标、图形商标、字母商标、三维商标、颜色商标等；按商标是否依法注册，可将商标分为注册商标和非注册商标；按商标用途的不同，可以将商标分为商品商标、服务商标、集体商标、证明商标、联合商标和防御商标。

1. 商品商标

商品商标即使用于商品上的商标。商品商标是表明商品来源的标志，例如“清风”牌纸巾上的“清风”标志，“飘柔”牌洗发水上的“飘柔”标志。我国《商标法》规定，自然人、法人或者其他组织对其生产、制造、加工、拣选或者经销的商品，需要取得商标专用权的，应当向商标局申请商品商标注册。所以商品商标的商品包括生产、制造、加工、拣选、销售的商品。

2. 服务商标

服务商标是表明服务来源的标志，例如，中国航空公司的 CAAC 标记。按照《商标注册用商品和服务国际分类尼斯协定》（以下简称《尼斯分类》）所附的商品和服务分类表，可作为商标标志对象的服务项目包括广告、保险、金融、通信、运输、旅游、建筑、法律服务等 11 个类别。我国自 1988 年 11 月 1 日起开始采用《尼斯分类》，现执行的是《尼斯分类》的第九版。

3. 集体商标

集体商标是指以团体、协会或者其他组织名义注册，供该组织成员在商事活动中使用，以表明使用者在该组织中的成员资格的标志。集体商标由特定的“集体”如行会、商会等工商团体或其他集体组织以集体名义申请注册和所有，由各成员共同使用，其作用在于向消费者表明该集体成员提供的商品或服务具有共同特点。

4. 证明商标

证明商标是指由对某种商品或者服务具有监督能力的组织所控制，而由该组织以外的单位或者个人使用于其商品或者服务，用以证明该商品或者服务的原产地、原料、制造方法、质量或者其他特定品质的标志。如我国农业部绿色食品发展中心注册的绿色食品证明商标，国际羊毛局负责管理的纯羊毛标志，欧盟的“担保商标”等。证明商标与普通商品商标、服务商标的区别在于，证明商标不是表示商品或服务来源于某个经营者，而是用以证明商品或服务本身出自某原产地，或具有某种特定品质的标志。

补充知识

地理标志可以注册为证明商标，称为地理标志证明商标，是一种标示商品来源和质量的商业标记。对其所标指的商品或服务具有证明、担保其品质、产地、制造工艺以及精确度的作用，同时其所表明的出处“原产地”直接关系到特定产品的品质。这对消费者的购物选择，往往起着决定性作用。地理标志证明商标主要用在农产品和地方特色产品上，对于实现产品增值、发展规模经营、扩大出口都具有重要经济意义。

地理标志的保护是近年来国际知识产权领域的重要议题之一，人们对其认识程度也日益提高。我国自1994年开始将地理标志纳入了商标法律体系予以保护。2001年修改《商标法》时，进一步肯定和完善了这种保护制度，使我国的地理标志保护达到了与有关国际规则相适应的水平。根据《商标法》有关规定，地理标志作为证明商标或者集体商标予以注册，注册人享有商标专用权，受到法律保护。

我国部分地理标志证明商标如下。

茶类：安溪铁观音、武夷山大红袍、信阳毛尖、径山茶等十件。

酒类：绍兴老酒、孝感米酒等三件。

水果类：金州大樱桃、库尔勒香梨、漳州芦柑、吐鲁番葡萄等九件。

蔬菜类：章丘大葱、金乡大蒜、涪陵榨菜等六件。

谷类：郫县豆瓣、盘锦大米等四件。

禽畜类：庄河大骨鸡、靖远羊羔肉、金华火腿等五件。

手工艺品：青田石雕、景德镇瓷器、浏阳花炮等三件。

5. 联合商标

联合商标是指一个所有人，在相同的商品上注册几个近似的商标，或在同一类别的不同商品上注册几个相同或近似的商标，这些商标中首先注册的或者主要使用的为主商标，其余的则为联合商标。例如娃哈哈集团注册了“娃哈哈”正商标与“哈哈娃”、“娃娃哈”等组成的联合商标。注册联合商标的目的，相对于正商标而言，是为了防止自己的正商标（一般为名牌商标）被他人影射仿冒。我国《商标法》并没有规定联合商标的内容，但不少厂商实际上应用了联合的策略，充分发挥了联合商标的作用。

6. 防御商标

防御商标是指商标所有人在不同类别的商品上注册使用同一商标。通常是由驰名商标的所有者为了防止他人在不同类别的商品上使用其商标，而在非类似商品上将其商标分别注册。我国现行的《商标法》对此种商标尚无明确规定。按照国际惯例此种商标一般难以注册，但一经注册则不因其闲置不用而被国家商标主管机关撤销。

（三）商标法

商标法是规范商标的构成、注册、使用、管理和商标专用权的保护的法律规范的总称。我国《商标法》是1982年制定的，其调整范围仅限于为商品商标。1993年对《商标法》做出第一次修改，主要是将保护范围从商品商标扩大到了服务商标。2001年的《商标法》修改是一次重要的、幅度很大的修改，修改内容为47项，这次大幅度的修改，对于完善商标法律制度，促进市场经济的发展具有重要的意义。

二、商标的注册

（一）商标注册的含义和原则

1. 商标注册的含义和意义

商标注册是指申请人向商标主管机关提出商标注册申请，商标主管机关进行审查、核准，颁发商标注册证并予以公告的活动。《商标法》规定，经商标局核准注册的商标为注册商标，包括商品商标、服务商标、集体商标和证明商标；商标注册人享有商标专用权，受法律保护。商标专用权包括商标的使用权、禁止权和处分权。即商标所有人有权在核准使用的商品或服务上使用该注册商标，有权禁止他人未经许可在相同或类似的商品或服务上使用与该注册商标相同或类似的商标，有权将商标依法转让或许可他人使用该注册商标。非经商标主管机关核准注册的商标是非注册商标。非注册商标一般不受法律保护。

2. 商标注册的原则

（1）自愿原则

自愿原则即商标使用人是否申请商标注册取决于其自愿。自愿注册原则是国际上通行的惯例，符合知识产权私权的本质。依据自愿注册原则，商标的使用人有权根据自己的需要、产品发展策略决定是否申请注册。自愿注册原则意味着非注册商标也可以在商品和服务上使用。但二者的法律地位不同。注册商标享有法律规定的商标专用权，而非注册商标不具有受法律保护的商标专用权。

同时，对于极少数特殊商品，为了加强质量监督和管理，维护市场秩序，《商标法》还确立了自愿注册的例外。《商标法》第六条规定：“国家规定必须使用注册商标的商品，必须申请商标注册，未经核准注册的，不得在市场销售。”目前必须使用注册商标的商品只有人用药品和烟草制品两类。

（2）申请在先原则

申请在先原则是指两个或者两个以上的申请人，在同一种商品或者类似商品上，以相同或者近似的商标申请注册的，商标局受理最先提出的商标注册申请，对在后的商标注册申请予以驳回。我国《商标法》第二十九条规定：“两个或者两个以上的商标注册申请人，在同一种商品或者类似商品上，以相同或者近似的商标申请注册的，初步审定并公告申请在先的商标；同一天申请的，初步审定并公告使用在先的商标，驳回其他人的申请，不予公告。”可见，我国《商标法》采用的是申请在先原则，使用在先只是在特殊情况下使用。

（3）优先权原则

优先权是《保护工业产权巴黎公约》第四条、第十一条赋予其成员国成员申请工业产权在申请日期上的优先利益。其基本内容是：以某一个商标注册申请人在一成员国为一项商标提出的正式申请为基础，在六个月内同一申请人可以在其他各成员国申请对该商标的保护，这些在后的申请被认为是与第一次申请同一天提出的。在任何一成员国举办的国际展览会上展出的商品首次使用的商标，可以给予优先权，时间也是六个月。在世界上大多数国家实行申请优先原则的情况下，申请人如果希望在外国也得到工业产权的保护，就有必要同时向几个国家提出注册申请，而在实际中是很难做到的。优先权则解决了申请人无法同时向几个国家提出申请的问题，使其在第一次提出注册申请后有时间准备在其他国家提出申请，而且也可以避免这期间他人的抢注或其他使商标丧失显著性的行为。

我国是该公约的成员国，有义务遵守该公约的规定。《商标法》第二十四条、二十五条规定：“商标注册申请人自其商标在外国第一次提出商标注册申请之日起六个月内，又在中国就相同商品以同一商标提出商标注册申请的，依照该外国同中国签订的协议或者共同参加的国际条约，或者按照相互承认优先权的原则，可以享有优先权。”“商标在中国政府主办的或者承认的国际展览会展出的商品上首次使用的，自该商品展出之日起六个月内，该商标的注册申请人可以享有优先权。”优先权并不是自动获得的，申请人要求优先权的，应当在提出商标注册申请时提出书面声明，并在三个月内提交有关的证明文件。

（二）商标注册的申请

1. 商标注册的申请人

《商标法》规定，自然人、法人或者其他组织对其生产、制造、加工、拣选或者经销的商品或提供的服务，需要取得商标专用权的，应当向商标局申请商品商标注册。市场经济条件下，个人也是从事经济活动的主体，也有使用商标的需求。因而这次修改体现了对个人市场地位的尊重，有利于推动经济发展。

案例分析

姚明父母申请“姚明”商标

2008 年 8 月，篮球明星姚明的父母为其子申请注册“姚明”牌商标，此次姚明商标共申请了 9 大类别 24 种商品和服务商标。其中有 8 类涉及具体的商品商标。按照 2001 年修订后的《商标法》及其实施细则，该商标注册申请已经顺利通过书面审查。如果姚明父母为其子以个人名义申请注册“姚明”商标是在 2001 年修订《商标法》之前，则会因为该申请人资格不符合法律规定的要求而难以通过。

思考：个人注册商标有限制吗？

分析提示：个人注册商标是有限制的，即注册申请人不能是自然人，注册申请人必须要有个体工商营业执照才可以，如果注册申请人没有营业执照的话，中国商标局是不予以受理的。

注册商标的申请人也可以是两个以上的自然人、法人或其他组织。多个主体共同向商标局申请注册同一商标的，共同享有和行使该商标专用权。

外国人或外国企业在我国申请注册商标的，应当按其所属国和我国签订的协议或者共同参加的国际条约办理，或者按对等原则办理。考虑到切实保障外国人或外国企业权利的实现和方便其申请，《商标法》规定，外国人或者外国企业在中国申请商标注册和办理其他商标事宜的，应当委托国家认可的具有商标代理资格的组织代理。

注 意

我国是《保护工业产权巴黎公约》的成员国。根据该公约第二条第一款有关国民待遇原则的规定，该公约成员国国民在我国申请商标注册享有与我国国民同等的权利，我国国民到其他成员国申请商标注册也享有各该成员国国民的同等的待遇。非《保护工业产权巴黎公约》成员国的外国人或外国企业，其所属国与我国签订了商标保护双边协议的，按协议办理，或者按照与我国共同参加的其他保护工业产权的国际条约的规定办理。如果其所属国既不是《保护工业产权巴黎公约》的成员国，也没有与我国参加其他保护工业产权的国际条约，同时也没有与我国签订商标保护协议，则应当按照对等原则办理。即该国的法律如果给予我国自然人、法人或者其他组织商标注册保护，我国也给予该国的自然人、法人或者其他组织商标注册保护。

2. 商标注册申请提交的文件

申请商标注册，应当提交申请书、商标图样、相关证明文件，并交纳规费。商标注册申请书是商标注册不可缺少的书面文件，要规范地填写，应当按规定的商品分类表填报使用商标的商品类别和商品名称。我国目前采用的是国际上通行的《商标注册用商品和服务国际分类尼斯协定》，该分类表共有 45 个类别，其中商品 34 类，服务 11 类。每一件注册申请应当提交商标图样十份。与申请书同时提交的还包括申请人的身份证明、特殊产品的生产许可证、肖像商标中肖像权人的授权等证明文件。商标注册申请日的确定以商标局收到申请文件的日期为准。

（三）商标注册的审查

商标注册的申请文件填写准确、规范、手续齐备的，商标局予以受理，编写申请号，发给《受理通知书》。受理之后，即开始对商标是否具备注册条件进行审查。审查的内容包括如下方面。

1. 可视性

商标的基本作用在于通过标示来源区别商品和服务。因而商标应当为人们所感知，从而使人们凭借商标识别来选择商品和服务，“认牌购物”。人的感觉包括视觉、听觉、味觉、触觉。但就传达信息而言，视觉无疑是第一位的。商标作为传递商品信息的商业标志应当是能够通过视觉感知的。我国《商标法》规定：“任何能够将自然人、法人或者其他组织的商品与他人的商品区别开的可视性标志，包括文字、图形、字母、数字、三维标志和颜色组合，以及上述要素的组合，均可以作为商标申请注册。”可视性是商标的基本特征。而将“视觉可感知的标志”作为商标也是各国商标法的通例。除视觉可感知外，声音和气味虽然也可以被人们所感知，但其在实际应用中很少，且不便于保护，因而只有少数国家规定可以作为商标。我国《商标法》尚未承认听觉商标和嗅觉商标。

补充知识

听觉商标指通过听觉可以识别感知的商标。听觉商标虽然没有视觉商标使用广泛，但在一些特定的场合可能更容易引起消费者的注意，例如米高梅公司拍摄的电影在片头中使用的雄狮的吼叫声比文字更能给人留下深刻的印象。一些广播电台、电视台以及网站已开始使用特定的音乐作为开播曲、欢迎曲。也有一些企业使用音乐商标促销其产品，如英特尔公司在宣传其芯片时播放的音乐。

嗅觉商标指通过不同的气息区别商品或服务出处的商标，又称气味商标。嗅觉商标目前相对比较少见，世界第一个气味商标是美国的评审与上诉委员会（TTAB）于 1990 年在缝纫机上核定注册的一种“花的刺激、清新、令人记忆深刻的花香气息”。欧共体内部市场协调局第二上诉庭在 R156/1992-2 一案中也首次核准了一种以新剪的草香作为嗅觉商标获得共同体商标注册。

2. 显著性

显著性是指商标区别于其他商标的特征，也叫识别性或区别性。商标的基本功能在于区别商品来源，如果一个商标与其他商标近似，难以区分，则无法实现商标的基本功能。我国《商标法》第九条规定：“申请注册的商标，应当有显著性，便于识别，并不得与他人在先取得的合法权利相冲突。”

判断商标是否具有显著性，法律很难从正面进行界定。因而各国法律一般从反面规定不得作为商标的标识，从而对显著性进行解说。我国《商标法》第九条至第十二条对显著性作了规定，商标标识含有下列因素的，属于缺乏显著性。

（1）官方标志、徽记

《商标法》规定，下列标志不得作为商标使用：①同中华人民共和国的国家名称、国旗、国徽、军旗、勋章相同或者近似的，以及同中央国家机关所在地特定地点的名称或者标志性建筑物的名称、图形相同的；②同外国的国家名称、国旗、国徽、军旗相同或者近似的，但该国政府同意的除外；③同政府间国际组织的名称、旗帜、徽记相同或者近似的，但经该组织同意或者不易误导公众的除外；④与表明实施控制、予以保证的官方标志、检验印记相同或者近似的，但经授权的除外；⑤同“红十字”、“红新月”的名称、标志相同或者近似的。上述标志不得用作商标，目的在于维护国家、国际组织或团体的尊严和权威。

（2）产品或服务的通用名称、标识

通用名称是某一类产品或服务的通常称谓，例如“酒”是酒类产品的通称。通用名称代表一类商品或服务，不能起到特定化的作用，从而无法实现商标的区分来源的功能，所以不能用作商标。我国《商标法》规定，仅有本商品的通用名称、图形、型号的标识不得作为商标。

《商标法》规定：“以三维标志申请注册商标的，仅由商品自身的性质产生的形状、为获得技术效果而须有的商品形状或者使商品具有实质性价值的形状，不得作为商标注册。”因而，以下三种三维标志的形状不能作为商标注册。

1）仅由商品自身的性质产生的形状，如书本形状、通用的灯泡形状等。

2）为获得技术效果而需有的商品形状或者使商品具有实质性价值的形状，如剃须刀的形状、切菜刀的形状等。

3）使商品具有实质性价值的形状，如轮胎的形状等。

案例分析

法国巴拉蒂尤姆股份有限公司申请鞋底图形商标被驳回案

法国巴拉蒂尤姆股份有限公司是一家历史悠久的制鞋企业，该公司在中国向商标局为其鞋类商品申请图形商标[①]（见右下图）时，被商标局拒绝。理由是：申请商标对其指定商品具有叙述性。该公司在申请复审时认为：其产品在法国和世界各地享有盛誉，申请商标自开始使用以来，已有悠久的历史，成为消费者所接受的优质鞋类标志，已经确立了作为商标职能存在的第二含义，申请商标已在世界上多个国家申请并注册。最后，商标评审委员会裁定结果：此商标不予审定及公告。

思考：商标评审委员会裁定结果是否正确？

分析提示：本案中商标局所说的商标对其指定商品具有叙述性，是指商标直接表示商品或服务的质量、主要原料、功能、用途、重量、数量等。商标局以此为由驳回其申请，商标局的结论是正确的。对该案中鞋底图形更为合理的解释是该图形是鞋类商品中鞋底的通用图形，如该商标中的鞋类商品的通用图形为一家排他使用，显然有失公平。这也是《商标法》对此类标识禁止注册的原因。

---

① 白光．1996．商标案例与评析．北京：企业管理出版社：113～114．

（3）描述性标识

描述性标识是直接表述商品的属性或特征的标志。例如，表示商品原料的“纯棉”、“羊毛”，表示商品特征的“香甜”、“可口”等。因为同一类商品或服务的属性和特征基本相同，因而描述性标志作为商标，区分功能不强，而且会限制其他商品或服务提供者对该标志的使用，有碍公平。《商标法》规定，仅仅直接表示商品的质量、主要原料、功能、用途、重量、数量及其他特点的标志不得作为商标。但采用间接的、暗示性的方式对产品进行描述的标志则是允许的。例如，化妆品上的“美加净”、自行车上的“野马”、饮料上的“健力宝”等因为没有直接描述商品的特征，因而可以作为商标使用。

案例分析

“毛鸡”商标案[①]

梧州市龙山酒厂向商标评审委员会提出申请，要求撤销广东省化州县龙泉酒厂的使用于饮料酒上的“毛鸡”字样的商标。其申请的理由是：毛鸡是药用动物，是生产药酒及饮料酒的主要原料。申请人于 1936 年开始生产毛鸡酒，远销十几个国家和地区，是广西的名优产品。根据《商标法》第八条第五款、第六款的规定，提出撤销被申请人使用于饮料酒上的“毛鸡”字样的商标。被申请人答辩的理由是：市场上虽有不同类别的具有“药批”的毛鸡酒销售，但被申请人注册的“毛鸡”商标指定使用在第 33 类饮料酒上，两者属于不同类别，并不影响其他厂家的合法利益。而且自注册了“毛鸡”商标后，牌子名副其实，销售量直线上升，毛鸡酒为社会创造了财富。

思考：被申请人的“毛鸡”字样商标是否合法？

分析提示：毛鸡酒是由经过加工的毛鸡浸制而成的酒，主要原料为毛鸡，是主治妇科病及风湿、跌打的良药，乃广东、广西两省的特产药酒。将“毛鸡”作为商标指定使用在酒类商品上，直接表示了商品的主要原料，按照法律规定，此类标识不得作为商标注册。最后，商标评审委员会裁定：被申请人的“毛鸡”字样商标予以撤销。

（4）地名

我国《商标法》规定，县级以上行政区划的地名或者公众知晓的外国地名，不得作为商标。地名具有其他含义或者作为集体商标、证明商标组成部分的除外；已经注册的使用地名的商标继续有效。用地名作商标缺乏显著性，且易造成消费者对商品和服务来源的误认，也使同一地区的其他经营者丧失与商标使用人公平竞争的地位。因而原则上地名不应该用作商标。但有些地名有一定的含义，如“凤凰”、“永安”，由于其特定含义，在很多场合都可以使用，反而使其指示地理位置的功能弱化，因而可以用作商标。

① 白光．1996．商标案例与评析．北京：企业管理出版社：110～111．

集体商标、地理标志证明商标，地名的使用与商标功能的发挥密不可分，因而集体商标、证明商标可以包括地名。

补充知识

商标的显著性是客观存在的，而且有强弱之分。一般来讲，商标与商品的联系越密切，其显著性就越弱，例如，“洁净”用在洗衣粉上就缺乏显著性。而像“Sony”、“Nike”这样的商标与商品毫无联系，反而显著性强。另外，商标的实际使用时间、广告宣传、所依附产品的市场占有率等因素对商标的显著性具有影响。商标的显著性分为固有的显著性和获得的显著性。固有显著性是指一个标志由于其创造性或正确选用而具有天然的显著特征。如“苹果”用于计算机，“Kodak”用于胶卷。而获得显著性，也称第二含义，是指一个缺乏显著固有性的标志通过长期连续使用而产生新的含义，能够辨认商品来源，被视为具备了显著性。例如，“黑又亮”作为鞋油产品的商标，因为其是对产品特征的直接描述，本不具有显著性，但其在长期的使用中已经为公众所熟悉，具有了标识能力，获得了显著性。类似的还有“两面针”（牙膏）、“五粮液”（酒）等。

3. 非冲突性

非冲突性是指商标不得违反公序良俗和不得与在先的合法权利相冲突。

（1）不得违反公序良俗

商标附着于商品或服务而进入市场，并通过广告宣传进入公众领域，其传递的信息必然有一定的社会影响。所以各国商标立法均将违反公序良俗和社会道德的标志作为商标的绝对禁止条件。我国《商标法》规定，下列标志不得作为商标。

1）带有民族歧视性的。

2）夸大宣传并带有欺骗性的。

3）有害于社会主义道德风尚或者有其他不良影响的。

（2）不得与在先的合法权利相冲突

不得与在先的合法权利相冲突即申请商标注册不得与之前他人已经取得的合法权利相冲突。他人已经取得的合法在先权利包括著作权、外观设计专利权、肖像权、商号权等。例如，如果使用他人享有著作权的图片作为商标，就要获得著作权人的授权。使用他人的肖像作为商标就要征得肖像权人的同意。

（四）商标的核准

1. 初步审定和公告异议

申请注册的商标，凡经实质审查符合《商标法》规定的，由商标局初步审定，予以公告。申请注册的商标，凡不符合《商标法》有关规定或者同他人在同一种商品或者类似商品上已经注册的或者初步审定的商标相同或者近似的，由商标局驳回申请，不予公告。初步审定公告之日起三个月内，任何人都可以对初步审定的商标提出异议。提出异议的人可以是与商标有利害关系的人，如在先权利人；也可以是任何与申请注册的商标没有利害关系的其他主体。商标局应当对在异议期内收到的异议书进行形式审查，并转交被异议人，要求其限期答辩。商标局针对异议人的理由和被异议人答辩的意见，结合我国《商标法》的规定，做出裁定，制作《商标异议裁定书》送交异议双方。

2. 核准注册

初步审定的商标公告期满，无人提出异议的或裁定异议不成立的，商标局予以核准注册。商标局应当在《商标公告》上刊登注册公告，向申请人颁发商标注册证。商标注册申请人自其商标核准注册之日起成为注册商标专用权人。

3. 商标评审

国家设立专门的商标评审委员会处理商标争议。商标评审委员会解决的商标争议主要有：①不服驳回商标注册申请的裁定的。对于驳回商标注册申请的，申请人有权申请复审。②不服商标局异议裁定的。对商标局做出的异议裁定不服的，可在收到书面裁定之日起十五日内申请复审。③请求撤销注册商标的。对已注册的商标，认为注册不当或与在先权利发生冲突的，可以申请撤销该注册商标。④对商标局撤销注册商标裁决不服的。对商标局撤销注册商标裁决不服的，可以申请复审。

商标评审委员会属于国家行政机关，其评审的行为属于行政行为，其评审的结果属于司法审查的范围，当事人对商标评审委员会的决定不服的，可以自收到通知之日起三十日内以商标评审委员会为被告向人民法院起诉。

案例分析

“乡巴佬”商标申请被驳回案[①]

某企业申请注册“乡巴佬”商标，被商标局以该商标有贬低人的含义，具有不良影响为由驳回。申请人认为，“乡巴佬”出自农民自谦之辞，是对农民的善意的称颂，没有贬低他人的含义，不会产生不良影响。复审中商标评审委员会认为：商标一旦进入市场，将面对广大消费者，而消费者并不了解“乡巴佬”一词中申请人的心愿。客观上，“乡巴佬”是对农民的鄙称，反映出对农民群众的不尊重，用其作商标已产生不良影响。

思考：对于驳回商标注册申请的，申请人还可以行使哪些权利？

分析提示：申请人有权申请复审。复审机构是商标评审委员会，其评审结果并不是最终的结果，法律赋予了当事人的诉讼权利，可自收到通知之日起30日内以商标评审委员会为被告向人民法院起诉。

① 吴汉东. 2007. 知识产权法. 北京：中国政法大学出版社：224.

三、商标的使用

商标依法注册后，即取得商标专用权，商标权人有权自己或许可他人使用商标，禁止他人不当或恶意使用商标，可以依自己的意志转让商标。《商标法》对商标专用权的使用做了很多规定，商标的使用和处分必须依法进行。

（一）商标的使用

商标的使用是指将商标用于商品或服务之上或商品交易、广告宣传、展览以及其他商业活动中。注册商标的所有人既可以自己使用商标，也可以许可商标权人控制的第三人使用商标。注册商标的使用必须符合法律的要求。

1. 商标使用的要求

（1）在核定使用的商品或服务上使用核准的商标

注册商标只能在核定的商品或服务上使用，且只有在核定的商品或服务上使用才享有商标专用权，受法律保护。注册商标在非核定的商品或服务上的后果是：如果加了注册标记，就是假冒注册商标的行为，如果未加注册标记，则属于非注册商标，不享有商标专用权。商标权人只能使用核准的注册商标，不得擅自改变商标，如果自行改变注册商标、自行改变注册商标的名义、地址或其他注册事项的，商标局责令其限期改正或撤销其注册商标。

（2）使用注册标记

注册标记是法律许可使用的用于注册商标上的特殊标记。注册标记包括“注册商标”字样或“注”外加“○”或“R”外加“○”。注册标记表明该商标为注册商标，商标权人依法享有商标专用权。使用注册商标，应当标注注册标记。注册商标可以标注在商品、商品包装、说明书或其他商品附着物上，注册标记应当标注在注册商标的右上角或右下角。

2. 许可他人使用

注册商标的许可使用是指注册商标所有人通过订立协议允许他人在一定期限内使用其注册商标。许可权是商标专用权中的一种权能，商标所有人可以行使，也可以不行使。我国《商标法》规定，商标注册人可以通过签订商标使用许可合同，许可他人使用其注册商标．即商标使用许可是通过当事人之间建立商标使用许可合同来实现的。

使用许可的内容一般有三种情况：一是独占使用许可，即被许可人在一定的时间和地域内，独家享有该商标的使用权，许可人不能使用，也不能允许任何其他人使用；二是排他使用许可，被许可人在一定的时间和地域内，享有该商标的使用权，除许可人可使用该商标外，其他任何第三人不能使用该商标；三是普通使用许可，即被许可人可以在一定的时间和地域内使用某一注册商标，但许可人仍然可以自己使用或再许可其他人使用该商标。

商标具有品质指示的功能，商标的信誉也是通过品质建立起来的。因而为了防止损害许可人商业信誉、损害社会公众利益的不正当行为，《商标法》规定了被许可人的质量保证义务。被许可人应当保证使用该注册商标的商品质量。许可人也应当监督被许可人使用其注册商标的商品质量。《商标法》还规定，经许可使用他人注册商标的，必须在使用该注册商标的商品上标明被许可人的名称和商品产地，从而使消费者有所鉴别并明确同一商标不同使用人的责任。

（二）商标的转让

商标具有识别商品来源、保证商品品质、表示商业信誉等特定的功能，这些功能与商标专用权结合在一起，使商标具有了商业价值，可以形成经济利益。所以商标是一种无形财产，商标专用权是一种无形财产权。与有形财产一样，法律允许商标权人可依法根据自己的意志转让商标。注册商标的转让，是指注册商标所有人在法律允许的范围内，将其注册商标转移给他人所有。注册商标的转让是注册商标所有权主体的变更。

商标转让应当把同种或类似的商品或服务上的相同或近似的商标一并转让，以防止不同出处产品的混淆，所以虽然我国《商标法》未作规定，但联合商标应该一并转让。《商标法》规定，转让注册商标的，转让人和受让人应当签订转让协议，即商标转让的形式是订立商标转让合同。合同订立后，转让人与受让人应当共同向商标局提出注册商标转让申请，由商标局进行审查，经过审查核准后，予以公告。受让人自公告之日起取得商标专用权。对可能产生误认、混淆或者其他不良影响的转让注册商标申请，商标局不予核准，予以驳回。

受让人应当保证该注册商标的商品质量。因为商标有品质指示、标示信誉的功能，所以商标在更换所有人之后，受让人仍应对社会公众负有责任，在使用受让的注册商标时，保证该注册商标的商品品质，不能以转让商标的名义使消费者受损和欺骗社会公众。

（三）商标的续展

商标专用权是有期限的，我国《商标法》规定，注册商标的有效期限是十年，自核准注册之日起计算。但商标的所有人可以通过商标续展的方式延长商标专用权的期限。注册商标有效期满，需要继续使用的，应当在期满前六个月内申请续展注册；在此期间未能提出申请的，可以给予六个月的宽展期。宽展期满仍未提出申请的，注销其注册商标。每次续展注册的有效期为十年。续展注册经核准后，予以公告。法律之所以规定商标可以续展主要是考虑到：一方面，注册商标经过长期的使用已经形成商标所有权人的一种无形资产，具有一定的价值，因而应当允许其继续使用；另一方面，如果商标专用权期满，不允许其续展，那么别人就有可能注册使用该商标，而商标又具有标示来源的作用，这就会造成交易秩序的混乱，损害商标使用人、消费者的合法权益。

（四）商标的注销与撤销

1. 商标的注销

为了尊重商标权人的处分自由和加强商标管理，我国《商标法》规定，在以下三种情况下，应当注销商标。

（1）商标注册人申请注销

商标专用权在本质上属于私权，因而如果其不使用其注册商标的，可以向商标局提出注销商标的申请。一般情况下，出于对商标权人处分权的尊重，商标局会核准其申请，予以注销和公告。该注册商标自商标局收到商标注册人提交的《注销注册商标申请书》之日起归于消灭。

（2）商标注册人死亡或终止，无权利人继受的

商标注册人死亡或终止，其注册商标在一年内未申请转让的，商标管理机关或其他人提出，经核实，商标局注销该商标。

（3）注册商标有效期满未续展的

注册商标有效期满，商标注册人在法定期限内未续展的，商标局将该商标注销，予以公告。

2. 商标的撤销

注册商标基于以下原因会被撤销。

（1）注册后三年内未使用

商标作为一种商业标志，其经济功能只有在使用中才能显现出来，这也是商标保护制度的出发点。如果商标不实际使用，商标的功能无法发挥，商标的价值也就不能形成，商标的注册就失去了意义，法律保护就没有了必要。所以各国商标法均对注册商标注册后使用做出要求。我国《商标法》规定，注册商标注册后连续三年停止使用的，予以撤销。

（2）不当使用

下列行为属于注册商标的不当使用，商标局可以视情况责令限期改正或依法撤销：商标注册人自行改变注册商标标识或其他注册事项；自行转让注册商标的；未按规定交费的；使用注册商标，其商品粗制滥造，以次充好，欺骗消费者，情节严重的。

（3）注册无效

所谓注册无效，也称商标权无效，是指商标不具备注册条件但取得注册的，依法定程序使其商标权归于消灭的制度。导致注册无效的原因是注册商标不具备注册条件，因而以下几种情况下可提出注册无效的申请。

1）违反了商标的禁用条款，如使用了《商标法》第十条列举的八项禁用标志、违反公序良俗、使用了产品的通用名称或标识的、含有法律规定不得使用的地名的。

2）与他人的在先权利相冲突，即注册商标的使用侵害了他人在商标注册前取得的著作权、肖像权、商号权等合法权利。

3）以不正当手段取得注册，例如，虚构、隐瞒事实真相，伪造注册申请文件或相关证明文件，转让不当等。商标因注册无效被撤销的，视为自始无效。

注 意

注册商标因未使用和不当使用被撤销与因注册无效被撤销，其法律后果是不同的。前者商标专用权自被撤销之日起终止，而后者商标专用权自始无效，视为自始不存在。

四、商标的法律保护

商标注册之后，即取得商标专用权。我国《商标法》对商标专用权的保护作了很多规定，侵犯商标专用权的行为是商标侵权行为。《商标法》列举了商标侵权行为的种类，明确了其法律责任，同时，对驰名商标的法律保护作了特殊规定。

（一）商标侵权行为的类型

商标侵权行为是指侵犯注册商标专用权的行为。依《商标法》第五十二条的规定，有下列行为之一的，均构成商标侵权行为。

1. 使用侵权

未经商标注册人的许可，在同一种商品或者类似商品上使用与其注册商标相同或者近似的商标的。此类行为侵犯了商标专用权中的禁止权，其行为方式包括以下几种：在同一种商品上使用相同的商标、在类似的商品上使用相同的注册商标、在同一种商品上使用近似的商标和在类似的商品上使用近似的商标。上述无论哪种行为都会造成商品来源的混淆，损害到商标注册人的合法权益和消费者的利益。

商品是否属于同一种类或类似商品，主要依据“尼斯分类”的标准。我国 2002 年 10 月 16 日起施行的《最高人民法院关于审理商标民事纠纷案件适用法律若干问题的解释》第十一条补充规定：类似商品，是指在功能、用途、生产部门、销售渠道、消费对象等方面相同，或者相关公众一般认为其存在特定联系、容易造成混淆的商品。类似服务，是指在服务的目的、内容、方式、对象等方面相同，或者相关公众一般认为存在特定联系、容易造成混淆的服务。商品与服务类似，是指商品和服务之间存在特定联系，容易使相关公众混淆。

商标是否相同和近似如何判断，《最高人民法院关于审理商标民事纠纷案件适用法律若干问题的解释》也明确了：商标相同，是指被控侵权的商标与原告的注册商标相比较，二者在视觉上基本无差别。商标近似，是指被控侵权的商标与原告的注册商标相比较，其文字的字形、读音、含义或者图形的构图及颜色，或者其各要素组合后的整体结构相似，或者其立体形状、颜色组合近似，易使相关公众对商品的来源产生误认或者认为其来源与原告注册商标的商品有特定的联系。

2. 销售侵权

销售侵权是指销售侵犯注册商标专用权的商品的行为。侵犯商标权的商品只有通过销售环节才能进入流通领域，其侵权目的才能实现，因而销售者也应承担侵权责任。《商标法》规定，销售者只有在“明知”或“应知”的情况下销售侵犯注册商标专用权的商品才应承担法律责任。即要求其主观上有过错，才构成侵权。《商标法》第五十六条规定：“销售不知道是侵犯注册商标专用权的商品，能证明该商品是自己合法取得的并说明提供者的，不承担赔偿责任。”这意味着，销售者主观上无过错的，不需要赔偿损失，但其侵权行为的性质并不改变，仍然要承担其他民事责任，如停止侵权。

3. 标识侵权

标识侵权是指伪造、擅自制造他人注册商标标识或者销售伪造、擅自制造的注册商标标识的行为。商标的标识是商标的表现形式和载体，《商标法》对商标印制管理也作了规定。商标的印制应当委托具有商标印制资格的单位来进行。商标印制单位接受委托时，应当查验商标印制委托人的合法的营业证明或者身份证明、《商标注册证》、被许可人获得授权的证明等。未接受商标注册人的委托而印制商标标识、虽经商标注册人的委托但超出授权范围印制商标标识、销售他人商标标识的行为都是侵犯商标标识的行为。

4. 更换商标

更换商标是指未经商标注册人同意，更换其注册商标并将该更换商标的商品又投入市场的行为。此类行为又称为反向假冒。前三种商标侵权行为主要是复制他人商标，并用于商业活动中，力图将自己的产品说成是别人的产品。而更换商标则刚好相反，盗用的不是别人的商标，而是其注册商标所依附的产品，力图把别人的产品说成自己的产品。商标具有标识来源、品质指示和表示信誉的功能，从而使消费者“认牌购物”。商标总是和商品或服务的质量、企业的信誉紧密联系的。更换商标的行为，使商标与商品相分离，不仅使消费者受到欺骗购买了名不副实的商品，也使商标注册人失去了通过商标建立信誉、获得利益的机会。更换商标这种行为在我国是个新问题。

5. 其他侵权行为

其他给他人的注册商标专用权造成损害的行为，例如，模仿、复制、翻译他人注册商标用于企业标志、商品装潢、域名等，误导公众，谋取不法利益。故意为侵犯他人注册商标专用权行为提供仓储、运输、邮寄、隐匿等便利条件的行为等。这类侵权行为认定的要件是需给他人的商标专用权造成实际损害。

（二）商标侵权行为的法律责任

商标专用权作为一种财产权利，属于私权。因商标侵权行为发生争议的，当事人可以协商解决。如不愿协商或协商不成的，商标注册人或者利害关系人可以向人民法院起诉，要求其承担民事责任，也可以请求工商行政管理部门处理，责令其承担行政责任。

1. 民事责任

商标注册人选择向人民法院起诉的，可以要求侵权行为人承担民事责任。对此，《最高人民法院关于审理商标民事纠纷案件适用法律若干问题的解释》规定：“人民法院在审理侵犯注册商标专用权纠纷案件中，依据《民法通则》第一百三十四条、《商标法》第五十三条的规定和案件具体情况，可以判决侵权人承担停止侵害、排除妨碍、消除危险、赔偿损失、消除影响等民事责任，还可以作出罚款，收缴侵权商品、伪造的商标标识和专门用于生产侵权商品的材料、工具、设备等财物的民事制裁决定。罚款数额可以参照《中华人民共和国商标法实施条例》的有关规定确定。工商行政管理部门对同一侵犯注册商标专用权行为已经给予行政处罚的，人民法院不再予以民事制裁。”

2. 行政责任

商标注册人选择请求工商行政管理部门处理的，经工商行政管理部门认定侵权成立的，责令其承担行政责任。工商行政管理部门处理时，认定侵权行为成立的，责令立即停止侵权行为，没收、销毁侵权商品和专门用于制造侵权商品、伪造注册商标标识的工具，并可处以罚款。同时，工商机关作为商标管理工作的行政主管部门，有权依法主动查处侵犯注册商标专用权的行为，对侵权成立的责令其承担行政责任。

工商行政部门的处理并不具有终局性，属于司法审查的范围。当事人对工商机关的处理决定不服的，可以自收到处理通知之日起 15 日内依照《中华人民共和国行政诉讼法》（以下简称《行政诉讼法》）向人民法院起诉；侵权人期满不起诉又不履行的，工商行政管理部门可以申请人民法院强制执行。

商标注册人一并主张要求赔偿损失的，进行处理的工商行政管理部门根据当事人的请求，可以就侵犯商标专用权的赔偿数额进行调解；调解不成的，当事人可以依照《中华人民共和国民事诉讼法》（以下简称《民事诉讼法》）向人民法院提起民事诉讼。

3. 刑事责任

假冒注册商标的行为，情节严重构成犯罪的，还要承担刑事责任。我国《刑法》第二百一十二条、第二百一十三条和第二百一十四条规定了假冒注册商标罪、销售假冒注册商标商品罪、擅自伪造商标标识罪三种侵犯商标权的犯罪及其刑事责任。

（三）驰名商标的特殊保护

驰名商标是指在市场上享有较高声誉并为相关公众所熟知的商标。驰名商标因为在市场上有较高的声誉、代表着较高的品质，对顾客的吸引力更强，认牌购物的作用更大，能给该商标的注册人、使用人带来巨大的经济利益。因此，涉及驰名商标的侵权纠纷不断增多，保护驰名商标已成为国际、国内共同关注的重要领域。

1. 驰名商标的认定

保护驰名商标，首先要准确地认定驰名商标，认定是实施保护的前提。我国认定驰名商标的机构有二：国家工商行政管理局和人民法院。目前二者对驰名商标的认定均采用国际通行的个案认定的方式。认定驰名商标应当考虑下列因素。

1）相关公众对该商标的知晓程度。

2）该商标使用的持续时间。

3）该商标的任何宣传工作的持续时间、程度和地理范围。

4）该商标作为驰名商标受保护的记录。

5）该商标驰名的其他因素。

2. 驰名商标的保护

《商标法》对驰名商标的特殊保护主要体现在以下几个方面。

（1）拒绝注册或撤销注册

就相同或者类似商品申请注册的商标是复制、模仿或者翻译他人未在中国注册的驰名商标，容易导致混淆的，不予注册并禁止使用。也就是说，对未在我国注册的驰名商标，其保护范围限于相同或者类似商品或服务之上。申请注册的商标的商品和服务与使用未在我国注册的驰名商标的商品或服务不相同或不相类似，不容易导致混淆的，则不禁止其注册和使用。

（2）禁止作为商标使用

就不相同或者不相类似商品申请注册的商标是复制、模仿或者翻译他人已经在中国注册的驰名商标，误导公众，致使该驰名商标注册人的利益可能受到损害的，不予注册并禁止使用。也就是说，对已在我国注册的驰名商标，不仅禁止他人在相同或者类似商品或服务上注册和使用，也禁止他人在不相同或者不相类似商品或服务上注册和使用。可见，对在我国注册的驰名商标的保护范围大于未在我国注册的驰名商标的保护范围。

（3）禁止作为商号登记

将驰名商标作为企业名称来登记，可能会使消费者将该企业与驰名商标的注册人相混淆，对该企业商品来源产生错误认识，因而是可能欺骗消费者和误导公众的行为，属于商标侵权行为，应予禁止。驰名商标的注册人可以向企业名称登记主管部门申请撤销企业登记。

（4）禁止作为域名注册

域名是互联网上地址的表示方式，由字母和数字组成。将驰名商标相同或近似的文字注册为域名，并且通过该域名进行相关商品交易的电子商务，容易使相关公众产生误认，可以向域名注册机构撤销该域名注册。

案例分析

原告北京 A 化工有限公司是“A”文字及图形商标的商标权人。其与被告北京市 B 化工厂同为生产防冻液的企业。原告一直在自己的产品上使用该注册商标。2008 年 9 月，被告从为原告生产外包装桶的北京市 C 塑料制品厂购买了刻有原告的图形商标和“A”字样的防冻液外包装桶 4160 个。对此，被告称，其购买的 4160 个防冻液外包装桶是为了应急之用，现在还没有使用仍在库房中。原告没有证据证明被告已经将自己的产品装入这些外包装桶中进行销售。2008 年 11 月，原告以被告将自己生产的防冻液装入刻有原告商标的外包装桶中进行销售的行为侵犯了其商标权为由，向北京市第二中级人民法院起诉，请求法院判令被告停止侵权，消除影响，赔偿损失。

讨论： 本案中，被告和北京市 C 塑料制品厂是否侵犯了原告的商标权？如果构成侵权，应承担何种形式的民事责任？

第四节 价 格 法

案例导入

2008 年 3 月 29 日，两名女学生在某地一家美容美发店剪发，落入该店的消费陷阱，结账时被告知两人消费总额为 1.2 万元。这一“天价头”事件在当地引起了强烈的社会反响。4 月 5 日，该市物价部门确认该美容美发店存在价格欺诈，勒令其停业整顿，并处以 50 万元罚款。

问题：什么是价格？商品或服务的价格如何确定？经营者定价享有哪些权利，承担哪些义务？本案中的价格行为如何认定？物价部门的处罚是否具有合理性？

一、价格法概述

（一）企业营销与价格法

价格是商品交换价值的货币表现，体现了商品的生产者、经营者之间相互交换产品，从而交换劳动的关系。产品的定价是企业营销活动的重要内容，市场经济条件下，产品的价格由供求关系决定，通过市场竞争形成。在市场竞争中，企业可以自主决定产品的价格，实施自己的价格策略。但这并不意味着企业的定价可以随心所欲、不受任何限制。市场经济是法治经济，市场经济条件下的价格行为当然要受法律的约束。在我国，社会主义市场经济是在国家宏观调控下的规范有序的竞争性经济，其实质是“政府调控市场，市场形成价格，价格引导资源配置”的一种经济运行机制。为了规范价格行为，发挥价格合理配置资源的作用，稳定市场价格总水平，保护消费者和经营者的合法权益，促进社会主义市场经济健康发展，国家制定了价格法。价格法是调整经济活动中产生的价格关系的法律规范的总称。按照法律效力的不同，价格法分为三个层次：第一层次是由全国人大及其常委会颁发的价格法律，即《价格法》。该法于 1997 年 12 月 29 日公布，并于 1998 年 5 月 1 日起施行；第二层次是由国务院颁发的价格行政法规，以及有立法权的地方人大颁发的地方性价格法规；第三层次是由国务院价格主管部门和国务院有关部门颁发的部门价格规章，以及有立法权的地方人民政府颁发的地方性价格规章。

（二）价格管理体制

1. 价格管理体制的定义和类型

价格管理体制是国家价格管理的原则、方式，价格管理机构的职责、权限以及价格管理手段和监督检查等制度的总称。

一个国家的价格管理体制与其经济体制有着密切的关系。计划经济条件下，国家忽视了市场对资源配置的基础性作用，直接对国民经济进行高度集权式的管理。体现在价格管理上，就是实行集中统一型的价格管理体制，国家直接规定和调整各种商品和服务的价格。我国改革开放以前的价格管理体制即是这样。而在市场经济比较发达的国家，市场是资源配置的决定性手段，国家对经济活动不直接进行干预，而是综合运用经济、法律的手段进行宏观调控。与此相适应的是分散型的价格管理体制，即商品的价格根据供求关系由市场竞争形成，除少数商品的价格由国家进行一定干预外，绝大部分商品和服务的价格由经营者自主确定。国家对价格管理主要通过经济和法律手段实行间接调控。集中型的价格管理体制忽视了市场机制在价格形成上的作用，国家管得过多、统得过死，不符合经济规律。分散型的价格管理体制虽然遵循价值规律的作用，充分发挥价格的杠杆作用，但由于市场本身的局限性，也会造成价格波动幅度过大、社会劳动浪费等问题。我国目前实行的是有计划的市场经济，即在市场作为资源配置的基础性手段的前提下，国家实行适度的宏观调控。在价格管理上，实行介于集中型和分散型之间的混合型价格管理体制。即政府定价和经营者自主定价相结合，直接管理和间接调控相结合。混合型价格管理体制结合了上述两种价格管理体制的优势，克服了它们的弊端，在发挥价格杠杆作用的同时也有利于国家实现宏观调控。目前我国《价格法》中确定的即是这种混合型的价格管理体制。

小提示

相对于集中型和分散型价格管理体制，混合型价格管理体制更具有合理性，符合经济运行规律。

2. 价格管理机构

我国《价格法》规定，国务院价格主管部门统一负责全国的价格工作。国务院其他有关部门在各自的职责范围内，负责有关的价格工作。县级以上地方各级人民政府价格主管部门负责本行政区域内的价格工作。县级以上地方各级人民政府其他有关部门在各自的职责范围内，负责有关的价格工作。

各级人民政府价格主管部门分别在全国和本地区履行以下职责。

1）贯彻执行和监督实施价格法律、法规。

2）起草价格法律、法规，拟定价格政策、价格总水平调控目标、价格结构调整和价格管理体制改革的建议、计划、方案，经批准后组织实施。

3）制定价格规章、行政措施和价格管理制度、办法。

4）负责价格综合平衡，指导、协调和监督有关部门和下级人民政府的价格工作，处理价格争议，指导行业组织的价格协调工作。

5）在价格分工审批权限内制定价格。规定作价原则、作价办法。

6）组织、指导、协调价格监督检查工作，检查、纠正价格违法行为，审理价格违法案件。

7）建立价格监测体系，组织成本调查，向社会发布价格信息，指导价格咨询、价格鉴证、价值评估等价格事务工作。

8）培训价格工作人员。

9）法律、法规赋予的其他职责。

各级人民政府有关部门在价格方面的权限与职责包括以下几个方面。

1）贯彻执行与监督实施价格法律、法规、价格方针政策、价格计划和改革方案以及价格行政措施。

2）在价格分工审批权限内制定价格，规定作价原则、作价办法。

3）对属于价格主管部门管理的实行政府定价和政府指导价的商品价格和服务价格提出调整建议。

4）配合价格主管部门开展成本调查，按规定要求向本级价格主管部门提供成本、财务报表以及其他与价格管理有关的资料。

5）指导与监督本部门、本行业价格工作，协调本部门、本行业内部价格争议，协助价格监督检查。

6）本级价格主管部门委托的其他职责。

（三）价格形式

《价格法》规定，国家实行并逐步完善宏观经济调控下主要由市场形成价格的机制。价格的制定应当符合价值规律，大多数商品和服务价格实行市场调节价，极少数商品和服务价格实行政府指导价或者政府定价。因而我国的价格形式有以下几种。

1. 市场调节价

市场调节价是经营者自主制定，通过市场竞争形成的价格。这里的经营者是指从事生产、经营商品或者提供有偿服务的法人、其他组织和个人。市场调节价是由经营者依据生产经营成本和市场供求关系自主确定的价格，其形成途径是通过市场竞争。企业自主定价，虽然不受任何单位、个人的干涉，但并非是可以任意定价、随意定价，而是应该依法确定，不得实施任何价格违法的行为。

2. 政府指导价和政府定价

政府指导价是由政府价格主管部门或者其他有关部门，按照定价权限和范围规定基准价及其浮动幅度，指导经营者制定的价格。这是一种具有双重定价主体的价格形式，政府为了控制价格水平规定基准价及浮动幅度，引导经营者在政府规定的基准价和浮动幅度内灵活地制定调整价格。政府指导价是国家宏观调控性与经营者微观灵活性相结合的价格形式。政府定价是由政府价格主管部门或者有关部门按照定价权限和范围制定的价格。政府定价是政府作为定价主体对特定的商品和服务直接制定的价格，具有强制性，属于行政定价性质。凡实行政府定价的商品价格和服务价格，不经价格主管部门批准，任何单位和个人都无权变动。

小观点

价值规律是市场经济的基本规律，无论是市场调节价、政府指导价还是政府定价都应当符合价值规律，按价格与供求的变化制定和调整价格。

根据《价格法》的规定，商品和服务的价格，除适用政府指导价和政府定价以外的，实行市场调节价，由经营者自主确定。政府指导价和政府定价适用的范围如下。

1）与国民经济发展和人民生活关系重大的极少数商品价格。

2）资源稀缺的少数商品价格。

3）自然垄断经营的商品价格。

4）重要的公用事业价格。

5）重要的公益性服务价格。

这几类特殊商品和服务由于垄断性和稀缺性，其所处领域很难引入竞争机制和实现充分竞争，所以在价格的形成上不易完全由市场调节，而是由政府根据商品和服务的垄断程度、资源稀缺程度和重要程度，在必要时进行行政干预。

二、经营者定价的权利与义务

经营者在营销活动中所实施的价格策略必须依法进行，我国价格法律法规对经营者的定价权利和定价义务均作了明确、具体的规定。经营者应当依法行使权利、承担义务，不得从事价格违法行为。

（一）经营者定价权利

1. 自主定价权

自主定价权是经营者依法自主确定商品和服务的价格的权利。实行市场调节价的商品和服务，经营者可以自主定价；实行政府指导价的商品和服务，经营者可以在政府确定的基准价和价格幅度内制定具体的价格；经营者还可制定属于政府指导价、政府定价产品范围内的新产品的试销价格，特定产品除外。

2. 建议权

经营者有权对政府指导价和政府定价提出意见和建议。经营者可以通过参与价格听证、向政府价格主管部门和有关部门反映意见等方式参与政府的价格决策和价格管理，对政府指导价和政府定价的确定和调整提出合理化建议，从而形成科学、民主的价格决策、管理机制。

3. 检举、控告权

经营者的自主定价的合法权益受到侵犯时，经营者有权向政府价格主管部门或人民法院检举、控告其侵权行为。这也是保障经营者自主定价权的实现、促进社会经济健康发展所必要的。

（二）经营者的定价义务

1. 依法定价

第一，经营者对商品和服务定价必须遵守法律法规，既要遵守价格管理法律法规，也要遵守《消费者权益保护法》、《产品质量法》、《反不正当竞争法》、《民法通则》等法律法规；第二，执行依法制定的政府指导价和政府定价。政府指导价和政府定价是政府为实现价格宏观调控而确定的行政性价格，具有强制性，经营者必须严格执行；第三，执行法定的干预措施和紧急措施。价格干预和紧急措施是政府为及时处理价格总水平的不正常剧烈波动，应用行政手段对价格进行宏观调控的措施，是保持市场价格基本稳定的需要，也是保证国家社会安定的要求，经营者必须严格执行。

2. 合理定价

经营者依法自主定价的情况下，其享有广泛的价格决策权，但要遵循一定的行为准则，受市场竞争规则、效率规则、道德和法律规则的约束。经营者定价，应当遵循公平、合法和诚实信用的原则。经营者定价的基本依据是生产经营成本和市场供求状况。经营者应当准确核定生产成本，并努力改进生产经营管理，降低生产经营成本，尊重价值规律，根据市场供求状况，确定合理的价格和获取合法利润。

3. 明码标价

经营者销售、收购商品和提供服务，应当按照政府价格主管部门的规定明码标价，注明商品的品名、产地、规格、等级、计价单位、价格或者服务的项目、收费标准等有关情况。经营者不得在标价之外加价出售商品，不得收取任何未予标明的费用。明码标价是价格管理的一项重要内容，也是经营者依法承担的义务。实行明码标价对于保障消费者权益、加强价格监督、防止不正当价格竞争都具有重要的意义。

4. 不得从事不正当价格行为

《价格法》规定，经营者不得有下列不正当价格行为。

1）价格垄断行为。即经营者相互串通，操纵市场价格，损害其他经营者或者消费者的合法权益。市场的根本动力在于竞争，而价格垄断的行为不仅损害其他经营者和消费者的合法权益，而且限制或妨碍了竞争，破坏了公平竞争的市场秩序。

2）低价倾销行为。低价倾销行为在现代竞争法中也称为掠夺性定价行为，即经营者在依法降价处理鲜活商品、季节性商品、积压商品等商品外，为了排挤竞争对手或者独占市场，以低于成本的价格倾销，扰乱正常的生产经营秩序，损害国家利益或者其他经营者的合法权益。低价倾销属于不正当竞争行为，应依法制止。

3）哄抬价格的行为。即通过捏造、散布涨价信息，哄抬价格，推动商品价格过高上涨的。这种行为造成市场秩序混乱，引起消费者恐慌，导致经济和社会运行不稳，因此《价格法》对此予以严厉禁止。

4）价格欺诈行为。即利用虚假的或者使人误解的价格手段，诱骗消费者或者其他经营者与其进行交易。包括虚假降价、模糊标价、两套价格等行为。价格欺诈行为损害了其他经营者和消费者的利益，破坏了正常的市场秩序，因此应予禁止。

案例分析

王女士在某商场看中一双鞋，销售人员告诉她这双鞋原价 468 元，现在商场搞活动促销可以打七折。因为鞋子的款式、质地都比较满意，又打了七折，所以王女士很高兴地买了。结果回到家后，王女士在鞋子的里面发现一个小价签，上面标明的鞋子的价格是 288 元。王女士立刻就想到一定是商场忘了将原来的价签拿掉，而所谓的七折其实是在提高了鞋子的价格的情况下用来欺骗消费者的，打了七折的鞋子竟然比原价还贵。王女士马上返回商场找到了商场的负责人员交涉。商场方面自知理亏，答应了王女士退货的要求，并赔偿了一定的损失。

思考：针对该商场的虚假降价的行为，消费者如何维护自己的合法权益？

分析提示：这种价格欺诈行为既违反了《价格法》的规定，也违反了《民法》、《消费者权益保护法》的规定，消费者可以要求其承担民事责任，还可以向价格主管部门举报，要求追究商场的行政责任。

5）价格歧视行为。即经营者提供相同商品或者服务，对具有同等交易条件的其他消费者实行价格歧视。价格歧视妨碍了条件相同的消费者之间的公平竞争，具有限制竞争的危害，因此应予禁止。

6）变相抬、压价的行为。即采取抬高等级或者压低等级等手段收购、销售商品或者提供服务，变相提高或者压低价格。变相涨价和变相降价都是损害国家和消费者利益的行为，因此应予禁止。

7）牟取暴利的行为。合理的利润是为法律所允许的，而违反法律、法规的规定牟取暴利则为法律所禁止。暴利行为严重背离价值，破坏了市场经济等价交换、公平竞争的基本法则，严重损害消费者的合法权益，还为经营者提供虚假的价格信号，误导投资方向，破坏了资源的合理配置，扭曲了产业结构。

8）法律、行政法规禁止的其他不正当价格行为。

小提示

不正当价格行为是利用价格手段实施的不正当竞争行为，既违反了《价格法》的规定，也违反了《反不正当竞争法》的规定。竞争是市场经济发展的根本动力，对于实现资源优化配置和实现效率具有重要意义。而不正当价格行为损害了公平竞争，扰乱了市场秩序，侵犯了消费者和其他经营者的合法权利，必须制止和严惩。

三、价格监督与违法处罚

（一）价格监督

价格监督是指国家价格主管部门、社会组织、新闻单位以及消费者依法对价格活动的监督检查，对价格违法行为的惩处等活动的总称。价格监督对于贯彻执行价格法律法规、纠正价格违法行为、保障消费者权益、维护市场经济基本稳定具有重要的作用。

价格监督的形式主要有政府监督、社会监督和舆论监督。政府监督是指政府价格主管部门依据价格法律法规，行使职权，进行的价格监督。《价格法》规定，政府价格主管部门的监督职权是：①询问当事人或者有关人员，并要求其提供证明材料和与价格违法行为有关的其他资料；②查询、复制与价格违法行为有关的账簿、单据、凭证、文件及其他资料，核对与价格违法行为有关的银行资料；③检查与价格违法行为有关的财物，必要时可以责令当事人暂停相关营业；④在证据可能灭失或者以后难以取得的情况下，可以依法先行登记保存，当事人或者有关人员不得转移、隐匿或者销毁。社会监督主要是指消费者组织、职工价格监督组织、居民委员会、村民委员会等组织以及消费者，有权对价格行为进行社会监督。此外，新闻单位有权进行价格舆论监督。价格监督的内容包括国家价格法律法规的执行情况，中央和地方的各项价格调控措施的落实情况。为了保证监督的有效性，《价格法》还规定政府价格主管部门应当建立对价格违法行为的举报制度。任何单位和个人均有权对价格违法行为进行举报。政府价格主管部门应当对举报者给予鼓励，并负责为举报者保密。

（二）价格违法行为的行政处罚

为了依法惩处价格违法行为，保护消费者和经营者的合法权益，根据《价格法》国务院制定了《价格违法行为行政处罚规定》（以下简称《规定》），该《规定》于 1999 年公布，历经 2006 年、2008 年两次修订。其基本内容介绍如下。

1. 处罚主体

县级以上各级人民政府价格主管部门依法对价格活动进行监督检查，并决定对价格违法行为的行政处罚。价格违法行为的行政处罚由价格违法行为发生地的地方人民政府价格主管部门决定；国务院价格主管部门规定由其上级价格主管部门决定的，从其规定。

2. 价格违法行为及其处罚

下列价格违法行为应当予以处罚：①违反《价格法》第十四条的不正当价格行为；②不执行政府指导价、政府定价的行为；③不执行法定的价格干预措施、紧急措施的行为；④违反明码标价规定的行为；⑤拒绝提供价格监督检查所需资料或者提供虚假资料的行为。对于上述价格违法行为，由价格主管部门视其行为性质、情节的轻重，予以不同的处罚。处罚方式有：责令改正、没收违法所得、罚款、责令停业整顿、由工商行政管理机关吊销营业执照等。

3. 复议与诉讼

为了维护经营者的合法权益，保证价格行政管理行为的正确性，《规定》中规定了经营者的权利救济的方式和途经。经营者对政府价格主管部门作出的处罚决定不服的，应当先依法申请行政复议；对行政复议决定不服的，可以依法向人民法院提起诉讼。复议和诉讼的具体程序适用《中华人民共和国行政复议法》（以下简称《行政复议法》）和《行政诉讼法》的规定。

案例分析

2006 年 12 月 26 日，方便面中国分会在北京开会研究棕榈油和面粉涨价引起的企业成本增加问题，会议商定了高、中、低三种价位方便面的涨价时间和实施步骤。2007 年 4 月 21 日，方便面中国分会在杭州召开峰会，再次研究方便面调价日程。会议明确了调价幅度和调价时间，高价面从每包 1.5 元直接涨到 1.7 元，计划 6 月 1 日全行业统一上调。2007 年 7 月 5 日，方便面中国分会又一次在北京召开价格协调会议，部分企业决定从 7 月 26 日起全面提价。7 月 23 日，该会负责人接受媒体采访，公布了涨价消息。有关企业按照以上会议协调安排，从 2007 年 6 月起，相继调高了方便面价格，市场上出现方便面集体涨价的现象。

讨论：从《价格法》角度就此次方便面集体涨价事件进行分析，方便面企业的集体涨价行为是否符合价格法的有关规定？如果其行为违法应如何处罚？

小　结

产品质量是指反映产品满足明示或隐含要求的能力的特征的总和。为保证产品质量，国家实行产品质量检验制度、标准化管理制度、企业质量体系认证制度、产品质量认证制度、产品质量监督制度和产品免检制度。产品的生产者、销售者依法承担产品质量责任和义务。

为了提高我国食品安全整体水平，切实保证食品安全，保障公众身体健康和生命安全，我国《食品安全法》明确了食品安全的监管体制及食品经营者的责任和要求，包括食品安全风险监测和评估制度，食品安全标准制度，食品召回制度，食品检验制度等。

企业营销活动中，对商标的运用和保护是其品牌战略的重要内容。商标是商品经济发展的产物，其基本功能是标示来源、品质指示和广告宣传的功能。我国商标注册实行自愿、申请在先、优先权原则。注册商标可以依法使用、转让、续展、注销、撤销。实施商标侵权行为应依法承担民事责任、行政责任甚至是刑事责任。对于驰名商标，《商标法》实施特殊保护。

定价是企业营销活动的重要内容，市场经济条件下，企业可以自主决定产品的价格，实施自己的价格策略。但企业的价格策略必须依法实施。我国实行政府定价和经营者自主定价相结合，直接管理和间接调控相结合的混合型价格管理体制。国家价格主管部门、社会组织、新闻单位以及消费者依法有权对价格活动监督检查，国家价格主管部门依法对价格违法行为进行惩处。

思 考 题

1．企业质量体系认证和产品质量认证有何区别？

2．生产者、销售者有哪些产品质量责任和义务？

3．产品质量责任和产品责任有何区别？

4．产品责任的归责原则是什么？

5．我国食品安全监管主体是哪些，职责是如何分配的？

6．对食品生产经营者提出的食品生产经营要求有哪些？

7．食品生产经营者违反《食品安全法》的规定，给消费者造成损害的，要承担的民事法律责任是什么？

8．商标按用途可以有哪些分类？

9．《商标法》关于驰名商标的保护有哪些特殊规定？

10．什么是价格管理体制？我国实行什么样的价格管理体制？

11．如何确定商品或服务的价格？

12．经营者定价享有哪些权利？承担哪些义务？

13．什么是不正当价格行为？有哪些表现形式？

案 例 讨 论

某县质监局于 2011 年 8 月 10 日对该县甲食品有限公司 2011 年 8 月 2 日生产的酥性饼干进行抽样送检，经市产品质量检验所检验，结果判定为不合格。不合格项目为菌落总数超标，标准要求为≤750cfu/g，实测值为 4300 cfu/g。经立案调查，执法人员查明甲食品有限公司认可检验结果，不申请复检；该批不合格产品共 80 箱（5kg/箱），至立案时已全部出厂销售，出厂价为 50 元/箱，成本价 45 元/箱，违法所得 400 元，货值金额计 4000 元。

讨论：

（1）对甲食品有限公司上述行为该如何定性？

（2）该企业应该承担怎样的法律责任？

实训项目

实训目的：

了解产品内涵，掌握产品质量法和食品安全法的具体内容，并能够用来指导生产和经营活动；了解关于商号和商标的法律制度，依法设计和申请商号和商标。

实训方式：

学生分成小组，继续扮演投资人，对经营过程中涉及的产品质量和食品安全问题、商标等问题讨论并作出决策。

实训背景资料：

面包房成立后，经营的产品有各式饼干、面包、蛋糕等。为了节约成本，对外销售时，产品包装一直采用白色塑料袋。

几年后，随着生意的扩大，加上市场的需求，几个人想把面包房改造成复合店，创造一个休闲式场所。设计一个普通型堂口，有冷热饮、啤酒，休闲食品、蛋糕、面包、小西点、汉堡等，适宜于青年人的时尚消费以及商人洽谈生意。这种创意大家一致同意，于是，就将相邻的35平方米房屋承租下来。营业面积扩大了，标志牌也换成了“西饼屋”。

实训内容：

1．阐述西饼屋的产品构成，设计一个提高产品竞争力的方案。

2．依据法律的相关规定订立一个关于西饼屋产品的质量控制规范，作为依法开展经营活动的准则。

3．西饼屋的标志牌能否只写“西饼屋”？依据我国关于商号的法律规定设计一个关于西饼屋商号的方案。

4．产品包装采用白色塑料袋是否合法？你认为包装如何改进？

实训要求：

根据实训内容，学生分成小组，共同商讨，每个小组就本组实训任务制作成PPT文件，派代表发言，向其他小组同学展示。其他小组同学给予评价。最后老师就各小组的完成情况进行总结发言，评定各小组的成绩。

知识拓展

请同学们课后阅读以下法条及书籍：

[1]《中华人民共和国产品质量法》，1993年2月22日第七届全国人民代表大会常务委员会第三十次会议通过，2000年7月8日第九届全国人民代表大会常务委员会第十六次会议修正。

[2]《中华人民共和国食品安全法》，2009 年 2 月 28 日第十一届全国人民代表大会常务委员会第七次会议通过。2009 年 2 月 28 日中华人民共和国主席令第 9 号公布，自 2009 年 6 月 1 日起实施。

[3]《中华人民共和国食品安全法实施条例》，2009 年 7 月 8 日国务院第 73 次常务会议通过，2009 年 7 月 20 日中华人民共和国国务院令第 557 号公布。

[4]《中华人民共和国商标法》，1982 年 8 月第五届全国人民代表大会常务委员会第二十四次会议通过，后经过两次修改，2002 年 9 月起施行。

[5]《中华人民共和国价格法》，1997 年 12 月 29 日第八届全国人民代表大会常务委员会第二十九次会议通过，自 1998 年 5 月 1 日起施行。

[6] 李援．2012．《中华人民共和国食品安全法》释义及实用指南．北京：中国民主法制出版社。

[7] 卞耀武．2000．中华人民共和国产品质量法释义．北京：法律出版社。

[8] 吴汉东．2011．知识产权法（第 4 版）．北京：法律出版社。

第三章

营销过程法规实务（上）

合同是市场交易行为的规则，也是市场秩序的构成要素和维护手段。目前在我国市场机制发育尚不健全的背景下，市场主体信用制度难以由市场主体自发形成，必须要由一个外在机制来引导和规范。《合同法》是建立信用制度的有力措施，通过《合同法》，确保国家、社会公共利益和合同当事人利益的实现。

1. 掌握合同概念及特征、合同订立的程序及缔约过失责任的构成要件。
2. 区分可撤销合同和无效合同。
3. 解释合同履行中的抗辩权、代位权和撤销权。
4. 理解担保的种类与特点。
5. 了解合同变更、转让的程序和处理。
6. 掌握合同解除的后果及违约责任。

案例导入

2007年5月10日王某购买某商场的微波炉，购买后，5月30日发现微波炉不能使用了，于是王某到商场要求退货。但是由于过了退货期和换货期，商场答复王某只能找厂家为其修理。王某认为这款微波炉性能有问题，质量太差，是在商场购买的，应当由商家负责，执意要求商场退货。双方因此产生争执。

问题：什么是合同？该纠纷如何解决？

第一节 合同订立法规实务

一、合同法概述

（一）合同的概念及特征

1. 合同的概念

合同是当事人之间设立、变更、终止民事关系的协议。依法成立的合同，受法律保护。合同是由订立合同的双方在特定条件下对商定事件的文字形式的记录，只要是没有违反法律，没有自我矛盾的合同条文，双方自愿订立，没有伤及第三人利益，订立合同的出让方对标的物有处分权，订立合同的一方或双方没有出于欺骗目的，合同就有效、受法律保护。

2. 合同的特征

（1）合同是双方或多方的民事行为

如果甲与乙签订一个购买货物的合同，由甲付款但货物是给丙，那么在这份合同中丙是受益方，甲是付款方，乙是销售方。因此可以看出合同并不一定是两个人之间，也可能涉及第三者。

补充知识

民事法律行为，根据其意思表示的多寡可以分为：单方行为、双方行为及多方行为。所谓单方行为，指仅由一个意思表示所构成的民事法律行为。所谓双方行为，指由两个方向相反的意思表示所构成的民事法律行为。所谓多方行为，指由两个以上方向一致的意思表示所构成的民事法律行为，或称共同行为。合同是基于双方或多方的意思表示而成立的，双方间成立的合同为双方行为，即双方合同，多方之间成立的合同为多方行为，即多方合同。

（2）合同是意思表示一致的民事行为

民事法律行为以意思表示为要素，合同是双方或多方的民事法律行为，意味着合同是在双方或多方都有意思表示，而且各方意思表示一致的条件下成立的。

例如，甲卖给乙一套保健品，甲在卖货的时候告诉乙，这保健品有治疗糖尿病的疗效，并且产品说明书上也是这样写的，但这实际上是保健品，只能起到保健作用而不具有治疗的作用。因此双方的意思表示就不一致了。乙希望购买的是能够有治疗作用的药物，而甲卖给乙的是保健品。这种情况就是意思表示不一致。

真实的意思产生于当事人的自由和自愿，因此当事人必须在平等自愿的基础上进行协商，才能使其意思表示一致，如果不存在平等自愿，也就没有真正的一致。

（3）合同以设立、变更或终止民事权利、义务关系为内容

合同以产生、变更、终止民事权利、义务关系为目的。当事人订立合同都有一定的目的，即产生、变更或者终止一定民事权利、义务关系。所谓产生民事权利、义务关系，指当事人订立合同以形成某种法律关系，设定某种民事权利和民事义务。所谓变更民事权利、义务关系，是指当事人通过订立合同使原有的合同关系在内容、当事人上发生变化。所谓终止民事权利、义务关系，是指当事人通过订立合同消灭原法律关系。

《合同法》上的合同所涉及的权利、义务都是民事性质的，非民事性质的行政关系中的权利、义务不属民事合同的内容。同时，有关身份关系的协议，如婚姻、收养、监护等，也不由《合同法》调整，民事合同的内容实际就是民事财产关系中的债权债务关系。

（二）合同分类

合同的分类，是指基于一定的标准，将合同划分为不同的类型。一般来说，合同可以作出如下分类。

1. 有名合同和无名合同

根据合同类型是否在《合同法》中有规定并赋予一定的名称为标准而作的分类。

1）有名合同，又称为典型合同，是指由法律赋予其特定名称及具体规则的合同。

补充知识

我国《合同法》所规定的15类合同，包括买卖合同，供用电、水、气热力合同，赠与合同，借款合同，租赁合同，融资租赁合同，承揽合同，建设工程合同，运输合同，技术合同，保管合同，仓储合同，委托合同，行纪合同和居间合同，都属于有名合同。除《合同法》规定之外，一些单行法律也规定了一些合同关系，如《中华人民共和国担保法》中规定的保证合同、抵押合同和质押合同，《中华人民共和国保险法》中规定的保险合同，《中华人民共和国城市房地产管理法》中规定的土地使用权出让和转让合同等。

2）无名合同，又称非典型合同，是指法律上尚未确定一定的名称与规则的合同。根据合同自由原则，合同当事人可以自由决定合同的内容，因此即使当事人订立的合同不属于有名合同的范围，只要不违背法律的禁止性规定和社会公共利益，也仍然是有效的。可见，当事人可以自由订立无名合同。

有名合同和无名合同的区别主要在于两者适用的法律规则不同。有名合同应当直接适用相关的《合同法》规定。例如，运输煤炭签订的合同，适用于《合同法》中关于运输合同的相关法律规定。

无名合同则首先应当考虑适用《合同法》的一般规则。另外，因为无名合同的内容可能涉及有名合同的某些规则，也可以比照类似的有名合同的规则，参照合同的经济目的及当事人的意思等对无名合同进行处理。例如，对旅游合同来说，其中包含了运输合同、服务合同、房屋租赁合同等多项有名合同的内容，因此可以类推适用这些有名合同的规则。

2. 双务合同和单务合同

根据合同当事人是否互相负有给付义务，可将合同分为双务合同和单务合同。

1）双务合同，是指当事人双方互负给付义务的合同，即双方当事人互享债权，互负债务，一方的权利正好是对方的义务，彼此形成对价关系。

2）单务合同，是指合同双方当事人中仅有一方负担义务而另一方只享有权利的合同。例如，在赠与合同中，赠与人负担交付赠与物的义务，而受赠人只享有接受赠与物的权利，不负担任何义务。在实践中，大多数的合同都是双务合同，单务合同比较少见。

3. 有偿合同和无偿合同

根据合同当事人之间的权利义务是否存在对价关系，可以将合同分为有偿合同与无偿合同。

1）有偿合同，是指当事人一方给予对方某种利益，对方要得到该利益必须为此支付相应代价的合同。实践中，绝大多数反映交易关系的合同都是有偿的。

2）无偿合同，是指一方给付对方某种利益，对方取得该利益时并不支付相应代价的合同，如赠与合同、借用合同等。

4. 诺成合同和实践合同

根据合同的成立是否需要交付标的物，可将合同分为诺成合同和实践合同。

1）诺成合同，是指当事人双方意思表示一致就可以成立的合同。大多数的合同都属于诺成合同，如买卖合同、租赁合同、借款合同等。

2）实践合同，是指除当事人双方意思表示一致以外，尚需交付标的物才能成立的合同。如赠与合同，必须由赠与人将赠与物交给受赠人，合同才成立。又如小件寄存合同，必须要寄存人将寄存的物品交给保管人，合同才能成立。

5. 要式合同和不要式合同

根据法律对合同的形式是否有特定要求，可将合同分为要式合同与不要式合同。

1）要式合同，是指根据法律规定必须采取特定形式的合同。对于一些重要的交易，法律常要求当事人必须采取特定的方式订立合同。例如，中外合资经营企业合同必须由审批机关批准，合同方能成立。

2）不要式合同，是指当事人订立的合同依法并不需要采取特定的形式。当事人可以采取口头方式，也可以采取书面形式。除法律有特别规定以外，合同均为不要式合同。

6. 主合同和从合同

根据合同相互间的主从关系，可以将合同分为主合同与从合同。

1）主合同，是指不以其他合同的存在为前提而能够独立存在的合同。

2）从合同，是指不能独立存在而以其他合同的存在为前提的合同。例如，甲与乙订立借款合同，丙为担保乙偿还借款而与甲签订保证合同，则甲乙之间的借款合同为主合同，甲丙之间的保证合同为从合同。

（三）合同法的概念及基本原则

1. 合同法的概念

合同法是调整平等主体之间商品交换关系的法律规范的总称。1999 年 3 月 15 日第九届全国人民代表大会第二次会议通过了《合同法》，该法自 1999 年 10 月 1 日起实施，其目的在于保护合同当事人的合法权益、维护社会经济秩序、促进社会主义现代化建设。

补充知识

下列合同都不属于《合同法》调整的范围。

1）行政合同。

2）劳动合同。

3）《中华人民共和国婚姻法》、《中华人民共和国收养法》及《中华人民共和国继承法》中的合同。

4）法律规定的其他类合同。

2. 合同法的基本原则

（1）平等、自愿、公平原则

这一原则意味着民事主体的地位平等，任何一方当事人不得将自己的意志强加于相对方。自愿是指民事主体在民事活动中，充分表达自己的真实意思，并根据自己的意思设立、变更、终止民事法律关系。公平原则包含了等价有偿的意思，即在民事活动中，除法律另有规定或当事人另有约定外，当事人取得他人财产利益应向他方给付相应的对价。

（2）诚实信用、保护公序良俗的原则

诚实信用就是以善意方式行使合同权利和履行合同义务以实现平衡当事人之间的各种利益冲突和矛盾；公序良俗是公共秩序与善良风俗的简称。《民法通则》第七条规定，"民事活动应当尊重社会公德，不得损害社会公共利益"，《合同法》则具体指明了"当事人订立、履行合同，应当遵守法律、行政法规，尊重社会公德，不得扰乱社会经济秩序，损害社会公共利益"。

（3）合法原则

《合同法》第七条规定："当事人订立、履行合同，应当遵守法律、行政法规，尊重社会公德，不得扰乱社会经济秩序，损害社会公共利益。"

二、合同的订立

合同的订立，是指当事人通过一定程序、协商一致在其相互之间建立合同关系的一种法律行为。如果将合同的订立看作是一个过程，其应当包括合同订立的各个步骤，即从协商到一致的过程。这个过程就是一个相互协商、讨价还价、互相妥协的过程，用合同的专门术语讲，就是一个要约、承诺的过程。

（一）要约

要约是一方当事人向对方当事人提出的希望订立合同的意思表示。发出要约的人为要约人，接受要约的人为受要约人。例如，甲服装厂给乙商场发函件表示，甲有200件女士风衣，愿意以每件120元的价格卖给乙。

1. 要约的构成条件

1）要约向相对人发出。要约必须经过相对人的承诺才能成立合同，因此，要约必须是要约人向相对人发出的意思表示。

2）要约具有缔结合同的目的。要约是一种意思表示，但这种意思表示须具有与受要约人订立合同的真实意愿，并且表明要约一经承诺即受其拘束。

3）要约的内容必须确定。要约的内容必须明确，而非含糊不清。例如，洗衣机厂商于 2007 年 8 月 15 日向电器商城发函件说明厂家现有 500 台 S-500 型号的洗衣机以每台 1500 元的价格卖给电器商城，并且送货上门，货到付款。这就是要约。

2. 要约邀请

要约邀请是希望他人向自己发出要约的意思表示。要约是以订立合同为目的具有法律意义的意思表示行为，一经发出就产生一定的法律效果。而要约邀请的目的是让对方对自己发出要约，是订立合同的一种预备行为，在性质上是一种事实行为，并不产生任何法律效果。我国《合同法》第十五条规定，寄送的价目表、拍卖公告、招标公告、招股说明书、商业广告等为要约邀请。商业广告的内容符合要约规定的，视为要约。例如，夏天街边卖冰棍的小贩为了招揽顾客会叫卖，如果他吆喝“冰棍——清凉解暑的冰棍”，这就只是一个要约邀请，他是为了吸引人们来向他询价；如果他吆喝“冰棍——红豆冰棍，五毛一根！”，这就可以构成要约了。

补充知识

要约与要约邀请的区别

1）要约是当事人希望和他人订立合同的意思表示，以订立合同为直接目的；要约邀请是希望对方向自己发出要约的意思表示。

2）要约大多数是针对特定的相对人的，往往采用对话和信函的方式；而要约邀请一般是针对不特定的相对人的，故往往通过电视、报刊等媒介手段。

3）要约的内容必须具备足以使合同成立的主要条件，如明确的标的额、标的物数量、质量、价款报酬、履行期限等；而要约邀请则不具备这些条件。

注 意

在实际生活中，如悬赏广告，是不同于一般广告的一种特殊广告形式。它是广告人以广告的形式声明对完成悬赏广告中规定行为的任何人，给予广告中约定的报酬的意思表示行为。只要有人完成了悬赏广告所约定的行为，合同即告成立，广告人应依广告支付报酬。

3. 要约生效时间

要约到达受要约人时生效。采用数据电文形式订立的合同，收件人指定特定系统接收电文的，该数据电文进入该特定系统的时间，视为到达的时间；未指定特定系统的，该数据电文进入收件人的任何系统的首次时间，视为到达的时间。

4. 要约的撤回、撤销与失效

要约的撤回、撤销与失效如图 3-1 所示。

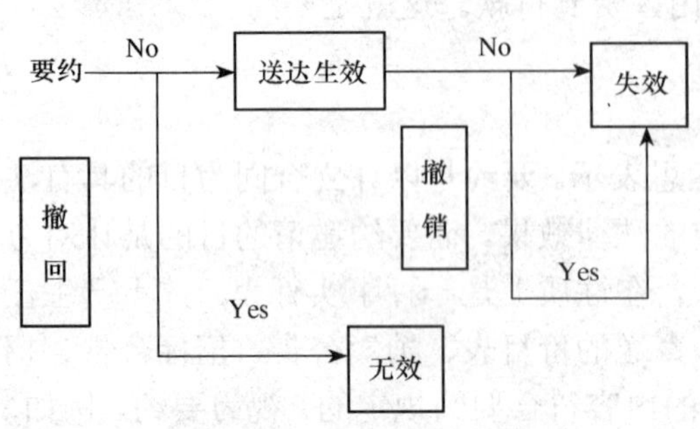

图 3-1 要约的撤回、撤销与失效

1）要约的撤回，是指要约人在要约生效之前，使其不发生法律效力的行为。因此撤回要约的通知应当先于或同时与要约到达受要约人，就可产生撤回的效力。

2）要约的撤销，是指要约人在要约生效以后，将该项要约取消。撤销要约的通知应当于受要约人发出承诺通知前到达受要约人。但在下列情况下，要约不得撤销：第一，要约中规定了承诺期限或者以其他形式明示要约不可撤销；第二，受要约人有理由认为要约是不可撤销的，并已经为履行合同做了准备工作。

3）要约的失效，即要约丧失法律效力。要约失效后，要约人不再受其约束，受要约人也终止了承诺的权利。要约失效后，合同即失去了成立的基础，受要约人即使承诺，也不能成立合同。

《合同法》规定，有下列四种情形之一的，要约失效：①拒绝要约的通知到达要约人时；②要约人依法撤销要约；③承诺期限届满，受要约人未作出承诺；④受要约人对要约的内容作出实质性变更。

（二）承诺

承诺又称接受提议，是指受约人完全接受要约人要约中的全部条款，作出按要约签订合同的意思表示。

1. 承诺的构成要件

1）必须是不附条件的完全同意要约人要约的各项条款，如对要约和条款存有异议，则不视为承诺。

2）必须在要约有效期内将承诺的意思表示送达要约人。

只有同时符合上述两个法定条件，承诺才能成立。

2. 承诺的效力

承诺通知到达要约人时生效。承诺不需要通知的，根据交易习惯或者要约的要求作出承诺时生效。承诺生效时合同成立，承诺生效的地点为合同成立的地点。

3. 承诺的撤回

承诺的撤回是指受要约人阻止承诺发生法律效力的意思表示。由于承诺一经送达要约人即发生法律效力，合同即刻成立，所以撤回承诺的通知应当在承诺通知到达之前或者与承诺通知同时到达要约人。如果撤回承诺的通知晚于承诺的通知到达要约人，则承诺已经生效，合同已经成立，受要约人便不能撤回承诺。

4. 迟延承诺

受要约人超过承诺期限发出承诺的，除要约人及时通知受要约人该承诺有效的以外，为新要约。

受要约人在承诺期限内发出承诺，按照通常情形能够及时到达要约人，但因其他原因承诺到达要约人时超过承诺期限的，除要约人及时通知受要约人因承诺超过期限不接受该承诺以外，该承诺有效。

案例分析

甲厂向乙单位去函表示："本厂生产的 W 型电话机，每台单价 90 元。如果贵单位需要，请与我厂联系。"乙单位回函："我部门愿向贵厂订购 W 型电话机 500 台，每台单价 85 元。"2 个月后，乙单位收到甲厂发来的 500 台电话机，但每台价格仍为 90 元，于是拒收。为此甲厂以乙单位违约为由起诉于法院。

思考：乙单位违约吗？

分析提示：乙单位对甲厂的回函是一个附条件的新要约，因其对甲厂的要约作出了实质性变更，这一行为并不是承诺，而是一个新要约。

补充知识

《国际货物销售合同公约》第二十二条规定："接受得予撤回，如果撤回通知于接受原应生效之前或同时送达发价人。"《国际商事合同通则》第二条、第十条也规定："承诺可以撤回，只要撤回通知在承诺本应生效之前或同时送达要约人。"可见，两者的规定都采用了送达主义原则，而没有采纳发信主义原则，允许受要约人撤回承诺。通则解释说，对于承诺的撤回，规定了与要约的撤回相同的原则，即受要约人可以改变其想法并撤回承诺。《合同法》采纳了大陆法与国际公约的规定。

三、合同的内容与形式

（一）合同的主要条款

合同的当事人将经过协商后达成一致的意见写入合同中，即成为了合同条款。合同条款规定了合同双方当事人的具体权利义务，代表了合同法律关系的具体内容。

我国《合同法》第十二条规定了比较完备的合同条款，主要包括如下内容。

1. 合同当事人的名称或姓名和住所

当事人的名称（姓名）和住所，是每一个合同必须具备的条款。当事人是合同法律关系的主体，合同中如果不写明当事人，就无法确定权利的享受者和义务的承担者，因此，订立合同，不仅要把当事人都写到合同中去，而且要把各方当事人名称或者姓名和住所都记载准确、清楚。

2. 合同的标的

标的是指合同当事人双方权利和义务所共同指向的对象。没有标的即没有客体，没有客体的合同关系就会失去目的和意义。因此，标的是合同成立的必备条款。

3. 质量和数量

质量是指标的具体特征，如商品的品种、型号、规格、等级和工程项目的标准等。合同中必须对质量明确加以规定。国家有强制性标准规定的，必须按照规定的标准执行。数量是指标的的数量。在大多数合同中，数量是必备条款。对于有形财产，数量是对单位个数、体积、面积、长度、容积、重量等的计量；对于无形财产，数量是个数、件数、字数以及使用范围等多种量度方法；对于劳务，数量为劳动量；对于工作成果，数量是工作量及成果数量。合同的数量要准确，应选择使用双方当事人共同接受的计量单位、计量方法和计量工具。

4. 价款或酬金

价款一般是指对提供财产的当事人支付的货币，如买卖合同的货款、租赁合同的租金、借款合同中借款人向贷款人支付的本金和利息等。酬金一般是指对提供劳务或者工作成果的当事人支付的货币，如保管合同中的保管费、仓储合同中的仓储费、运输合同中的票款或者运费等。

5. 合同的履行期限

履行的期限是指合同中规定的一方当事人向对方当事人履行义务的时间界限。它是衡量合同能否按时履行的标准。

6. 合同的履行地点和方式

履行地点是指合同规定的当事人履行合同义务和对方当事人接受履行的地点。履行地点关系到履行合同的费用、风险由谁承担，有时还是确定所有权是否转移、何时转移的依据，也是发生纠纷后确定由哪一地法院管辖的依据。

履行方式是指合同当事人履行合同义务的具体做法。不同种类的合同，有着不同的履行方式。有的需要以转移一定财产的方式履行，如买卖合同；有的需要以提供某种劳务的方式履行，如运输合同；有的需要以交付一定的工作成果的方式履行，如承揽合同等。履行方式还包括价款或者报酬的支付方式、结算方式等。

7. 违约责任

违约责任是指合同当事人一方或者双方不履行合同义务或者履行合同义务不符合约定时，按照法律或者合同的规定应当承担的法律责任。违约责任是合同具有法律约束力的重要体现，在合同中非常重要，一般有关合同的法律对于违约责任都尽量作出较为详尽的规定。因此，当事人为了保证合同义务严格按照约定履行，为了及时地解决合同纠纷，可以在合同中明确规定违约责任条款，如约定定金或违约金，约定赔偿金额以及赔偿金的计算方法等。

8. 解决争议的方法

解决争议的方法是指合同当事人对合同的履行发生争议时解决的途径和方式。解决争议的方法主要有：①当事人协商和解；②第三人调解；③仲裁；④诉讼。解决争议方法的选择对于纠纷发生后当事人利益的保护是非常重要的，应慎重对待。

（二）格式条款

格式条款是当事人为了重复使用而预先拟定，并在订立合同时未与对方协商的条款。例如，保险合同，拍卖成交确认书，日常生活中的火车票、汽车票、飞机票，存款单等，都是格式合同。

由于格式合同是单方面拟定的，并且在订立合同时不允许对方协商修改，双方地位是不平等的，其条款内容有失公平之处。因此《合同法》要求提供格式条款的一方应当遵循公平原则确定当事人之间的权利和义务，并采取合理的方式提请对方注意免除或限制其责任的条款，按照对方的要求，对该条款予以说明。违反提请注意义务的，该格式条款不生效。对格式条款的理解发生争议的，应当按照通常理解予以解释。对格式条款有两种以上解释的，应当作出不利于提供格式条款一方的解释。格式条款和非格式条款不一致的，应当采用非格式条款。

下列情形的格式条款无效：①提供格式条款一方免除其责任、加重对方责任、排除对方主要权利的，该条款无效。②造成对方人身伤害的，因故意或者重大过失造成对方财产损失的免责条款无效。③一方以欺诈、胁迫的手段订立合同，损害国家利益；恶意串通，损害国家、集体或者第三人利益；以合法形式掩盖非法目的；损害社会公共利益；违反法律、行政法规的强制性规定。如顾客乙进联华超市购物，进去之前在超市的寄物柜存包，存包处告示说明“贵重物品自行保管”。这个内容就是格式条款。又如，甲、乙签订了保险合同，并在保险单背面以印刷形式告知免责事由，其中“自燃”属于免责情形之一，保险单背面的告知事项，属于典型的格式条款。

（三）合同的形式

现代各国对合同形式采用以不要式为原则，一般不加限制，法律只规定特定种类的合同必须具备书面形式或其他形式。

1. 口头形式

口头形式的合同简称口头合同，是指当事人只以口头意思表示达成协议的合同。口头合同简便易行，在日常生活中广泛运用。

案例分析

甲企业与乙企业达成口头协议，由乙企业在半年之内供应甲企业 50 吨钢材。3 个月后，乙企业以原定钢材价格过低为由要求加价，并提出，如果甲企业表示同意，双方立即签订书面合同，否则，乙企业将不能按期供货。甲企业表示反对，并声称，如乙企业到期不履行协议，将向法院起诉。

思考：口头约定具有法律效力吗？

分析提示：双方当事人签订的口头合同具有法律约束力。《合同法》规定，当事人订立合同可以采用口头形式，依法成立的合同，自成立之时起生效。本案中双方当事人之间的买卖合同属于生效的买卖合同，双方当事人理应按照《合同法》合同必须严格遵守的规则，履行自己的合同义务。

2. 书面形式

书面形式是指合同书、信件以及数据电文（包括电报、电传、传真、电子数据交换和电子邮件）等可以有形地表现所载内容的形式。当事人协商同意的有关修改合同的文书、电报和图表，也是合同的组成部分。书面合同较口头合同复杂，在当事人发生纠纷时举证方便，容易分清责任，也便于主管机关和合同管理机关监督、检查。法律、行政法规规定采用书面形式的，应当采用书面形式。当事人约定采用书面形式的，应当采用书面形式。

3. 公证形式

公证形式是当事人约定或者依照法律规定，以国家公证机关对合同内容加以审查公证的方式订立合同时所采取的一种合同形式。公证机关一般均以合同的书面形式为基础，对合同内容的真实性和合法性进行审查确认后，在合同书上加盖公证印鉴，以资证明。经过公证的合同具有最可靠的证据力，当事人除有相反的证据外，不能推翻。我国法律对合同的公证采取自愿原则。

4. 批准形式

批准形式是指法律规定某些类别的合同须采取经国家有关主管机关审查批准的一种合同形式。这类合同，除应由当事人达成意思表示一致而成立外，还应将合同书及有关文件提交国家有关主管机关审查批准才能生效。这类合同的生效，除应具备一般合同的生效要件外，在合同形式上还需同时具备书面形式和批准形式这两个特殊要件。

5. 登记形式

登记形式是指当事人约定或依照法律规定，采取将合同提交国家登记主管机关登记的方式订立合同的一种合同形式。登记形式一般常用于不动产的买卖合同。某些特殊的动产，如船舶等，在法律上视为不动产，其转让也采取登记形式。合同的登记形式可由当事人自行约定，也可以由法律加以规定。

6. 合同确认书

合同确认书即当事人采用信件、数据电文等形式订立合同，一方当事人可以在合同成立之前要求以书面形式加以确认的合同形式。

四、缔约过失责任

1. 缔约过失责任概念及特点

缔约过失责任是指订立合同过程中，一方当事人因违背诚实信用原则所承担的先合同义务，造成对方信赖利益损失时所应承担的民事赔偿责任。如：甲乙双方在谈判过程中，甲向乙允诺如果乙不与丙签约，则甲将与乙正式签订合作合同。乙信赖甲的允诺而未与丙签约。但甲最终拒绝与乙签约从而使乙遭受损失。

缔约过失责任具有如下特点。

1）此种责任发生在合同订立阶段。

2）一方当事人违反了诚实信用原则所产生的义务，如诚实、忠实、保密等义务。

3）造成了另一方信赖利益的损失。信赖利益的损失，既包括因他方的缔约过失行为而致信赖人的直接财产的减少，也包括信赖人的财产应增加的利益。

缔约过失责任与违约责任的区别：①缔约过失责任发生在合同成立之前；而违约责任产生于合同成立之后；②缔约过失责任以过错为要件，实行过错责任原则，而违约责任不以过错为要件，实行严格责任原则。

2. 构成缔约过失责任的几种行为

我国《合同法》第四十二条规定，当事人在订立合同过程中有下列情形之一的，给对方造成损失的应当承担损害赔偿责任：①假借订立合同，恶意进行磋商；②故意隐瞒与订立合同有关的重要事实或者提供虚假情况；③有其他违背诚实信用原则的行为。《合同法》第四十三条规定，当事人在订立合同过程中知悉的商业秘密，无论合同是否成立，不得泄露或者不正当地使用。否则，应当承担损害赔偿责任。

补充知识

常见的缔约过失有以下几种情况：①缔约一方未尽通知、协助义务，增加了相对方的缔约成本而造成财产损失。②一方未尽告知义务，当事人在订立合同时对一些必要的信息必须告诉对方当事人，如果没有告知对方当事人而让对方当事人遭受损失的要承担缔约过失责任。③一方未尽照顾、保护义务，造成相对方人身或财产的损害。

3. 缔约过失责任的责任方式

缔约过失责任的设置是为了保护当事人的信赖利益或者财产权益，因此其责任承担方式就是损害赔偿，包括信赖利益的损害赔偿和人身权益的损害赔偿。信赖利害的损害应包括直接损害和间接损害。一般来说，直接损害包括：①缔约费用，如邮电费用、赴缔约地察看标的物所支出的费用；②准备履行所支出的费用，包括准备为运送标的物或受领对方所支出的费用；③受害人支出上述费用所丧失的利息；④因恢复原状、返还财产而增加的费用。间接损失为丧失与第三人另订合同的机会所产生的损失。

关于信赖利益的数额，一般认为，不得超过履行利益的范围。人身受到损害的赔偿包括受害人的医疗费、保险费、营养费、护理费、受害人的误工工资或者劳动收入。

五、合同的效力

（一）合同的生效

1. 合同的生效

合同的生效是指成立后的合同在法律上得到了肯定性评价，产生了当事人约定的法律效力，也就是使合同获得了法律的效力。

合同生效与合同的成立是不同的，具体包括以下几个方面。

1）性质不同。合同的成立是私人之间的事情，即使是违法的合同也是可以成立的；而生效则是法律按照一定的条件对于私人之间已经成立的合同进行评价的结果。

2）条件不同。合同成立只需当事人意思表示一致。生效需要由多种因素构成。

3）意义不同。成立是合同生效的基础，而生效则是合同成立的目的。合同的实现有赖于履行，而合同履行有赖于合同义务的强制性，而合同义务的强制性则以合同生效为前提。

2. 合同的生效要件

1）当事人具有相应的缔约能力。如果一个当事人不能或者不完全能预见自己的行为后果并为之负责，而法律承认根据其意思表示而成立的合同，就有可能给其带来不利，甚至会成为恶意者牟取利益的牺牲品。

我国《合同法》第九条规定，当事人订立合同，应当具备相应的民事权利能力和民事行为能力。但对于限制民事行为能力人订立的合同，经法定代理人追认后，该合同有效，但纯获利益的合同或者与其年龄、智力、精神健康状况相适应而订立的合同，不必经法定代表人追认。

2）意思表示真实。合同是双方当事人意思表示一致的结果，但仅有意思表示一致还不够，还要求当事人意思表示必须真实。如果欺诈、胁迫、乘人之危，将使一方当事人意思表示不真实，违背合同自愿原则，因而不能成为有效合同。

3）不违反法律和社会公共利益。不违反法律是指当事人签订的合同的内容、形式、程序及目的都要符合法律规定，不能违背社会公德、扰乱社会公共秩序、损害社会公共利益。

（二）效力待定合同

所谓效力待定的合同，是指合同订立尚未生效，须经权利人追认才能生效的合同。效力待定的合同共有四类。

1. 限制民事行为能力人订立的与其年龄、智力、精神状况不相适应的合同

限制民事行为能力人订立的合同，经法定代理人追认后，该合同有效，但纯获利益的合同或者与其年龄、智力、精神健康状况相适应而订立的合同，不必经法定代理人追认。例如，某15岁少年买了一双普通的球鞋，不必经追认就有效；其买了一台3000元的空调，须经追认，未经追认不产生效力，即空调买卖交易合同未成立。

补充知识

我国《民法》规定，作为民事的主体自然人分为三类，无民事行为能力人、限制民事行为能力人、完全民事行为能力人。限制民事行为能力人是10周岁以上的未成年人。限制行为能力人还包括不能完全辨认自己行为的成年人。如不能完全辨认自己行为的精神病人、老年痴呆症患者等。

2. 因无权代理而订立的合同

无权代理是指行为人无代理权而以他人名义为法律行为。例如：甲是某公司的经理，一直负责公司广告业务，后公司将其辞去，其依然打着公司的旗号与广告公司接洽，这种行为就是无权代理的一种。

因无权代理而订立的合同属于效力待定的合同，未经被代理人追认，对被代理人不发生效力，由行为人承担责任。相对人可以催告被代理人在一个月内予以追认。被代理人未作表示的，视为拒绝追认。合同被追认之前，善意相对人有撤销的权利。撤销应当以通知的方式作出。

3. 法定代表人或负责人超越权限订立的合同

法人或者其他组织的法定代表人、负责人超越权限订立的合同，除相对人知道或者应当知道其超越权限的以外，该代表行为视为有效。这表明只要对方当事人是善意的，不知道法定代表人或负责人的行为超越了经营范围，那么就应当认定该越权行为有效；如果对方当事人是恶意的，并且知道或者应当知道法定代表人或负责人的行为超越了经营范围，那么该越权行为就无效。

4. 无处分权人处分他人财产的合同

无处分权人订立的处分他人财产的合同，原则上一律无效。如张某将一幅国画交给

李某保管，李某既未取得所有权，又未受委托以自己的名义出卖，就以自己的名义出售给王某，李某与王某之间的买卖合同就是无处分权人订立的合同。但在下列两种情形下，无处分权人订立的处分他人财产的合同有效：①权利人追认了无处分权人订立的合同；②无处分权人订立合同后取得了财产的处分权。

（三）无效合同

1. 无效合同的概念

无效合同是指合同因具有法定无效事由而当然不发生效力的合同。通常是当事人之间已达成的协议或者已完成的交易不能发生预期的法律效果，或者约定的条款不能发生法律上的约束力。

2. 无效合同的情形

由于无效合同违反法律规定，所以我国《合同法》第五十二条规定有下列情形之一的，合同无效。

1）一方以欺诈、胁迫的手段订立损害国家利益的合同。

2）恶意串通，损害国家、集体或第三人利益的合同。

3）以合法形式掩盖非法目的的合同。

4）损害社会公共利益的合同。

5）违反法律、行政法规的强制性规定的合同。

案例分析

甲公司与乙公司签订一份秘密从境外买卖免税香烟并运至国内销售的合同。甲公司依双方约定，按期将香烟运至境内，但乙公司提走货物后，以目前账上无钱为由，要求暂缓支付货款，甲公司同意。三个月后，乙公司仍未支付货款，甲公司多次索要无果，遂向当地人民法院起诉要求乙公司支付货款并支付违约金。

思考：甲公司的诉讼请求能得到支持吗？

分析提示：该合同属于无效合同，法院应驳回甲公司的诉讼请求。同时，甲公司和乙公司的交易损害了国家利益，法院可以采取民事制裁措施，没收双方用于交易的财产。

3. 无效免责条款

无效免责条款是指当事人在合同中确立的排除或者限制其未来责任的条款，我国《合同法》第五十三条规定，合同中的下列免责条款无效。

1）造成对方人身伤害的。

2）因故意或者重大过失造成对方财产损失的。

（四）可变更、可撤销合同

1. 可变更、可撤销合同的概念

可变更、可撤销的合同是基于法定原因，当事人有权诉请法院或仲裁机构予以变更、撤销的合同。

2. 可变更、可撤销合同的类型

可变更、可撤销的合同包括以下几种。

1）因重大误解订立的合同。

2）订立合同时显失公平的。

3）一方以欺诈、胁迫的手段或乘人之危，使对方在违背真实意思的情况下订立的合同，受损害方有权请求人民法院或仲裁机构变更或撤销。

例如，甲方向乙方出售一枚古制铜钱。卖方对这枚铜币的真伪并不清楚，并如实向买方作了说明。此时，双方都很清楚，这枚铜钱可能是真的，也可能是赝品，双方都自愿承担风险，合同订立以后（交付以前或者交付以后），买方发现是赝品，不得以重大误解为由要求撤销合同，因为不存在误解。同样，在合同订立后卖方发现是真品，也不得以重大误解为由要求撤销合同，因为卖方也不存在误解。

又如，甲欲从乙处购买某文物，乙要价 10 万元，甲私下找丙（估价员）估价，因丙与甲有嫌隙，将该物估为 11 万元，而该物只值 5 万元。甲将该物买回后得知真实情况，可以以显失公平为由请求撤销合同。

3. 撤销权、变更权的行使

对于可变更、可撤销的合同，当事人有权诉请法院或仲裁机构予以变更、撤销，当事人请求变更的，人民法院或者仲裁机构不得撤销。

撤销权是撤销权人依其单方的意思表示使合同溯及既往的消灭的权利。因撤销原因不同，撤销权人也不同。重大误解，误解人是撤销权人；显失公平，遭受明显不公的人是撤销权人；欺诈、胁迫中，受欺诈、受胁迫的人是撤销权人。撤销权是诉权，只能通过法院或者仲裁机构行使。

4. 撤销权的消灭

以下情形，撤销权消灭。

1）具有撤销权的当事人自知道或者应当知道撤销事由之日起一年内没有行使撤销权。

2）具有撤销权的当事人知道撤销事由后明确表示或者以自己的行为放弃撤销权。

例如，甲公司向乙公司订购一批乳胶漆，乙公司在订立合同时，谎称国产乳胶漆为进口乳胶漆。甲公司事后得知实情，适逢国产乳胶漆畅销，甲公司有意履行合同，乙公司则希望这批货以更高的价格卖给别人，甲公司向乙公司催告交货或预付货款或递交确认合同有效的通知，则合同成为确定的有效合同，乙公司不能以合同订立存在欺诈为由主张撤销，从而使合同失去约束力。

注 意

我国可撤销合同的撤销权仅赋予受到欺诈的一方，而欺诈方是没有选择权的，所以不能主动主张合同的撤销。

（五）法律后果

1. 合同无效、被撤销的合同自始无效

合同无效或者被撤销后，因该合同取得的财产，应当予以返还；不能返还或者没有必要返还的，应当折价补偿。有过错的一方应当赔偿对方因此所受到的损失，双方都有过错的，应当各自承担相应的责任。

当事人恶意串通，损害国家、集体或者第三人利益的，因此取得的财产收归国家所有或者返还集体、第三人。

2. 合同部分无效对合同整体的影响

无效的合同或者被撤销的合同自始没有法律约束力。合同部分无效，不影响其他部分的效力，其他部分仍然有效。

案例分析

甲乙双方订立买卖合同，甲方向乙方购买20万瓶劣质酒，货款为24万元，交款提货，并口头约定乙方须另行提供名牌商标，以便甲方加贴后冒充名酒出售。在合同履行时，甲方借口手头一时紧，只付了15万元即提走了全部酒与商标。乙方一再催讨无果，遂向人民法院起诉，要求甲方如数支付拖欠的货款并赔偿损失。

讨论：该买卖合同是否有效？为什么？此案如何处理？

第二节 合同执行法规实务

一、合同的履行

（一）合同履行的概念和基本原则

1. 合同履行的概念

合同的履行，是指债务人全面地、适当地完成其合同义务，债权人的合同债权得到完全实现。如交付约定的标的物，完成约定的工作并交付工作成果，提供约定的服务等。

合同的履行是债务人完成合同债务的行为。例如，营销人员把顾客订的货物按照合同约定的型号交给顾客，其实就是履行了合同。

2. 合同履行的基本原则

（1）实际履行原则

实际履行原则，是指合同当事人必须严格按照合同规定的标的履行自己的义务，未经权利人同意，不得以其他标的代替履行或者以支付违约金和赔偿金来免除合同规定的义务。

实际履行基本含义为两个方面：一是当事人应自觉按约定的标的履行，不得任意以其他标的代替约定标的，尤其不能简单地用货币代替合同规定的实物或行为；二是当事人一方不履行或不完全履行时，首先应承担按约履行的责任，不得以偿付违约金或赔偿损失来代替合同标的履行，对方当事人有权要求其实际履行。

（2）全面履行原则

全面履行原则，又称正确履行原则或适当履行原则，是指当事人按照合同规定的标的及其质量、数量，由适当的主体在适当的履行期限、履行地点，以适当的履行方式，全面完成合同义务的履行原则。

合同是双方当事人根据自己的实际需要而订的，合同中的各项条款都反映了当事人所追求的目的和实际承受能力，如果不严格按照合同条款全面履行，权利人的合同目的就可能落空，从而造成很大的经济损失。所以，当事人应全面履行自己的义务。

补充知识

全面履行原则包括以下内容。

1）履行的主体。合同的履行必须由双方当事人亲自完成。由他人代替自己履行，即债务承担，应经合同债权人的同意，否则，债权人可拒绝接受履行。特殊情况下，合同义务也可以由第三人代替其履行。有些合同由其性质决定了只能由合同债务人亲自履行。如承揽合同，承揽人必须以自己的机器设备、技术和力量，完成加工成果。在基于双方对人身的信任而订立的合同，其义务也不能代替履行。如基于信任而请某人授课。

2）履行的标的。合同债务人应按照合同规定的品种、质量、期限、交货地点等履行自己的义务。

3）履行的方法。各种合同的履行方法，法律法规有规定的，按照法律法规的规定履行；没有规定的，按照双方当事人协商的方法履行。

（3）协作履行原则

协作履行原则，是指当事人不仅适当履行自己的合同债务，而且应基于诚实信用原则的要求协助对方当事人履行其债务的履行原则。

在合同履行中，协作履行的具体要求如下：①一方当事人履行合同义务，另一方当事人应尽量为其履行创造必要的方便条件，以使其实际履行得以实现；②一方当事人因客观情况发生变化需变更合同时，应及时通知对方，对方也应及时答复，共同协商妥善的变更办法；③一方当事人确实不能履行合同时，应及时向对方说明情况，对方接到通知后应积极采取补救措施，尽量减少或挽回损失；④一方当事人因过错违约时，对方应尽快协助纠正，并设法防止或减少损失；⑤合同履行过程中发生争议，双方应本着实事求是的态度，及时协商解决。

（4）诚实信用原则

诚实信用原则，是指当事人按照合同约定的条件，切实履行自己所承担的义务，取得另一方当事人的信任，相互配合履行，共同全面地实现合同签订的目的。

（5）情势变更原则

情势变更，是指在合同有效成立后、履行前，因不可归责于双方当事人的原因而使合同成立的基础发生变化，如继续履行合同将会造成显失公平的后果。在这种情况下，法律允许当事人变更合同的内容或者解除合同，以消除不公平的后果。情势变更的实质，乃是诚实信用原则的具体运用。

（二）政府定价、政府指导价的执行

执行政府定价或者政府指导价的，在合同约定的交付期限内政府价格调整时，按照交付时的价格计价。逾期交付标的物的，遇价格上涨时，按照原价格执行；价格下降时，按照新价格执行。逾期提取标的物或者逾期付款的，遇价格上涨时，按照新价格执行；价格下降时，按照原价格执行。

（三）抗辩权的行使

所谓抗辩权，是指对抗请求权或者否认对方的权利主张的权利，也称异议权。合同履行中的抗辩权一般可分为同时履行抗辩权、后履行抗辩权和不安履行抗辩权。

1. 同时履行抗辩权

同时履行抗辩权是指当事人互负债务，没有先后履行顺序的，应当同时履行。一方在对方履行之前有权拒绝其履行要求。例如，甲和乙签订合同时，没有约定好是先付款再交货还是先交货再付款，则双方中任何一方都有权提出在对方没有履行时就不履行自己的义务。

同时履行抗辩权的法律要件有以下四个方面。

1）双方因同一合同互负对价债务。

2）在合同中未约定履行顺序。

3）双方债务已届清偿期。

4）对方当事人未履行或未按照约定正确履行债务。

小提示

作为营销人员就要注意在我们实际签订合同时，要事前约定好是货到付款还是其他，防止产生不必要的纠纷。

2. 后履行抗辩权

后履行抗辩权是指在双务合同中应当先履行的一方当事人未履行或者不适当履行，到了履行期限对方当事人有不履行或部分不履行的权利。当事人行使后履行抗辩权致使合同迟延履行的，迟延履行责任应由对方当事人承担。例如，合同约定甲于 4 月 10 日发货，乙于 5 月 20 日付款。但是乙方收到货物后发现货物与合同约定的严重不符，他可以到期不付货款，同时通知对方，再进行交涉处理。

后履行抗辩权的发生，需具备以下三个条件。

1）双方当事人因同一合同互负债务。

2）一方当事人先为履行。

3）应当先履行的当事人不履行合同或者不适当履行合同。

3. 不安履行抗辩权

不安抗辩权就是若双方约定一方先为履行时，先为履行义务的一方在履行前发现他方的财产明显减少而有难为给付可能之时，可要求他方为对待给付或提供相当的担保。在他方为对待给付或提供相当担保前，该方拒绝自己的给付。

案例分析

甲乙两公司签订钢材购买合同，合同约定：乙公司向甲公司提供钢材，总价款 500 万元。甲公司预支价款 200 万元。在甲公司即将支付预付款前，得知乙公司因经营不善，无法交付钢材，并有确切证据证明。于是，甲公司拒绝支付预付款，要求乙公司能提供一定的担保，乙公司拒绝提供担保。

思考：在此情况下，甲公司应当行使怎样的权利？

分析提示：甲公司可以行使不安抗辩权。

《合同法》第六十八条规定：“应当先履行债务的当事人，有确切证据证明对方有下列情形之一的，可以中止履行：①经营状况严重恶化；②转移财产、抽逃资金，以逃避债务；③丧失商业信誉；④有丧失或者可能丧失履行债务能力的其他情形。当事人没有确切证据中止履行的，应当承担违约责任。”

在行使不安抗辩权时，应当具备以下条件。

1）合同确立的债务合法有效。

2）双方当事人互负债务且有先后履行顺序。

3）合同成立后后履行义务的一方当事人出现财务状况恶化且有难以履行合同的可能。

4）不安抗辩权须由先履行义务的一方当事人提起。

（四）合同的保全

1. 代位权

代位权是指因债务人怠于行使其到期债权，对债权人造成损害的，债权人可以向人民法院请求以自己的名义代位行使债务人的债权，但该债权专属于债务人自身的除外。代位权的行使范围以债权人的债权为限。债权人行使代位权的必要费用由债务人负担。具体地说，债权人行使代位权，是以自己作为原告，以次债务人为被告，要求次债务人对债务人履行的到期债务，直接向自己履行，其示意如图 3-2 所示。

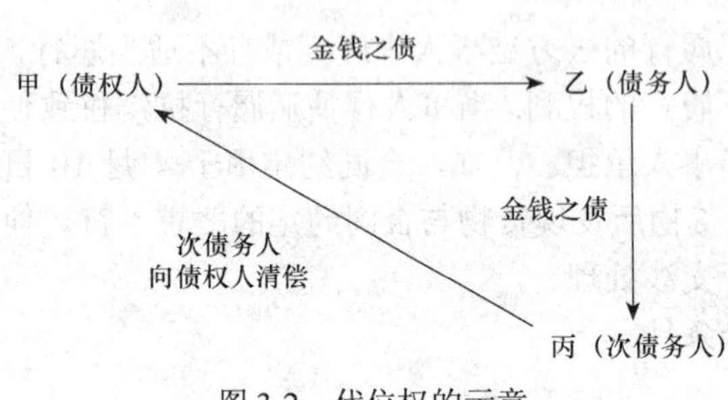

图 3-2　代位权的示意

案例分析

2007 年 3 ~ 5 月，个体户王刚先后多次在某综合商店采购文具、洗涤剂、布料、鞋帽等商品，共赊账 8500 元，王刚写下借据，写明还款日期为 2007 年 6 月 30 日前。后因王刚在股票交易中资金被套牢无法及时还款。综合商店得知其妻弟将有一笔两万元的到期债务要还给王刚，遂提出由这笔财产来归还欠款，双方协商不成。

思考：综合商店应当如何维护自己的权益？

分析提示：综合商店可以主张代位权。根据《合同法》的规定，债权人可以请求法院以自己的名义代位行使债务人的债权，但专属于债务人自身的不可以主张。

债权人依照《合同法》第七十三条的规定提起代位权诉讼，应当符合下列条件：①债权人对债务人的债权合法；②债务人怠于行使其到期债权，对债权人造成损害；③债务人的债权已到期；④债务人的债权不是专属于债务人自身的债权。

补充知识

我国《合同法》第七十三条第一款规定的专属于债务人自身的债权，是指基于扶养关系、抚养关系、赡养关系、继承关系产生的给付请求权和劳动报酬、退休金、养老金、抚恤金、安置费、人寿保险、人身伤害赔偿请求权等权利。第七十三条规定的“债务人怠于行使其到期债权，对债权人造成损害的”，是指债务人不履行其对债权人的到期债务，又不以诉讼方式或者仲裁方式向其债务人主张其享有的具有金钱给付内容的到期债权，致使债权人的到期债权未能实现。次债务人（即债务人的债务人）不认为债务人有怠于行使其到期债权情况的，应当承担举证责任。

2. 撤销权

撤销权是指因债务人放弃其到期债权或者无偿转让财产，对债权人造成损害的。债权人可以请求人民法院撤销债务人的行为。债务人以明显不合理的低价转让财产，对债权人造成损害，并且受让人知道该情形的，债权人也可以请求人民法院撤销债务人的行为。撤销权的行使范围以债权人的债权为限。债权人行使撤销权的必要费用，由债务人负担。

例如，甲方欠乙方 100 万元，甲方有 300 万元的资产，甲方向丙方低价处分了 300 万元的财产，则影响到乙方的债权，因此乙可以直接向法院起诉要求撤销甲方的行为。

债权人一旦行使撤销权，债务人的处分行为或债务人与第三人实施的民事行为就归于无效，从而发生无效民事行为的法律后果。要注意的是，撤销权必须在债权人知道或应当知道撤销事由之日起一年内行使。

二、合同的担保

2007 年 10 月 1 日《中华人民共和国物权法》（以下简称《物权法》）正式开始实施，对于合同担保部分内容进行修订，本书将根据新《物权法》中的相关规定来讲解。

（一）概述

担保是指债权人为确保债务得到清偿，而在债务人或第三人的特定的物和权利上设定的，可以支配他人财产的一种权利的行为。例如，甲购买乙的产品，由于其信用不是太好，但乙又不想失去这笔生意，所以要求甲通过自己的物品或者其他人员作为担保，来保证乙的权利。当甲不付账时，乙可以取得担保的物权。根据相关法律规定，在借贷、买卖、货物运输、加工承揽等经济活动中，债权人需要以担保方式保障其债权实现的，可以设定担保。担保的方式有保证、抵押、质押、留置和定金。

担保一经确立，即具有法律效力，任何一方不得擅自变更或撤销担保。如果担保人要求提前解除担保关系，必须得到合同权利人的同意。

担保一般采用在主合同中约定担保条款，或者在主合同以外约定担保合同，它是一个从合同。所谓从属，是指担保从属于主合同，以主合同的存在或将来存在为前提，随主合同的变更而变更，消灭而消灭，所承担的责任范围与标准应当和主合同的范围与标准一致，主合同债务人根据主合同享有的权利，如抗辩权，担保人同样也可以享有。

（二）保证

1. 保证的概念

保证是指保证人和债权人约定，当债务人不履行债务时，保证人按照约定履行债务或者承担责任的行为。可见保证是一种民事法律行为。

注 意

在生活中习惯上讲到的保证，如说保证完成任务，保证没有问题，这是保证吗？其实这只是表示一种决心或让对方放心，而不是法律意义上的保证，也不具有法律约束力。而《担保法》中的保证是一种债权担保制度，其含义在法律上有明确的规定。如在我国《担保法》中就把保证定义为：保证人和主债权人间约定，若债务人不履行债务时，保证人按照约定履行债务或承担责任的行为。

2. 保证人的条件

保证人必须是具有代为清偿能力的法人、其他组织或公民。法律规定下列人不能作为保证人：①国家机关不得为保证人，但经国务院批准为使用外国政府或者国际经济组织贷款进行转贷的除外；②幼儿园、医院等以公益为目的的事业单位、社会团体不得为保证人；③企业法人的分支机构、职能部门不得为保证人。如果企业法人的分支机构有法人书面授权的，可以在授权范围内提供保证。如果企业法人的分支机构未经法人书面授权提供保证的，保证合同无效。因此，在我们营销人员要求对方提供担保人时，要注意不能是上述人员。

注 意

如果同一个债务有两个以上保证人的，责任怎么处理？

分析：如果约定承担份额则按约定。如果没有约定，保证人承担连带责任，债权人可以要求任何一个保证人承担全部保证责任。已经承担保证责任的保证人，有权向债务人追偿，或者要求承担连带责任的其他保证人清偿其应当承担份额。

3. 保证合同

保证人与债权人应以书面形式订立保证合同。保证合同应当包括以下内容：①被保证人主债权的种类、数额；②债务人履行债务的期限；③保证的方式；④保证担保的范围；⑤保证的期间；⑥双方认为需要规定的其他事项。

4. 保证方式

（1）一般保证

一般保证是指当事人在保证合同中约定，债务人不能履行债务时，由保证人承担保证责任。一般保证是保证的普遍方式，最大的特点在于体现保证的补充性，即在主债务人不履行债务时保证人应负履行的责任，但是如果主合同纠纷未经审批或者仲裁，并就债务人财产依法强制执行仍不能履行债务前，对债权人可以拒绝承担保证责任。

但有下列情形之一的，一般保证的保证人不得拒绝承担保证责任：①债务人住所变更，致使债权人要求其履行债务发生重大困难的；②人民法院受理债务人破产案件，中止执行程序的；③保证人以书面形式放弃此项权利的。

（2）连带责任保证

连带责任保证是指保证人与债务人对主债务承担连带责任的保证方法。连带责任保证仍具有一般保证的从属性。连带保证人与债务人负连带责任，债权人可先向保证人要求其履行保证义务，而无论主债务人的财产是否能够清偿。例如，甲向银行借款 1000 万元，乙进行担保。如果乙是一般保证，当甲不还贷款时，先处理甲的财产，当甲财产不能清偿时，乙履行担保责任。如果乙为连带保证，则当甲不还贷时，不论甲是否有能力清偿，只要银行向乙主张，乙就要履行担保责任。

当事人对保证方式没有约定或者约定不明确的，按照连带责任保证承担保证责任。我国法律规定没有约定或约定不明，则为连带保证，成立一般保证则要特殊约定，这事实上加重了保证人的责任。

5. 保证人的权利

（1）抗辩权

一般保证和连带责任保证的保证人享有债务人的抗辩权。债务人放弃对债务的抗辩权的，保证人仍有权抗辩。前文中我们已经提到过抗辩权，抗辩权是指债权人行使债权时，债务人根据法定事由对抗债权人行使请求权的权利。

（2）向债务人追偿的权利

保证人追偿权是指保证人在替代债务人向债权人清偿债务后，以债权人的身份请求债务人偿还的权利。《担保法》第三十一条规定："保证人承担保证责任后有权向债务人追偿"，《民法通则》第八十九条也规定："保证人履行债务后，有权向债务人追偿"。保证人所享有的追偿权，在本质上是一种代位请求权，也就是保证人在清偿债务后，代替原债权人的地位，在其与债务人之间形成一种债权债务关系。

6. 保证责任

（1）保证责任的范围

所谓保证担保的范围，就是指债务人不履行债务时请求保证人代为履行或负连带责任以及申请法院予以强制执行的范围。保证担保的范围包括主债权及利息、违约金、损害赔偿金和实现债权的费用。保证合同另有约定的，依照约定，如果没有约定或约定不明确的，保证人应当对全部债务承担责任。

（2）主合同的转让、变更对保证责任的影响

1）债权转让，保证人仍按原保证合同承担保证责任，合同另有约定的按约定。

2）债务转让，债权人许可债务人转让债务的，应当取得保证人书面同意，保证人对未经其同意转让的债务，不再承担保证责任。

3）债权人与债务人协议变更主合同的，应当取得保证人书面同意，未经保证人书面同意的，保证人不再承担保证责任。保证合同另有约定的，按照约定。

补充知识

债权人与债务人变更主合同，如变更借款数额、变更还款期限等，常会被当事人忽略，不经保证人书面同意，致使保证责任消灭，给债权人造成损失。也有相反情况，就是主合同变更了，未经保证人同意，但在法院判决中，保证人被错误判决承担了不该承担的责任。

（3）保证责任的免除

1）债权人未在保证期间要求保证人承担责任的，保证责任免除。法定的保证期间为主债务履行期届满之日起6个月。

2）同一债权既有保证又有物的担保的，保证人对物的担保以外的债权承担保证责任。债权人放弃物的担保的，保证人在债权人放弃权利的范围内免除保证责任。

3）不承担保证责任的情况。有下列情形之一的，保证人不承担民事责任：第一，主合同当事人双方串通，骗取保证人提供保证的；第二，主合同债权人采取欺诈、胁迫等手段，使保证人在违背真实意思的情况下提供保证的。

注 意

保证期间与大家熟识的诉讼时效不同，诉讼时效为2年，部分案件为1年，但是保证期间可以由当事人自行约定，但如果没有约定，法定的保证期间仅有短短的6个月。

（三）抵押

抵押是指债务人或者第三人不转移对财产的占有，将该财产作为债权的担保。债务人不履行债务时，债权人有权依照《担保法》的规定以该财产折价或者以拍卖、变卖该财产的价款优先受偿。抵押是一种财产担保，由于这种担保形式比人的担保更加可靠，因此在合同中被广泛使用。

1. 抵押物的范围

抵押物必须是抵押人所有或依法有权处分的不动产或其他资产。

根据《物权法》第一百八十条规定，债务人或者第三人有权处分的下列财产可以抵押：①建筑物和其土地附着物；②建设用地使用权；③以招标、拍卖、公开协商等方式取得的荒地等土地承包经营权；④生产设备、原材料、半成品、产品；⑤正在建造的建筑物、船舶、航空器；⑥交通工具；⑦法律、行政法规未禁止抵押的其他财产。

但根据《物权法》第一百八十四条规定，下列财产不得抵押：①土地所有权；②耕地、宅基地、自留地、自留山等集体所有的土地使用权，但法律规定可以抵押的除外；③学校、幼儿园、医院等以公益为目的的事业单位、社会团体的教育设施、医疗卫生设施和其他社会公益设施；④所有权、使用权不明或者有争议的财产；⑤依法被查封、扣押、监管的财产；⑥法律、行政法规规定不得抵押的其他财产。

2. 抵押合同

抵押人应当以书面形式订立抵押合同。

抵押合同应当包括以下内容：①被担保的主债权种类、数额；②债务人履行债务的期限；③抵押物的名称、数量、质量、状况、所在地、所有权权属或者使用权权属；④抵押担保的范围；⑤当事人认为需要约定的其他事项。抵押合同不完全具备前款规定内容的，可以补正。

3. 抵押物登记

根据《物权法》的规定，下列财产应办理抵押物登记：①正在建造的建筑物；②正在建造的船舶、航空器；③企业、个体工商户、农业生产经营者将现有的以及将有的生产设备、原材料、半成品、产品。且不动产非经登记，不得设定抵押；动产抵押权非经登记，不得对抗善意第三人（这里的善意第三人，是指购买了设定抵押的财产，但是不知道该财产设有抵押的购买者）。

小提示

作为营销人员应当注意，如果对方提供的是上述三类的物品应当要求办理登记。办理抵押物登记时，应当向登记部门提供主合同和抵押合同、抵押物的所有权或者使用权证书或者复印件。

4. 抵押权的效力

（1）担保的范围

担保有约定的，依照约定。没有约定的，我国《物权法》第一百七十三条规定，抵押担保的范围包括主债权及利息、违约金、损害赔偿金和实行抵押权的费用。

（2）对标的物的效力

1）抵押效力及于从物。《担保法》规定："抵押权设定前为抵押物的从物的，抵押权的效力及于抵押物的从物。但是，抵押物与其从物为两个以上的人分别所有时，抵押权的效力不及于抵押物的从物。"

2）孳息。《物权法》第一百九十七条规定：债务人不履行到期债务或者发生当事人约定的实现抵押权的情形，致使抵押财产被人民法院依法扣押的，自扣押之日起抵押权人有权收取由该抵押财产分离的天然孳息（如土地生长的麦子、母牛产出的牛犊等）或者法定孳息（如土地出租的租金、货币出借的利息），但抵押权人未通知应当清偿法定孳息的义务人的除外，收取的孳息首先充作收取孳息的费用。

5. 抵押权的实现

抵押权的实现是指抵押权人在债务人不履行到期债务或发生当事人约定的实现抵押权的情形时，就抵押物变价或与抵押人签订合同取得抵押物，而使受担保债权得以满足的行为。我国《物权法》第一百九十五条规定："债务人不履行到期债务或者发生当事人约定的实现抵押权的情形，抵押权人可以与抵押人协议以抵押财产折价或者以拍卖、变卖该抵押财产所得的价款优先受偿。协议损害其他债权人利益的，其他债权人可以在知道或者应当知道撤销事由之日起一年内请求人民法院撤销该协议。抵押权人与抵押人未就抵押权实现方式达成协议的，抵押权人可以请求人民法院拍卖、变卖抵押财产。抵押财产折价或者变卖的，应当参照市场价格。"

抵押物折价或者拍卖、变卖后，其价款超过债权数额的部分归抵押人所有，不足部分由债务人清偿。

同一财产向两个以上的债权人抵押的，拍卖、变卖抵押物所得的价款按照以下规定清偿：①抵押物已登记的先于未登记的受偿；②抵押合同均为登记生效的，按照抵押物登记的先后顺序清偿；顺序相同的，按照债权比例清偿；③抵押合同自签订之日起生效的，按照合同生效时间的先后顺序清偿；顺序相同的，按照债权比例清偿。

例如，甲企业以厂房价值 500 万元作抵押，分别从某工商行和某农行各贷款 250 万元。甲与工商行于 7 月 5 日签订抵押合同，8 月 10 日办理抵押登记；与农行 8 月 8 日签订抵押合同，同日办理了抵押登记。后甲无力还款，对公寓拍卖只得价款 300 万元，工商行和农行在行使抵押权时，谁能获得优先清偿？这时，应优先清偿农行 250 万元，剩余的 50 万元给工商行。

《担保法解释》中还规定，同一财产法定登记的抵押权与质权并存时，抵押权人优于质权人受偿。同一财产抵押权与留置权并存时，留置权人优于抵押权人受偿。

抵押权因抵押物灭失而消失。因灭失所得的赔偿金，应当作为抵押财产。

（四）质押

1. 动产质押

动产质押是指债务人或者第三人将其动产移交债权人占有，将该动产作为债权的担保。债务人不履行债务时，债权人有权依照法律规定以该动产折价或者以拍卖、变卖该动产的价款优先受偿。债务人或者第三人为出质人，债权人为质权人，移交的动产为质物（《物权法》第二百零八条），所以动产质押的范围为动产。

（1）质押合同

出质人与质权人应当以书面形式订立质押合同。质押合同自质物移交于质权人占有时生效。根据《物权法》第二百一十条规定，质押合同应当包括以下内容：①被担保的主债权种类、数额；②债务人履行债务的期限；③质物的名称、数量、质量、状况；④质押担保的范围；⑤质物移交的时间；⑥当事人认为需要约定的其他事项。质押合同不完全具备前款规定内容的，可以补正。

（2）质权人的权利和义务

质权人的权利包括以下几个方面。

1）占有和留置质物的权利。质权人在债务人未清偿债务之前，对质物享有当然的留置权，否则质押就不可能成立或维持。质权人对质物的留置，其目的是以此促使债务人尽快按主合同的约定清偿债务。

2）优先受偿的权利。质权人在债权履行期届满未得清偿时，可依法对质物采取折价或拍卖、变卖等方式，取得价款优先受偿。这是质权效力的核心所在，是质押制度的目的。

3）收取孳息的权利。质物有时要产生孳息，而动产质权又以质权人对质物的占有为其生效及有效存续的要件，故由质权人收取质物所产生的孳息较为方便。我国《物权法》第二百一十三条规定了质权人的收取孳息权。同时要注意，由于孳息的收取往往需要付出一定的时间、劳力与费用，因此债权人收取的孳息应当先充抵收取孳息的费用。

4）救济质权损失的权利。质物有损坏或者价值明显减少的可能，足以危害质权人权利的，质权人可以要求出质人提供相应的担保。出质人不提供的，质权人可以拍卖或者变卖质物，并与出质人协议将拍卖或者变卖所得的价款用于提前清偿所担保的债权或者向出质人约定的第三人提存。

5）请求偿还有关费用的权利。质权人就质物支出的有关费用，有权向出质人请求偿还。这些费用包括保管费、动物饲养费等。

质权人的义务包括以下几个方面。

1）质权人的善良管理人之注意义务。根据《物权法》第二百一十五条规定，质权人应当妥善保管质物，因保管不善致使质物灭失、毁损的，质权人应当承担民事责任。质权人不能妥善保管质物可能致使其灭失或者损毁的，出质人可以要求质权人将质物提存，或者要求提前清偿债权而返还质物。

2）质权人的返还质物的义务。债务履行期届满债务人履行债务的，或者出质人提前清偿所担保的债权的，质权人应当返还质物。

（3）动产质权的实现

动产质权的实现是指债权人就质物实行变价优先受偿其债权。我国《物权法》第二百一十九条规定，债务人履行债务或者出质人提前清偿所担保的债权的，质权人应当返还质押财产。债务人不履行到期债务或者发生当事人约定的实现质权的情形，质权人可以与出质人协议以质押财产折价，也可以就拍卖、变卖质押财产所得的价款优先受偿。质押财产折价或者变卖的，应当参照市场价格。

2. 权利质押

权利质押是指以所有权以外的可让与的财产权利为标的的质权。

（1）权利质押的范围

下列权利可以质押：①汇票、支票、本票；②债券、存款单；③仓单、提单；④依法可以转让的基金份额、股权；⑤可以转让的注册商标专用权、专利权、著作权等知识产权中的财产权；⑥应收账款；⑦法律、行政法规规定可以出质的其他财产权利。

（2）设定方式

在权利质权设定规范中，既有适用于所有权利质权的通则，也有适用具体质权设定的特则。依设押的标的不同，权利质权的设定方式，大体可分为证券权利的设定、股权质权的设定、知识产权质权的设定和应收账款质权的设定。

1）有价证券质权，我国《物权法》第二百二十四条规定，以汇票、支票、本票、债券、存款单、仓单、提单出质的，当事人应当订立书面合同。质权自权利凭证交付质权人时设立；没有权利凭证的，质权自有关部门办理出质登记时设立。

2）基金份额、股权质权，我国《物权法》第二百二十六条规定，以基金份额、股权出质的，当事人应当订立书面合同。以基金份额、证券登记结算机构登记的股权出质的、质权自证券登记结算机构办理出质登记时确立；以其他股权出质的，质权自工商管理行政部门办理出质登记时设立。

3）知识产权质权，我国《物权法》第二百二十七条规定，以注册商标专用权、专利权、著作权等知识产权中的财产权出质的，当事人应当订立书面合同。质权自有关主管部门办理出质登记时设立。

4）应收账款质权，我国《物权法》第二百二十八条第二款规定，以应收账款出质的，当事人应当订立书面合同。质权自信贷征信机构办理出质登记时设立。

（五）留置

留置是指债权人按照合同的约定占有债务人的动产，债务人不按照合同约定的期限履行债务的，债权人有权依法留置该财产，以该财产折价或者以拍卖、变卖该财产的价款优先受偿。例如：甲方为乙方加工服装，乙方不付加工费，依照合同规定，甲方有权留置乙方的服装，可以将这些服装折价或者变卖，所得的价款用于偿还加工费。债权人留置财产后，应当为债务人保留不少于两个月的履行期。该履行期届满，债务人仍未履行，债权人方可以将留置物折价或变卖受偿。

小提示

我国《物权法》将留置物范围仅限定于债务人的动产。不动产是不允许设立留置权的。

（六）定金

定金是指订立合同时为了保证合同的履行，规定由当事人一方先行支付给对方一定数额的货币。债务人履行债务后，定金应当抵作价款或者收回。给付定金的一方不履行约定债务的，无权要求返还定金；收受定金的一方不履行约定的债务的，应当双倍返还定金。定金应当以书面形式约定。当事人在定金合同中应当约定交付定金的期限。定金合同从实际交付定金之日起生效。

三、合同的变更、转让和终止

当合同成立后，合同内容的履行不是绝对不可改变的，经双方当事人协商一致，或者经法院、仲裁庭判裁，可以变更合同内容，如增减给付、延期给付、改变交付地点、改变标的物种类等。

（一）合同的变更

合同的变更是指在合同成立以后至未履行或者未完全履行之前，当事人经过协议对合同的内容进行修改和补充。

《合同法》规定：经当事人协商一致，可以变更合同。法律、行政法规规定变更合同应当办理批准、登记手续的，依照其规定。变更合同示意如图 3-3 所示。

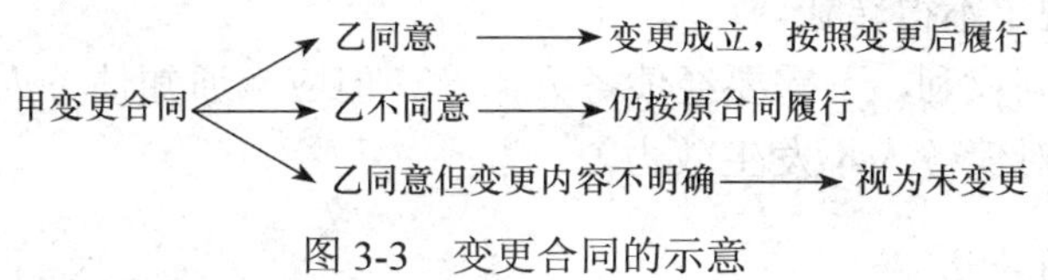

图 3-3　变更合同的示意

当事人需要变更合同时，应及时通知对方，经过双方协商一致达成变更协议后，合同的变更行为一般才算完成。变更合同一般采用书面形式，口头变更合同在任何一方不承认或未有确切证据表明对方同意时，法院不承认。

案例分析

华达贸易商行于 9 月份向某服装厂订购了一批童装，总价值 18 万元。华达贸易商行（需方）预付了货款的 20%，即 3.6 万元，约定年底交货，11 月需方打电话给服装厂（供方）的厂长要求变动一下童装的部分花色，当时厂长不在，接电话的人员草草记下电话内容后，就忘了此事，等到 12 月底供方将童装交给需方时，需方才发现，童装的花色并未变更，仍和合同规定的一样，需方询问供方厂长时，供方说并不知道需方要求变更花色，需方说在 11 月底打过电话。供方接电话之人见闯了祸就矢口否认接过此电话，需方即以供方违约为由拒付货款，供方见要不回货款，即提起诉讼，要求需方承担违约责任，支付货款及违约金。

思考：你认为合同的变更成立吗？

分析提示：需方变更童装花色时只打了个电话，也未签任何书面协议，因此，原合同没有变更。只能以原合同为基础履行，需方在收到货后拒不付款，显然是违约行为。

（二）合同的转让

合同的转让，实际上是合同权利义务的转让，是指合同当事人一方依法将合同权利义务全部或部分地转让给第三人。它包括合同权利的转让、合同义务的转让和合同权利义务的概括转让。

1. 合同权利的转让

合同权利的转让是指债权人将合同的权利全部或者部分转让给第三人。合同权利的转让可以分为全部转让或者部分转让。部分转让的情况，受让的第三人加入合同关系，与原债权人共享债权，因此，原合同债变为多数人之债。

债权人可以将合同的权利全部或部分转让给第三人，但以下几种合同权利不得转让。

1）根据合同性质不得转让。其中包括特定当事人的合同和特定权利义务关系的合同。

2）按照当事人约定不得转让。在订立合同时，当事人约定不得转让合同的权利。

3）依照法律规定不得转让。

债权人转让合同权利，不需要经债务人同意，但应当通知债务人。债权人未履行通知义务的，该转让对债务人不发生效力。

2. 合同义务的转让

合同义务的转让是指债务转由第三人全部承担或者分担。债务人将合同的义务全部或者部分转移给第三人的，应当经债权人同意。债务人转移义务的，新债务人可以主张原债务人对债权人的抗辩。债务人转移义务的，新债务人应当承担与主债务有关的从债务，但该从债务专属于原债务人自身的除外。

3. 合同权利义务一并转让

合同权利义务一并转让是指合同当事人一方将其合同权利和义务一并移转给第三人，由该第三人概括地继受。

在合同权利和义务的一并移转的情形下，债权债务的承受人完全取代原当事人的法律地位，成为合同关系的当事人，与原债权人或者原债务人的利益不可分割的权利，如撤销权、解除权，也一并移转。

补充知识

与合同权利的转让、合同义务的转让一样，合同权利义务的概括转让也可以分为全部的概括转让和部分的概括转让。部分的概括转让可以因对方当事人的同意而确定原当事人和承受人的份额。如无明确约定，在原当事人和承受人之间发生连带关系。合同权利和义务的概括移转可基于法律的规定而发生，例如我国法律规定“企业法人分立、合并，它的权利和义务由法人享有和承担”；也可以基于当事人之间的合同行为而发生，如企业兼并。

根据《合同法》第八十九条规定：“权利和义务一并转让的，适用本法第七十九条、第八十一条至第八十三条、第八十五条至第八十七条的规定。”

（三）合同的终止

合同的终止又称合同的消灭，是指合同当事人双方终止合同关系和合同确立的权利与义务。合同终止，主债权消灭，从债权同时消灭。

1. 合同终止的具体情形

《合同法》第九十一条规定，有下列情形之一的，合同的权利义务终止：债务已经按照约定履行；合同解除；债务相互抵消；债务人依法将标的物提存；债权人免除债务；债权债务同归于一人；法律规定或者当事人约定终止的其他情形。

合同的权利义务终止后，当事人应当遵循诚实信用原则，根据交易习惯履行通知、协助、保密等义务。

2. 合同的解除

合同解除分为约定解除和法定解除。约定解除即指合同成立后，由双方协商而解除合同。

法定解除的情形如下。

1）因不可抗力致使不能实现合同目的。

2）在履行期限届满之前，当事人一方明确表示或者以自己的行为表明不履行主要债务。

3）当事人一方迟延履行主要债务，经催告后在合理期限内仍未履行。

4）当事人一方迟延履行债务或者有其他违约行为致使不能实现合同目的。

5）法律规定的其他情形，如委托合同的委托人或受托人可以随时解除合同。

合同解除后，尚未履行的，终止履行；已经履行的，根据履行情况和合同性质，当事人可以要求恢复原状，采取其他补救措施，并有权要求赔偿损失。

3. 合同的抵消

当事人互负到期债务，该债务的标的物种类、品质相同的，任何一方可以将自己的债务与对方的债务抵消，但依照法律规定或者按照合同性质不得抵消的除外。当事人互负债务，标的物种类、品质不相同的，经双方协商一致，也可以抵消。

4. 合同的提存

提存即指因债权人受领迟延或者债权人不明难以给付，债务人将提存物提交提存机关，从而消灭债务的法律行为。《合同法》第一百零一条规定，有下列情形之一，难以履行债务的，债务人可以将标的物提存：债权人无正当理由拒绝受领；债权人下落不明；债权人死亡未确定继承人或者丧失民事行为能力未确定监护人；法律规定的其他情形。

5. 合同的免除

免除即指债权人向债务人做出免去债务责任的意思表示，债务人表示接受，致使合同终止的双方法律行为。债权人免除债务人部分或者全部债务的，合同的权利义务部分或者全部终止。

6. 合同的混同

混同即指债权与债务同归于一人，即同一个人既是债权人同时又是债务人，在这种情况下，债的关系归于消灭。混同的原因主要有：民法上的继受、商法上的继受和特定继受。债权和债务同归于一人的，合同的权利义务终止，但涉及第三人利益的除外。

四、违约责任

（一）违约责任概念及特征

违约责任是指当事人一方不履行合同债务或其履行不符合合同约定时，对另一方当事人所应承担的继续履行、采取补救措施或者赔偿损失等民事责任。

违约责任有如下特征。

1）违约责任以合同有效存在为前提条件。

2）违约责任是合同当事人不履行合同义务所产生的责任。

3）违约责任是财产责任。违约责任的主要目的在于补偿合同债权人所受的财产损失。因而违约责任是财产责任，对违约方当事人适用的是赔偿损失、支付违约金等财产性民事责任的形式，而不适用于赔礼道歉等非财产性民事责任形式。

补充知识

《合同法》将严格责任原则作为违约责任的一般归责原则。此外，《合同法》分则中的许多规定中也体现了过错责任原则，具体来讲，包括以下两类。

1）根据过错程度来确定违约责任，债务人具有故意或重大过失的，才承担违约责任，这类合同主要是无偿合同。

2）根据过错确定违约责任，如《合同法》第三百零三条规定："在运输过程中旅客自带物品毁损、灭失，承运人有过错的，应当承担损害赔偿责任。"

（二）违约的责任形式

1. 继续履行

继续履行也称强制实际履行，是指违约方根据对方当事人的请求继续履行合同规定的义务的违约责任形式。

继续履行是一种独立的违约责任形式，不同于一般意义上的合同履行。具体表现在：第一，继续履行以违约为前提；继续履行体现了法的强制性；继续履行不依赖于其他责任形式。第二，继续履行的内容表现为按合同约定的标的履行义务，这一点与一般履行并无不同。第三，继续履行以对方当事人（守约方）请求为条件，法院不得径行判决。

继续履行的适用，因债务性质不同而不同。金钱债务只存在迟延履行，不存在履行不能，因此，应无条件适用继续履行的责任形式。对非金钱债务，原则上可以请求继续履行，但下列情形除外：①法律上或者事实上不能履行（履行不能）；②债务的标的不适用强制履行或者强制履行费用过高；③债权人在合理期限内未请求履行（如季节性物品之供应）。

2. 补救措施

采取补救措施是指矫正合同不适当履行（质量不合格）、使履行缺陷得以消除的具体措施。关于采取补救措施的具体方式，我国相关法律作了如下规定：①《合同法》第一百一十一条规定为：修理、更换、重作、退货、减少价款或者报酬等；②《消费者权益保护法》第四十四条规定为：修理、重作、更换、退货、补足商品数量、退还货款和服务费用、赔偿损失；③《产品质量法》第四十条规定为：修理、更换、退货。

注 意

除此之外，应注意以下几点：①采取补救措施的适用以合同对质量不合格的违约责任没有约定或者约定不明确，而依《合同法》第六十一条仍不能确定违约责任为前提；②应以标的物的性质和损失大小为依据，确定与之相适应的补救方式；③受害方对补救措施享有选择权，但选定的方式应当合理。

3. 赔偿损失

赔偿损失在《合同法》上也称违约损害赔偿，是指违约方以支付金钱的方式弥补受害方因违约行为所减少的财产或者所丧失的利益的责任形式。赔偿损失的确定方式有两种：法定损害赔偿和约定损害赔偿。

法定损害赔偿是指由法律规定的，由违约方对受害方因违约而遭受的损失承担的赔偿责任。损失赔偿应当相当于因违约所造成的损失，包括合同履行后可以获得的利益，但不得超过违反合同一方订立合同时预见到或者应当预见到的因违反合同可能造成的损失。

约定损害赔偿是指当事人在订立合同时，预先约定一方违约时应当向对方支付一定数额的赔偿金或约定损害赔偿额的计算方法。它具有预定性、从属性、附条件性。

当事人一方违约后，双方应当采取适当措施防止损失扩大；没有采取适当措施致使损失扩大的，不得就扩大的损失要求赔偿。当事人因防止损失扩大而支出的合理费用由违约方承担。

4. 支付违约金

违约金是指按照当事人约定，一方当事人违反合同时应当根据违约情况向对方支付的一定数量的货币。

约定的违约金低于造成的损失的，当事人可以请求人民法院或者仲裁机构予以增加；约定的违约金过分高于造成损失的，当事人可以请求人民法院或者仲裁机构予以适当减少。当事人就迟延履行约定违约金的，违约方支付违约金后，还应当履行债务。

5. 定金

所谓定金，是指合同当事人为了确保合同的履行，依照法律和合同的规定，由一方按合同标的额的一定比例预先给付对方的金钱。我国《合同法》第一百一十五条规定：当事人可以依照《担保法》，约定一方向对方给付定金作为债权的担保。债务人履行债务后，定金应当抵作价款或者收回。给付定金的一方不履行约定的债务，无权要求返还定金；收受定金的一方不履行约定的债务的，应当双倍返还定金。

当事人在合同中既约定违约金，又约定定金的，一方违约时，对方可以选择适用违约金或定金条款，但两者不可同时并用。

（三）违约责任的免责形式

《合同法》虽然采取严格责任原则，但并不意味着违约方在任何情况下均须对其违约行为负责。在法律规定有免责情形的情况下，违约方可以不承担违约责任或只承担部分违约责任。

我国《合同法》规定的免责事由，主要有三种。

1. 不可抗力

不可抗力是指不能预见、不能避免并不能克服的客观情况，具体包括以下情形：第一，自然灾害，这类不可抗力事件是由自然原因引起的，如旱灾、地震、水灾、火灾、风灾等；第二，政府行为，指当事人订立合同后，因政府颁发新的政策、法律和行政法规导致合同不能履行的情形，同时包括战争行为；第三，社会异常事件，如骚乱等。

根据《合同法》第一百一十七条的规定，因不可抗力不能履行合同的，除法律另有规定外，根据不可抗力的影响部分或全部免除责任。

2. 合理损耗

《合同法》第三百一十一条规定，承运人能证明运输过程中货物的毁损、灭失是货物本身的自然性质或合理损耗造成的，不承担损害赔偿责任，这一免责事由意在平衡承运人与货主间的利益关系，由货主负担货物本身的自然性质、货物合理损耗所导致的损失。

3. 债权人的过错

债权人的过错致使债务人不履行合同，债务人不负违约责任。《合同法》第三百一十一条规定，由于托运人、收货人的过错造成运输过程中的货物毁损、灭失的，承运人不负损害赔偿责任。

案例分析

甲公司于6月5日以传真方式向乙公司求购一台机床，要求立即回复。乙公司当日回复“收到传真”。6月10日，甲公司电话催问，乙公司表示同意按甲公司报价供应机床，要甲公司于6月15日来人签订合同文本。甲公司即对机床使用场地、配套设备及购置资金等做了准备，并于6月15日派人员前往签约，但乙公司提出要加价，未获甲公司同意，乙公司遂拒绝签约。甲公司认为乙公司的行为造成了其为签约谈判花费的差旅劳务费、为准备工作支出的费用及未及时获得机床等损失。

讨论：合同是否成立？为什么？甲公司是否可以要求乙公司承担违约责任？为什么？

小　结

合同是平等主体的自然人、法人、其他组织之间设立、变更、终止民事权利义务关系的协议。当事人依法就合同的主要条款经过要约、承诺两个程序达成一致意见，合同即告成立。依法成立是合同具有法律约束力的前提条件。在合同履行过程中，当事人为了保护自身的合法权益，可以行使抗辩权、代位权和撤销权。双方依法可以对合同变更、转让和终止。

当事人不履行合同义务或者履行合同义务不符合约定时，即构成违约，应当依法承担相应的违约责任。

为了确保交易安全，规范行为秩序，担保法规定了保证、质押、抵押、留置和定金五种担保形式。

总之，《合同法》体现了商品交换运行的客观规律，凝聚了人类社会自有商品交换以来的经验、技巧和方法。作为营销人员，应当掌握这些知识并能运用这些知识到实际工作中。

思 考 题

1．简述合同的概念以及合同与协议、与契约的区别。
2．简述要约的概念及构成要件。
3．简述承诺的表示方式、承诺的期限、承诺的效力。
4．简述格式合同的概念与特点、对格式合同的法律限制。
5．简述缔约过失责任的概念、构成要件。
6．什么是同时履行抗辩权、后履行抗辩权、不安抗辩权？
7．简述撤销权的含义及作用、适用条件。

8. 简述合同转让的条件。

9. 简述违约责任的概念、种类。

案例讨论

1. 2000年4月21日信利商场与丰盛食品公司签订了一份购买苹果果脯5000箱的合同，总价款为50万元人民币，于5月20日之前以代办托运公路、铁路联运方式交付给买方。合同签订后，信利商场即积极筹备货款，银行同意向其提供贷款，但要求其提供担保。信利商场即以两部汽车向银行作了抵押，办理了抵押登记手续。但这两部汽车只值20万元，应信利商场的请求，伟达公司、百利公司及兴发公司共同为该笔贷款提供了保证担保，没有约定各自的保证份额。信利商场于4月28日取得50万元贷款后，即将该款以电汇的方式支付给了丰盛食品公司。

丰盛食品公司于4月30日收到50万元货款，即抓紧组织货源，并于5月8日与汽车运输公司签订运输合同，并将货物交汽车运输公司再转由铁路局快车发运。由于汽车运输公司工作人员的疏忽，5月8日只发运了3500箱，剩下的1500箱直到5月18日才发运。信利商场于5月13日收到第一批3500箱果脯后，经过验收，发现果脯湿度较大，其他方面的质量还可以，遂电报告知丰盛食品公司，一是要求降价20%，二是催告剩余的1500箱果脯按时运到。丰盛食品公司收到电报后，立即告知信利商场，不同意降价，并说明5000箱果脯已同时交汽车运输公司运送信利商场的情况。

5月18日通过慢车发送给信利商场的1500箱果脯，途中恰遇铁路塌方，5月31日才运抵收货站。信利商场鉴于该1500箱果脯迟延到达并已全部发生霉变，拒绝收货。该1500箱果脯全部毁损。

信利商场已收到的3500箱果脯销售情况不好，大部分都积压在仓库中。除了已向银行偿还10万元贷款外，其余部分一直拖延未还。

讨论：

（1）在信利商场向银行偿付10万元的贷款后，伟达公司、百利公司与兴发公司对银行的债权，应承担多少数额的保证责任？

（2）银行应当如何行使对伟达公司、百利公司和兴发公司3个保证人所享有的权利？

（3）假设伟达公司向银行偿还了15万元的贷款，则伟达公司取得哪些权利？

（4）对于1500箱果脯毁损的损失，谁有权提出索赔的请求？为什么？

（5）对于1500箱果脯毁损的损失，应当向谁提出赔偿损失的请求？

（6）假设银行实现抵押权时，法院拍卖两部汽车仅得款15万元，请问，该汽车抵押价值数额应为20万元，还是15万元？为什么？

2. 2001年7月1日，A公司与B银行签订了2000万元的借款合同。根据借款合同的约定，借款期限为2001年7月1日~2001年12月31日。根据B银行的要求，C公司作为A公司的保证人与B银行签订了保证合同。根据保证合同的约定，C公司为连带保证人，但双方未约定保证期间。

2001 年 9 月 1 日，A 公司与 B 银行经协商，将借款数额由 2000 万元增加到 2500 万元，同时将还款期限变更为 2002 年 3 月 31 日，但双方变更借款合同未征得 C 公司的书面同意。

2002 年 4 月 1 日，A 公司不能偿还到期借款，B 银行于 2002 年 4 月 10 日书面通知 A 公司偿还借款本息，当日遭到 A 公司的拒绝。2002 年 7 月 15 日，B 银行要求 C 公司承担保证责任，遭到 C 公司的拒绝。

B 银行经调查得知，A 公司怠于行使对 D 公司的到期债权 1000 万元，B 银行于 2002 年 8 月 10 日提起代位权诉讼，请求人民法院判定由 D 公司向 B 银行支付 1000 万元。人民法院经审理，裁定 B 银行胜诉，诉讼费用 10 万元由 A 公司负担。A 公司的债权人 E 银行得知后，向 B 银行提出按照各自的债权比例分配 D 公司偿还的 1000 万元，遭到 B 银行的拒绝。

讨论：

（1）B 银行如对 A 公司提起诉讼，其具体的诉讼时效期间是什么？并说明理由。

（2）C 公司拒绝承担保证责任是否符合有关法律规定？并说明理由。

（3）E 银行的主张是否成立？并说明理由。

（4）人民法院裁定诉讼费用由 A 公司负担是否符合法律规定？并说明理由。

实 训 项 目

实训目的：

了解订立合同的程序，掌握合同主要条款与履行合同的基本知识，提高依法订立合同的能力。

实训方式：

模拟商务谈判，并签订买卖合同和房屋租赁合同。

实训背景资料：

西饼屋生意越来越好，准备开设一家分店，于是他们看好坐落于城西的一处大约 60 平方米的临街房。经过和房东商谈，签订了一份租期 3 年的房屋租赁合同。

现在赵天天他们拥有了两家“西饼屋”，并且又有了新投资人加入，他们对未来充满了信心。由于两个“西饼屋”每个月消耗面粉大约 400 斤、豆油 320 斤、鸡蛋 180 斤。还有奶油、黄油、香精等原料。为了保证明年每月所需面粉、豆油、鸡蛋等原料的供应，也是为了价格的便宜，2009 年 12 月底，赵天天代表西饼屋和升达粮油供应商签订了一份面粉、豆油、鸡蛋的买卖合同。双方所签合同的大致内容如下：“面粉 4 袋、豆油 32 桶，鸡蛋 18 箱。每月 1 日送货，货到付款。”合同签订后，赵天天他们没有仔细研究合同内容，就将合同放在抽屉里。

实训内容：

1．查找粮油买卖合同中的问题，之后，重新起草一份粮油买卖合同。

2．签订一份房屋租赁合同。

实训要求：

学生分组，分别扮演西饼屋的投资人、粮油供应商、房屋出租方，双方经过谈判，签订粮油供应合同和房屋租赁合同。然后小组派代表解释本小组的合同书。其他小组同学给予评价，最后老师就各小组完成情况进行总结发言，评定各小组成绩。

知识拓展

请同学们课后阅读以下书籍和法条：

[1]《中华人民共和国合同法》，1999 年 3 月 15 日中华人民共和国第九届全国人民代表大会第二次会议通过，1999 年 10 月 1 日起施行。

[2]《中华人民共和国物权法》，2007 年 3 月 16 日中华人民共和国第十届全国人民代表大会第五次会议通过，2007 年 10 月 1 日起施行。

[3] 江平，李国光．2007．物权法核心法条分类适用研究．北京：人民法院出版社。

[4] 隋彭生．2007．合同法要义．北京：中国政法大学出版社。

[5]《中华人民共和国担保法》，1995 年 6 月 30 日中华人民共和国第八届全国人民代表大会常务委员会第十四次会议通过，1995 年 10 月 1 日起施行。

第四章

营销过程法规实务（下）

竞争是一种市场行为，是经营者之间所发生的以实现利益最大化为目的而采取的行为。在竞争推动市场经济发展的同时，一些违背商业道德、置消费者利益于不顾的不正当竞争行为，也相继随之而来。因此，应制止不正当竞争行为，规范生产者、经营者的广告等营销行为。《广告法》、《反垄断法》、《消费者权益保护法》、《反不正当竞争法》等法律制度是国家干预经济生活的主要依据。

1. 描述广告的概念和要素，能够识别广告与其他信息传递方式的区别。
2. 熟悉广告活动主体的义务，即依法开展广告活动。
3. 识别垄断行为及垄断行为的法律后果。
4. 能够区分不正当竞争行为的类型，明确不正当竞争行为人应承担怎样的法律责任。
5. 能够描述消费者的权利，消费者维权诉讼应注意哪些问题。
6. 掌握电子合同的订立及效力，在实践中会应用电子合同。

第一节 广 告 法

案例导入

2002年，湖北移动通信有限责任公司××分公司（以下简称××移动公司）与某日报社下的××晚报合办了一个栏目，用于××移动公司企业的形象宣传。该栏目在第16期中，未经许可使用了梅某原在《××日报》上发表的文章《“×××”连着山里的家》，且未署名。梅某发现后，认为××移动公司与××晚报侵犯了其依法享有的著作权，且合办栏目的性质是一种商业广告性质，即与××晚报联系。因双方多次交涉未果，梅某遂于2003年7月26日向法院起诉。诉讼过程中就××晚报刊发该文章是否属于商业广告，双方当事人争议很大。一审法院经审理查明，××移动公司与××晚报合办栏目，目的是用于××移动公司的企业形象宣传，××移动公司为此支付宣传费一万元。该栏目标明为××晚报广告部主办。

问题：什么是商业广告？对企业形象的宣传是否为商业广告？企业在营销活动中运用广告策略应当遵守哪些法律规定？

一、广告及广告法概述

（一）广告的概念

广告源于拉丁语adventure，有“注意”、“诱导”、“大喊大叫”和“广而告之”之义。广告是商品经济发展的产物，作为一种信息传递活动，它是企业在营销活动中普遍应用的一种促销手段。在广告的漫长的历史中，人们对广告的概念作了很多不同的界定。早期人们通常把凡是以说服方式（包括口头、文字和图画等）、有助于商品和劳务销售的公开宣传，都称之为广告，这是广义的广告。现在，人们通常把广告的概念进一步界定，形成狭义的广告概念，即广告主有偿地通过一定的媒体或形式向社会或公众传播商品、劳务、服务或其他信息的特殊宣传活动。

广告的构成需要具备以下四方面要素。

1）广告主，即自行或委托他人设计、制作、发布广告的企事业单位、机关、团体或公民。广告主是在广告活动中处于决定地位的主体，是广告的主人。没有广告主的广告需求，也就没有了广告活动。

2）广告信息，即广告的内容。广告必须要有被传播的内容。广告的信息内容包括商品、劳务、服务及其他信息。任何广告都要通过传递特定的信息来实现广告发布的目的。

3）广告媒介或形式。广告的信息传递需要依托一定的载体，即借助于一定的媒介或形式才能实现。广告媒介是广告信息传递的工具，一切能刊载广告作品的物质或形式都是广告媒介。广告媒介包括广播、电视、报纸等大众媒介和路牌、张贴、直邮等自筹式传播媒介。另外，广告还可通过体育比赛、文艺演出等形式传播。

4）广告费用，即设计、制作、发布广告的费用。广告活动是一种经济活动，付费则是广告经济性质的主要标志。广告的经营者和发布者属于提供劳务的生产性企业，他们对广告的设计、制作、发布的劳动能为广告主带来收益，因此这部分劳动的补偿需要广告主承担。

小观点

广告费用是广告与其他信息传播相区分的主要依据。例如，1984 年美国总统里根访华，北京长城饭店则开业不久，按惯例应在人民大会堂宴会厅举行的贵宾答谢宴会改在长城饭店举行。随之，长城饭店的名字连同这次答谢宴会的新闻报道一起传遍了世界各地。这是一次成功的企业营销活动，但不是广告活动。因为长城饭店并未交付广告费给各新闻媒介单位，只是利用新闻报道获取了广告效果。

（二）广告的分类

广告的内容十分广泛，按其传播的内容可以分为商业广告和社会广告两大类。我国《广告法》所规范的广告指的是商业广告，即由商品经营者或者服务提供者承担费用，通过一定媒介和形式直接或者间接地介绍自己所推销的商品或者所提供的服务的广告。商业广告以实现一定的经济利益为目的，具有营利性。商业广告以外的其他广告均可称为社会广告，包括政府公告、公益广告、公民个人的广告等。与商业广告相比，社会广告具有非商业性和非营利性特征。我国《广告法》之所以将商业广告作为规范的对象，主要是考虑到商业广告在市场经济中的普遍性应用，以及其对经济秩序和消费者权益的重要性影响。

（三）广告法的概念和体系

由于广告对社会生活的渗透作用和影响力十分巨大，因而通过法律手段来规范广告活动和广告监督管理就显得尤为重要。广告法是调整广告关系的法律规范的总称。它既是广告主、广告的经营者、发布者进行广告活动的行为规范，也是广告监督管理机关实施监督管理的规范。我国调整广告关系的基本法是1994年10月颁行的《广告法》。《广告法》的调整对象侧重于商业、服务型广告，但作为我国历史上第一部全面规范广告内容及广告活动的法律，其力度和涵盖面是其他广告法规所不能比拟的，是我国调整广告内容及广告活动的基本大法。

伴随着我国广告行业的蓬勃发展和我国法制建设的日趋完善，我国广告法律体系的基本结构已经形成，包括：第一，调整广告关系的基本法《广告法》，这是我国广告法律体系的核心。第二，《广告管理条例》。由于其对商业广告和非商业广告未作区分，因而对非商业广告也是适用的，可以解决社会类、公共类广告的管理问题，所以对于弥补《广告法》的不足起到了重要作用。第三，为了保证《广告法》的贯彻实施，国家工商总局单独或会同有关部门制定了《广告管理条例实施细则》、《酒类广告管理办法》等20多个行政规章和规定，涉及广告经营资格、广告发布标准、广告收费管理、户外广告管理、特殊商品或服务广告的管理等多方面内容。第四，各地省级政府和工商局制定的地方性广告管理法规、规章20多项。在我国地区之间广告业发展不平衡、广告管理基础不尽一致的情况下，这些地方性广告法规、规章对于有针对性地解决本地区的实际问题发挥着重要的作用，是广告法律、行政法规、部门规章的有益补充。第五，广告行业自律规则。如中国广告协会制定的《中国广告协会自律规则》、《广告宣传精神文明自律规则》等。

小提示

广告法可以分为狭义的广告法和广义的广告法。狭义的广告法，也叫形式意义上的广告法，专指《中华人民共和国广告法》。广义的广告法，也叫实质意义上的广告法，指一切规范广告的法律规范。除《中华人民共和国广告法》之外，还包括其他法律中关于广告的规定、有关广告的行政法规、规章、司法解释等。

（四）广告法的调整对象

广告法的调整对象是广告关系，包括两大类关系。

1）横向关系，即广告主、广告的经营者和发布者在进行广告活动的过程中相互间发生的民事法律关系。广告需要准确无误地把信息传递给广告受众，需要委托具有广告专业技能的广告经营者为其设计、制作广告，并通过广告发布者将广告信息传播出去。同时，广告经营者、发布者相互之间也存在一定的分工和合作关系。因而广告主、广告经营者、广告发布者相互之间存在以经济为内容的民事法律关系。这些关系通常具有自愿、平等、等价、有偿的特点，主要体现为广告合同关系。

2）纵向关系，即广告管理关系，是指国家广告管理机关依法对广告活动的全过程实施管理的过程中与广告主、广告的经营者和发布者之间存在的行政法律关系。包括广告审查和广告监督两方面的内容。广告法律、法规是国家依法实施广告管理的依据和准则，广告审查和广告监督也有利于保证广告的质量、维护消费者合法权益和维护正常的经济秩序。

二、广告准则

广告准则是指发布广告的基本标准和要求。广告准则是一切广告都应当遵守的发布标准，是判断广告能否发布的依据。广告准则是对广告发布形式和内容的限制和要求，包括所有广告都应遵守的一般准则和对特殊商品适用的特殊准则。

小提示

虽然我国《广告法》中的广告指的是商业广告、服务性广告，但其中的广告准则对我国的所有广告活动和广告内容都具有根本的规范指导作用，所以《广告法》中的广告准则对商业广告以外的其他广告也适用。

（一）广告内容的一般准则

1. 真实

真实即广告中传递的有关商品或服务的信息应当是客观、真实的，不得含有虚假的内容，欺骗和误导消费者。广告应当以事实为根据，对商品和服务的介绍应当实事求是，不能夸大宣传、美化过度，广告中对商品和服务的承诺应当保证兑现。我国《广告法》第三条规定："广告应当真实、合法，符合社会主义精神文明建设的要求。"第四条规定："广告不得含有虚假的内容，不得欺骗和误导消费者。"第十条规定："广告使用数据、统计资料、调查结果、文摘、引用语，应当真实、准确，并表明出处。"第十一条规定："广告中涉及专利产品或者专利方法的，应当标明专利号和专利种类。未取得专利权的，不得在广告中谎称取得专利权。禁止使用未授予专利权的专利申请和已经终止、撤销、无效的专利做广告。"

2. 准确、清晰

准确、清晰即广告中传递的有关商品或服务的信息应当准确无误、清楚明白，不能含糊其词或模棱两可。广告内容如果不准确．不清楚则会使广告的内容违背真实性或产生歧义使消费者发生误解。《广告法》对广告内容准确、清晰的一般要求主要体现在第九条和第十一条。"广告中对商品的性能、产地、用途、质量、价格、生产者、有效期限、允诺或者对服务的内容、形式、质量、价格、允诺有表示的，应当清楚、明白。广告中表明推销商品、提供服务附带赠送礼品的，应当标明赠送的品种和数量。""广告使用数据、统计资料、调查结果、文摘、引用语，应当真实、准确，并表明出处。"

案例分析

2006 年“世界杯”期间，劲霸男装的广告在 CCTV-1、CCTV-2、CCTV-5 上热播。电视画面上，俊朗的男模腾空飞射，一只足球穿越球门，从法国巴黎的卢浮宫飞出，绕过贝聿铭设计的透明金字塔，最终在荧屏上定格为“劲霸男装”四个大字，画外音起“劲霸男装，入选卢浮宫的中国男装品牌”。该广告一经播出即遭到质疑：“入选卢浮宫”是什么含义？谁将“劲霸男装”选入了卢浮宫？赫赫有名的卢浮宫为何要把一个中国品牌的服装“选”入？难道作为世界最大的博物馆之一的卢浮宫又增加了“服装”展览的项目？据有关媒体报道，2003 年 10 月，在巴黎卢浮宫的勒诺特大厅“上演”了中法文化年开幕式的“重头戏”——“多彩中华——中华民族服饰展演”。这台服装表演秀，展示了中国 56 个民族的传统服饰。“劲霸男装”参与了这次演出，在“时尚·现代”系列部分，十多位男模展示了“劲霸男装”的“夹克秀”。劲霸夹克就是在这一过程中“入选卢浮宫”的。该广告在播出时，没有交代清楚这一背景，从而使广告内容“不清楚、不明白，可能造成误解”，涉嫌违反《广告法》第九条的规定。商家在意识到这一问题之后，立即对广告语进行了调整，在广告画面原有的“入选卢浮宫的中国男装品牌”前加上了“2003 年中法文化年中华民族服饰展演”的解释语。

思考：商家的违规广告将带来什么样的影响？

分析提示：违规的广告认定是从播出的广告看，商家存在略去时间、背景、事由等细节而让观众产生误解的主观故意。从广告法的角度，没有达到广告应“清楚、明白，不造成误解”的法定要求。广告语“不清楚、不明白，可能造成误解”将带来两方面的问题。一则消费者可能误以为该产品是受过卢浮宫方面严格审查的品牌，可信度高。商家借此激发消费者的购买欲。二则这种误解对于同业竞争对手而言，意味着不公平。对此，商家应及时纠正。

3. 合法

合法即广告的内容应当符合法律的规定，特别是不违反法律的禁止性规定。我国《广告法》第七条对广告内容合法性的总的要求是：“广告内容应当有利于人民的身心健康，促进商品和服务质量的提高，保护消费者的合法权益，遵守社会公德和职业道德，维护国家的尊严和利益。”同时，该条第二款又通过明确列举的方式对广告内容作了如下禁止性规定。

1）不得使用中华人民共和国国旗、国徽、国歌。国旗、国徽和国歌是一个国家的象征和标志，如果用在商业广告中有损于国家主权和尊严。《中华人民共和国国旗法》、《中华人民共和国国徽法》中都规定了国旗、国徽、国歌不得用于商标和广告，《广告法》对此又予以明确。

2）不得使用国家机关和国家机关工作人员的名义。国家机关及其工作人员是依法行使管理国家事务权利的机构和个人，其名义代表着国家的利益和形象。国家机关包括立法、司法、行政机关。使用国家工作人员的名义，包括使用其言论、形象、题词等。例如：某酒厂在其广告语中使用“市政府接待专用酒”，即属于违法的广告。

3）不得使用国家级、最高级、最佳等用语。国家级、最高级、最佳等用语是一种绝对化用语，容易使消费者产生误解，也会贬低同类产品。例如某洗衣产品称自己“洗衣粉，洁力最强”，某感冒药称自己“全国播音员首选感冒用药”，是否是“最强”、“首选”无从判断，也过于绝对化，不符合事物的发展规律。

4）不得妨碍社会安定和危害人身、财产安全，损害社会公共利益。我国《宪法》第二十八条明确规定，“国家维护社会秩序，镇压叛国和其他反革命的活动，制裁危害社会秩序、破坏社会主义经济和其他犯罪的活动，惩办和改造犯罪分子。”因此，广告中不得含有妨碍社会安全和危害人身、财产安全或者损害社会公共利益的内容。

5）不得妨碍社会公共秩序和违背社会良好风尚。良好的社会公共秩序和树立良好的社会风尚，是我国社会主义精神文明建设的一个重要内容，而《广告法》的第三条中也明确规定广告必须符合社会主义精神文明建设的要求，所以广告中不得含有妨碍社会公共秩序和违背社会良好风尚的内容。

案例分析

一家企业为能吸引游客，将“腐败休闲游”用到了旅游广告之中，并将这则用语不规范的广告登上了报纸。对此，工商所立即查处并叫停。上海某贸易有限公司委托报纸发布的广告，他们以“悠游俱乐部”的名义组织和推广多条户外旅游路线，在对个别旅游路线作宣传时，使用了“三山岛腐败休闲之旅”、“典型的腐败休闲线路”、“腐败套餐”等用语。其实“腐败休闲游”的说法对于一些喜欢旅游的中国市民并不陌生，意指一种较为休闲、放松的旅游方式。

思考：“腐败休闲游”为什么被叫停？

分析提示：这些不规范的用语登上报纸，堂而皇之地成为广告语后，违背善良风俗和道德观念，违反了《广告法》的相关规定。广告法规定，广告内容应当遵守社会公德和职业道德，不得含有违背社会良好风尚的内容。

6）不得含有淫秽、迷信、恐怖、暴力、丑恶的内容。淫秽、迷信、恐怖、暴力、丑恶的东西不利于人的精神健康，是与社会主义精神文明建设格格不入的。因此，广告中不得含有淫秽、迷信、恐怖、暴力、丑恶的内容。

7）不得含有民族、种族、宗教、性别歧视的内容。我国《宪法》中规定，“中华人民共和国各民族一律平等”、“禁止对任何民族的歧视和压迫”、“中华人民共和国年满18周岁的公民，不分民族、种族、性别、职业、家庭出身、宗教信仰、教育程度、财产状况、居住期限，都有选举权和被选举权”、“中华人民共和国公民有宗教信仰自由”等。这表明，在我国，公民不分民族、种族、性别、宗教信仰等，都一律平等，不得歧视。因此，广告中不得含有民族、种族、宗教、性别歧视的内容。

某厂为其“少林”牌火腿促销使用的广告语为：“少林功夫无敌天下，少林火腿名扬中华”。用“少林”这个有特定意义的词作为商标和广告，并且用在火腿上是对少林寺的宗教信仰的不敬，也侵犯了少林寺的名誉权。

8）不得妨碍环境和自然资源保护。环境和资源保护是社会生存和可持续发展的前提条件。我国《宪法》规定，“国家保护和改善生活环境和生态环境，防治污染和其他公害”、“国家保障自然资源的合理利用，保护珍贵的动物和植物。禁止任何组织或者个人用任何手段侵占或者破坏自然资源”。为了更好地保护环境和合理利用自然资源，我国还陆续出台了《中华人民共和国环境保护法》、《中华人民共和国大气污染防治法》、《中华人民共和国水污染防治法》、《中华人民共和国海洋环境保护法》等法律，对环境保护和自然资源的保护作了具体的规定。因此，广告中不得含有妨碍环境和自然资源保护的内容。

9）不得使用法律、行政法规规定禁止的其他情形。其他情形是指除《广告法》以外的其他法律、行政法规规定的情况，如《中华人民共和国妇女权益保障法》第四十二条规定，妇女的肖像权受法律保护。未经本人同意，不得以营利为目的，通过广告、商标、展览橱窗、报纸、期刊、图书、音像制品、电子出版物、网络等形式使用妇女肖像。”其他法律、行政法规规定禁止的情形，广告也不得使用。

另外，《广告法》第八条还规定：“广告不得损害未成年人和残疾人的身心健康。”未成年人是指“未满 18 周岁的公民”。残疾人，通常指生理或心理上有一定缺陷的人。广告不得损害未成年人和残疾人的身心健康，包括广告中不得含有损害未成年人和残疾人的身心健康的内容、表现形式上不得具有损害未成年人和残疾人身心健康的形象等。

《广告法》第十二条规定：“广告不得贬低其他生产经营者的商品或者服务。”贬低，是指给予不公正的评价。含有贬低内容的广告通常是对同类商品或者服务进行不公正的评价。这是损害对手合法权益的不正当竞争行为，破坏了社会主义市场经济的竞争秩序，因而应当予以禁止。

（二）广告形式的一般准则

广告形式的一般准则即广告法对广告形式上的一般要求。其主要包括两方面内容。

1. 广告应当具有可识别性

广告作为一种介绍和推销商品或服务的形式，有其自身的特点。广告具有可识别性，标准在于能够使消费者辨认其为广告。《广告法》第十三条也规定：“通过大众传播媒介发布的广告应当有广告标记，与其他非广告信息相区别，不得使消费者产生误解。”广告具有可识别性，对于广告监督管理来讲，也具有重要的意义。具有可识别性的广告，有利于广告监督管理机关能够及时、准确地依法对其实施监督管理。

2. 大众传媒不得以新闻的形式发布广告

新闻，是指公开传播新近变动事实的信息。同是传递一定的信息，新闻与广告之间的区别在于：新闻是无偿的，广告是有偿的；新闻的目的是为了传播某种事实的信息，而广告的目的是为了推销某种商品或者服务。以新闻报道的形式发布的广告为新闻广告，它混淆了新闻和广告的界限，使新闻商品化，损害了新闻固有的客观、中立性，影响了新闻事业的健康发展，因而应当予以禁止。

（三）特殊商品广告的准则

对于一些涉及人身、财产安全的特殊商品的广告，《广告法》依据我国的现实情况，结合国外的先进立法经验，对药品、医疗器械、农药、化妆品、食品、烟、酒等商品的广告作了特殊要求。

小提示

广告的一般准则是《广告法》对所有商品或服务的广告的一般要求，而特殊商品广告准则则是《广告法》对特殊商品广告的特别要求。对于特殊商品广告，既要符合广告的一般准则，也要符合法律的特殊要求。

1. 药品、医疗器械广告的特殊准则

药品是指用于预防、治疗、诊断人的疾病，有目的地调节人的生理机能并规定适应症、用法和用量的物质，包括中药材、中药饮片、中成药、化学原料药及其制剂、抗生素、生化药品、放射性药品、血清疫苗、血液制品和诊断药品等。医疗器械是指用于人体疾病诊断、治疗、预防，调节人体生理功能或替代人体器官的仪器、设备、装置、器具、植入物、材料及其相关物品。药品和医疗器械与人体健康和生命安全息息相关，属于国家实行特殊管理的产品，所以，《广告法》对药品和医疗器械的广告内容作了专门的规定。

（1）药品、医疗器械广告内容的禁止性规定

药品、医疗器械广告不得有下列内容。

1）含有不科学的表示功效的断言或者保证的。例如，在广告语中使用“包治百病”、“药到病除”、“保证治愈”等。

2）说明治愈率或者有效率的。因为药品或者医疗器械的疗效取决于药品和医疗器械本身以及患者本人的身体状况、得病原因等诸多因素，所以不存在固定不变的治愈率或者有效率。

3）与其他药品、医疗器械的功效和安全性比较的。由于药品和医疗器械往往是针对某种、某类病情生产的，所以不同的药品和医疗器械适用于不同的病症，即使是同类的药品和医疗器械，所适用的情况也是有差异的，所以不同的药品和医疗器械之间往往难以进行比较。如果在广告中与其他药品、医疗器械的功效和安全性进行比较，很容易产生误导患者的后果。

4）利用医药科研单位、学术机构、医疗机构或者专家、医生、患者的名义和形象作证明的。医药科研单位、学术机构、医疗机构或者专家、医生，是专门从事医学研究和医疗工作的单位和人员，在人们的心目中具有很高的权威，而患者现身说法式的宣传

对病人的影响力也是巨大的，所以利用这些单位和人员的名义和形象进行宣传，容易产生误导作用，使虚假广告具有欺骗性和隐蔽性。

5）法律、行政法规规定禁止的其他内容。

（2）药品广告的内容依据和忠告性语言

1）药品广告的内容必须以国务院卫生行政部门或者省、自治区、直辖市卫生行政部门批准的说明书为准。为了防止由于药品宣传不当造成滥用、乱销的后果，《广告法》要求药品广告中介绍药品的成分、功能、适应症（主治）、用量、服法、禁忌症、不良反应等内容，而且必须与卫生行政部门批准的说明书中内容一致，不能擅自更改说明书的内容。

2）国家规定的应当在医生指导下使用的治疗性药品广告中，必须注明“按医生处方购买和使用”。为了保障人民的身体健康和安全，1992年国家工商行政管理局和卫生部发布的《药品广告管理办法》第十五条规定，利用电视、广播、报纸、杂志和其他印刷品以及路牌发布推荐给个人使用的药品广告，广告内容中必须标明对患者的忠告性语言“请在医生指导下使用”。《广告法》对此又予以重申和明确。

（3）特殊药品不得做广告

《广告法》规定“麻醉药品、精神药品、毒性药品、放射性药品等特殊药品，不得做广告。”麻醉药品是指连续使用后易产生身体依赖性、能成瘾癖的药品。麻醉药品包括：阿片类、可卡因类、大麻类、合成麻醉药类及卫生部指定的其他易成瘾癖的药品、药用原植物及其制剂。精神药品是指直接作用于中枢神经系统，使之兴奋或抑制，连续使用能产生依赖性的药品。精神药品包括安钠咖、强痛定、氨酚待因片、复方樟脑酊等。毒性药品指毒性剧烈、治疗剂量与中毒剂量相近，使用不当会致人中毒或死亡的药品。毒性药品的管理品种，由卫生部会同国家医药管理局、国家中医药管理局规定。放射性药品是指用于临床诊断或者治疗的放射性核素制剂或者其标记药物。麻醉药品、精神药品、毒性药品、放射性药品等属于特殊药品，具有两重性，使用得当，可以治病救人，使用不当，将危害人民的生命健康。鉴于这些特殊药品的特点以及由国家对其实施特殊管理，所以《广告法》规定特殊药品不得做广告。

2. 农药广告的特殊准则

农药是指用于防治农、林、牧业的病、虫、杂草和其他有害生物以及调节植物生长的农药品种（包括化学农药的原药和加工制剂及生物农药）。农药是防治病虫害或调节生长、保证农业丰收的重要生产资料。为了加强农药管理，《广告法》对农药广告的内容提出了禁止性要求，农药广告不得有下列内容：第一，使用无毒、无害等表明安全性的断言的；第二，含有不科学的表示功效的断言或者保证的；第三，含有违反农药使用规定的文字、语言或者画面的；第四，法律、行政法规规定禁止的其他内容。

3. 烟草广告的特殊准则

烟草广告是指烟草制品的生产者、经营者有偿地通过一定的媒介和形式直接或者间接地介绍自己所生产或经营的烟草制品的广告。《中华人民共和国烟草专卖法》中规定烟草制品是指卷烟、雪茄烟、烟丝、复制烟叶。烟草业涉及国家财政收入和国民经济发展，也影响着人民群众的身心健康。吸烟有害健康已成为社会公众普遍达成的共识。各国政府都通过各种途径广泛宣传吸烟的害处，并采取各种禁止或者限制措施。1989 年世界卫生大会在世界卫生组织 33、35 号决议中号召全面禁止烟草广告。我国是一个烟草产业大国，考虑到我国的现实情况，全面禁止烟草广告尚难以实现，而烟草广告又对社会公众，特别是青少年健康有不利影响，因而《广告法》对烟草广告作出了以下限制性规定。

1）禁止利用广播、电影、电视、报纸、期刊发布烟草广告。这五类媒介传播信息速度快、涉及面广、影响力大。《广告法》禁止使用这五种传媒发布烟草广告有利于缩小烟草广告不良影响的范围。

2）禁止在各类等候室、影剧院、会议厅堂、体育比赛场馆等公共场所设置烟草广告。在公共场所吸烟会使不吸烟的人的健康也受到损害，因而是不道德的，造成的危害也是很大的，所以世界各国都不同程度地对在公共场所吸烟进行限制，有些国家对在公共场所作烟草广告也是禁止的。

3）烟草广告中必须标明“吸烟有害健康”。“吸烟有害健康”这一警语已为全世界所接受，世界上大多数国家的立法都要求在香烟的包装上标明这一警语。《中华人民共和国烟草专卖法》中规定，卷烟、雪茄烟应当在包装上标明“吸烟有害健康”。烟草广告中必须标明“吸烟有害健康”这一警语，使在宣传烟草的同时，也给包括烟民在内的全体社会公众以善良的忠告。

4. 食品、酒类、化妆品广告的特殊准则

食品包括各种供人食用的或者饮用的成品和原料，但不包括以治疗为目的的药品。酒是食品的一种，酒在一定的条件下会损害人的身体健康，因此它是一种特殊的食品，为了突出其特殊性，《广告法》专门将酒单独列出。化妆品是指以涂擦、喷洒或者其他类似的办法，散布于人体表面任何部位，以达到清洁、清除不良气味、护肤、美容和修饰目的的日用化学工业产品。由于食品、酒类、化妆品与人们生活密切相关，直接关系到人们的身体健康和生命安全。因而《广告法》对食品、酒类、化妆品的广告提出了特殊的要求。

1）食品、酒类、化妆品广告的内容必须符合卫生许可的事项。这就要求：广告的内容应当符合卫生行政部门或者卫生行政部门认可的检验单位出具的产品检验合格证明中记载的事项。这是食品、酒类、化妆品广告的内容必须符合卫生许可事项的最重要的内容。检验合格证明是食品、酒类、化妆品经卫生行政部门或者卫生行政部门认可的检验单位依据有关法律、法规以及食品、化妆品卫生标准，按照一定的程序进行检验，对于合格食品、酒类、化妆品出具的证明。此外，广告内容中涉及的广告主的名称（或姓名）、法定代表人、经营场所等事项也应当与卫生行政部门颁发的卫生许可证记载的事项相符。

2）食品、酒类、化妆品广告不得使用医疗用语或者易与药品混淆的用语。首先，在广告中不得使用医疗用语，这主要是要求在食品、酒类、化妆品广告中禁止宣传疗效；其次，在广告中不得使用与药品相混淆的用语，如将某某食品称为“祖传秘方”等，因

为在消费者的观念中，“祖传秘方”一般指药品的配方。

三、广告活动

（一）广告活动特征

一则广告从其产生过程来看，首先是广告主为了促销或树立品牌、宣传企业形象等目的而产生了广告需求，然后广告主为了实现这种需求而自己或委托他人设计、制作广告，并通过广告经营者、发布者传播广告。在这个过程中，广告主、广告经营者、广告发布者设计、制作、发布广告的一系列行为就是广告活动。其基本特征如下所述。

1. 广告活动的主体是广告主、广告经营者和广告发布者

广告法既规范广告活动，也规范广告监督管理机关、广告审查机关对广告活动的监督、审查。广告监督机关、广告审查机关所实施的监督、管理、审核的活动不属于广告活动，广告监督机关、广告审查机关也不是广告活动的主体。

2. 广告活动的性质是民事活动

广告活动包括广告的设计、制作和发布。广告主自行或委托他人设计、制作，广告发布者接受委托发布广告，都是平等主体之间的民事交往活动，以实现特定的经济利益为目的。

3. 广告活动是法律行为，广告活动主体必须依法进行活动

广告活动是一种受法律调整的行为，广告活动的主体从事广告活动不得违反广告法以及其他法律的规定，否则要承担相应的法律责任和受到法律制裁。

小提示

广告活动专指广告主自行或委托他人设计、制作、发布广告的活动，其活动主体为广告主、广告经营者和广告发布者。有关行政机关的广告审查、监督活动不属于广告活动。

（二）广告活动规范

《广告法》第三章共 14 条（二十至三十三条），对广告活动主体的行为规范做了规定，其基本内容包括广告活动主体的义务、禁止发布广告的商品和服务以及户外广告三个方面。

1. 广告活动主体的义务

（1）依法订立广告合同

广告合同是广告活动主体之间从事广告活动时，为实现一定目的、明确相互间权利

义务而订立的协议。《广告法》第二十一条规定："广告主、广告经营者、广告发布者之间在广告活动中应当依法订立书面合同，明确各方的权利和义务。"这就要求：第一，广告合同应当依法订立。订立广告合同必须符合法律、法规的规定。比如订立广告合同的主体必须具有合法的资格；广告合同的内容不能违反广告准则等。第二，订立广告合同应当采用书面形式。合同的形式包括书面和口头两种方式。为了避免广告纠纷和加强对广告活动的监督管理，广告合同的订立必须采用书面形式。第三，订立广告合同时应明确各方的权利和义务。即合同中关于各方的权利义务应当是明确的，避免含糊和不清楚。这也有利于合同的履行和避免纠纷。

（2）禁止不正当竞争

《广告法》第二十一条规定："广告主、广告经营者、广告发布者不得在广告活动中进行任何形式的不正当竞争。"不正当竞争是指经营者损害其他经营者合法权益、扰乱社会经济秩序的行为。我国《反不正当竞争法》规定了 11 种不正当竞争行为，广告活动主体不仅不得从事这 11 种不正当竞争行为中的任何一种，也不得以任何其他的手段实施不正当竞争，广告内容也不得包含任何不正当竞争的内容。

案例分析

2005 年 11 月初，"五谷道场"的非油炸方便面的产品广告几乎在一夜之间充斥电视、平面媒体。广告中，产品代言人陈宝国一身"大宅门"里的白七爷装扮，将仆人端上来的一碗油炸方便面一巴掌掴开，"我不吃油炸的方便面！"随后拿起五谷道场的非油炸方便面说道："这才是非油炸的健康方便面！"画面最后定格在"拒绝油炸、还我健康"这样的字眼上。这一广告播出后，立即激起了方便面企业对五谷道场的众怒。河南数家国内知名方便面企业联名向中国食品科技学会面制品分会声讨五谷道场，认为五谷道场的广告暗指使用油炸方便面有害人体健康，有明显的排他性和误导性，属于不正当竞争的行为。工商部门接到举报后，立即展开了调查，在了解到油炸方便面对健康无害之后，认定了该广告语的内容有违《广告法》的有关规定。之后"五谷道场"的非油炸方便面产品广告语换成了"非油炸，更健康"。

思考："五谷道场"广告语如果涉嫌不正当竞争，涉嫌诋毁方便面其他品牌，应该怎样追究法律责任？

分析提示：《广告法》第四十三条第三款明确规定：广告中有贬低其他生产经营者的商品或者服务的，应当追究广告主、广告经营者和广告发布者的民事责任。

（3）遵守工商登记管理制度

广告主、广告经营者和广告发布者从事广告活动必须遵守国家工商登记管理的相关制度和要求。对此，《广告法》从两个方面作了要求：第一，不得超出经营范围。广告主自行或者委托他人设计、制作、发布广告，所推销的商品或者所提供的服务应当符合广告主的经营范围。经营范围是指广告主依法取得的从事经营活动的范围，它是广告主从事生产经营活动的合法依据。广告主无权超出自己的经营范围从事生产经营活动，否则要承担相应的法律责任。第二，具有合法的经营资格和进行工商登记。广告主委托设计、制作、发布广告，应当委托具有合法经营资格的广告经营者、广告发布者。从事广告经营的，应当具有必要的专业技术人员、制作设备，并依法办理公司或者广告经营登记，方可从事广告活动。广播电台、电视台、报刊出版单位的广告业务，应当由其专门从事广告业务的机构办理，并依法办理兼营广告的登记。

（4）确保广告及相关活动的真实、合法、有效

为了保证广告内容的真实、合法、有效，《广告法》规定了广告主提供法定证明文件的义务和广告发布者审核的义务。广告主自行或者委托他人设计、制作、发布广告，应当具有或者提供真实、合法、有效的下列证明文件：营业执照以及其他生产、经营资格的证明文件，商品质量证明，确认广告内容真实性的其他证明文件，特殊商品的广告的批准文件。广告经营者、广告发布者依据法律、行政法规查验有关证明文件，核实广告内容。对内容不实或者证明文件不全的广告，广告经营者不得为其提供设计、制作、代理服务，广告发布者不得发布。

（5）不得在广告中擅自使用他人的名义和形象

公民的名义和肖像是受法律保护的，任何人未经同意不得擅自使用他人的名义和形象，而无论是否用于商业目的。在广告中擅自使用他人名义和形象是侵权行为，要承担法律责任。因而广告主或者广告经营者在广告中使用他人名义、形象的，应当事先取得他人的书面同意；使用无民事行为能力人、限制民事行为能力人的名义、形象的，应当事先取得其监护人的书面同意。

（6）建立、健全内部管理制度

广告经营者、广告发布者应当按照国家有关规定，建立、健全广告业务的承接登记、审核、档案管理制度。这里的国家有关规定包括国家的法律、行政法规、地方性法规和一些部门规章的规定。广告经营者和广告发布者只有依法建立、健全内部的广告业务管理制度，才能有序开展经营活动，这也有利于国家执法机关对其进行有效监督。

（7）广告收费公开、合理

广告活动是一种有偿的民事活动，广告经营者、广告发布者接受广告主的委托后制作、发布广告要收取一定的费用。由于广告活动是一种民事活动，因而广告费用的定价应当由当事人自己决定。广告费用应当合理、公开。所谓合理，即广告费用的收取与所付出的劳动与风险成正比。所谓公开，即《广告法》要求广告的收费标准和收费办法应当公布，向社会公开，并向工商、物价部门备案。

2. 禁止发布广告的商品和服务

《广告法》对设计广告、制作广告、发布广告作了两项禁止性的规定。

1）法律、行政法规规定禁止生产、销售的产品或者提供的服务不得设计、制作、发布广告。例如：《食品卫生法》规定，禁止生产经营腐败变质、油脂酸败、霉变、生虫、污秽不洁、混有异物或者其他感官性状异常，可能对人体健康有害的食品；我国《药品管理法》规定，禁止进口疗效不确、不良反应大或者其他原因危害人民健康的药品；我国《国务院关于严禁淫秽物品的规定》规定对各种淫秽物品，不论是否以

营利为目的，都必须严格禁止进口、制作（包括复制）、贩卖和传播；我国《银行管理暂行条例》规定禁止非金融机构经营金融业务等。这些产品或服务因为有一定的危害性，因而法律法规作出了禁止或限制经营的规定，而广告作为一种促销的手段当然对这些产品或服务不适用。

2）法律、行政法规规定禁止发布广告的商品或者服务，不得设计、制作、发布广告。主要包括两类情形，一是《广告法》规定的特殊药品，即麻醉药品、精神药品、毒性药品、放射性药品等特殊药品不得做广告。二是《广告法》规定的烟草，即禁止利用广播、电影、电视、报纸、期刊发布烟草广告；禁止在各类等候室、影剧院、会议厅堂、体育比赛场馆等公共场所设置烟草广告。特殊药品和烟草有一定的危害性，禁止其做广告有利于缩小这种危害的影响。

3. 户外广告

（1）户外广告的含义

户外广告是指一切在露天场所或公共空间设置的广告。关于何谓户外广告，我国《广告法》并未予以明确。我国一些地方的政府规章中关于户外广告范围作了一些规定。例如，《河北省户外广告管理办法》（河北省工商行政管理局 1992 年 12 月 20 日颁布）第三条规定，户外广告是指下列情形：利用街道、广场、机场、车站、码头等公共场所的建筑物或者空间设置的路牌、霓虹灯、电子显示牌、橱窗、灯箱、实物模型、条幅、气球等广告；利用车、船、飞机等交通工具设置的广告；利用影剧院、体育场（馆）、文化馆、展览馆、宾馆、饭馆、游乐场等公共建筑设置的广告；利用其他形式在户外设置的广告。《云南省户外广告管理暂行规定》（1989 年 5 月 24 日省政府批准）第 2 条规定，一切机关、团体、企业、事业单位和个体工商户利用街道、广场、车站、机场、码头、影剧院、娱乐区、体育场（馆）、乡镇集贸市场、交通沿线两侧等地的建筑物或者空间路牌、霓虹灯、灯箱、电子显示牌、墙壁等经济、文化、社会各类广告，均属本规定管理范围。可见户外广告具有两方面特征：第一，设置在露天场所或公共空间。即户外广告设置在公民、法人或其他组织住所的内部空间之外。第二，载体和表现形式具有多样性。户外广告可以设置在交通工具、建筑物等多种载体之上，表现形式包括霓虹灯、电子显示牌、橱窗、灯箱、实物模型、条幅、气球等多种方式。

（2）户外广告的设置管理

户外广告作为一种特殊形式的广告，其对于户外的周围环境有一定的影响，如果设置不当，可能会破坏市容、市貌，扰乱正常的生产、生活秩序。因而对户外广告的设置需要作出一些限制性的规定。我国《广告法》规定，下列情形下不得设置户外广告。

1）不得利用交通安全设施、交通标志进行户外广告活动。

2）从事户外广告活动不得影响市政公共设施、交通安全设施、交通标志的使用。

3）从事户外广告活动不得妨碍生产或者人民生活，损害市容、市貌。

4）从事户外广告活动不得在国家机关、文物保护单位和名胜风景点的建筑控制地带内进行。

5）不得在当地县级以上地方人民政府禁止设置户外广告的区域从事广告活动。

案例分析

1994年8月，长江航道局重庆分局与重庆新世纪广告公司投资6万元在位于三峡的五个导航信号台上竖起了五块巨型广告牌。由于对该广告牌所处位置较为敏感，许多厂商持慎重与观望态度。两年来该广告牌位只招来一笔业务。同时，由于川江航道事故频发，放弃了在广告牌上布置商业广告，只是在上面书写提示注意航行安全的口号。三峡中的信号台，是为航行在峡江中的船舶提供在航道弯窄、礁石林立处相互避让信号的，是为了提醒船只注意航行安全的交通标志，如果在此处设立广告，就会影响船只视觉，以致造成事故。

思考：在导航信号台上制作、发布广告，为什么说违反了《广告法》？

分析提示：《广告法》三十二条规定，有下列情形之一的，不得设置户外广告：利用交通安全设施、交通标志的；影响市政公共设施、交通安全设施、交通标志使用的。另外，长江三峡是世界闻名的旅游名胜点，是我国宝贵的文化遗产，在名胜风景点上设立广告也违反了《广告法》第三十二条第四款的规定。

四、广告审查与法律责任

（一）广告审查的含义和方式

为了保证广告内容的真实、合法、有效，在广告发布之前对广告的内容进行审查是非常必要的。广告审查是指在广告发布前对广告内容依法进行查验、核实，以保障广告内容真实、合法的措施。

我国广告审查的方式主要有以下两种。

（1）广告经营者、广告发布者对广告内容的自我审查

我国《广告法》要求广告经营者、广告发布者应当依据法律、行政法规查验有关证明文件，核实广告内容。对内容不实或者证明文件不全的广告，广告经营者不得为其提供设计、制作、代理服务，广告发布者不得发布。

（2）行政机关对特殊商品的行政审查

我国《广告法》规定："利用广播、电影、电视、报纸、期刊以及其他媒介发布药品、医疗器械、农药、兽药等商品的广告和法律、行政法规规定应当进行审查的其他广告，必须在发布前依照有关法律、行政法规由有关行政主管部门（以下简称广告审查机关）对广告内容进行审查；未经审查，不得发布。"这是我国《广告法》在广告监督审查方面的一个重大转变。在《广告法》颁布以前，广告发布前的审查工作都是由广告经营单位负责。但是由于广告经营单位受利益机制的制约，一些广告经营单位不能正确处理其自身利益和社会利益、消费者的利益之间的关系，所以使广告审查往往流于形式，难以落到实处。因而《广告法》增加了对特殊商品由有关行政机关审查的制度，与广告经营者和广告发布者的自我审查共同构成我国的广告审查制度。

（二）特殊商品广告审查的程序

特殊商品广告主要是指一些与人民生命财产安全密切相关的商品的广告。由于这些商品的特殊性，法律、法规对其广告的内容作了一些必要的限制，以防止由于广告宣传的局限性误导消费者，造成人身或者财产的损害。特殊商品的范围，包括两个方面：一是《广告法》第十四条至第十九条规定的药品、医疗器械、农药、烟草、食品、酒类、化妆品，以及兽药等特殊商品；二是其他法律、行政法规中规定的应当进行特殊管理的一些商品广告。这是一种概括性的规定，以适应将来广告市场管理变化的需要，为今后其他特殊商品广告审查提供了法律依据。

《广告法》第三十五条规定了特殊商品广告的审查程序，具体如下。

1. 申请

广告主向广告审核机关提出广告审查申请。广告主申请广告审查，应当依照法律、行政法规向广告审查机关提交有关证明文件。这些证明文件主要有以下几类。

1）证明广告主生产经营资格的证明。如《企业法人营业执照》、《药品生产企业许可证》等。

2）证明广告主申请发布广告的商品合法性的证明文件。如某种药品生产的批准文件、进口药品的《进口注册证》、医疗器械的产品鉴定证书、化妆品的检验合格证明书或者批准文号、农药的登记证明等。

3）证明广告内容真实、合法的证明证件。如经过批准的药品的说明书、商标注册证、专利证书、科技成果鉴定证书、有关商品质量内容的证明文件等。

4）其他法律、行政法规规定应当提交的证明文件。

2. 审查

接受广告主的申请之后，广告审查机关应当依法根据广告主提交的证明文件，对其进行仔细、全面的审查、核实。重点是审查广告内容是否真实、合法。关于广告审查的机关，依照《广告法》的规定，是对特殊商品负有行政管理职责的主管部门，而不是新设一个单独的广告审查机关。例如，负责对药品、食品卫生、化妆品管理的卫生行政主管部门，负责医疗器械管理的医药行政管理部门，负责农药、兽药管理的农业行政主管部门等。

3. 决定

广告审查机关对申请审查的广告的内容进行审查之后，无论是批准或者否定广告主提出的特殊商品广告内容，都应当作出审查决定，并通知申请人。《广告法》还规定，任何单位和个人不得伪造、变造或者转让广告审查决定文件。

（三）法律责任

法律责任是行为人违反法律的规定或法律上的义务而应承担的法律后果。为了制止违反《广告法》的行为，维护良好的广告行业秩序和社会经济秩序，保障消费者的合法权益，《广告法》明确了广告违法行为的类型及其法律责任。

1. 广告违法行为

广告违法行为是指违反广告管理法律法规、危害社会的行为。广告违法行为的认定，通常从以下几方面考虑：第一，行为具有违法性。即违反了广告管理法律、法规，侵害了广告管理和广告营销秩序。第二，主体包括广告活动主体和广告审查、监督主体。即广告违法行为的实施者既包括广告主、广告经营、广告发布者等广告活动主体，还包括对广告活动负有监督、审查和管理职责的国家行政机关及其工作人员。第三，主观方面表现为有过错，包括故意和过失。《广告法》中列举的广告违法行为主要有以下几类。

1）发布虚假广告的行为。虚假广告即内容不真实的广告。利用广告对商品或者服务的品质或功效等作虚假宣传，即构成了发布虚假广告的行为，它违背了《广告法》对广告内容“真实性”这一最基本的要求，因而属于违法行为。虚假广告传递的信息与事实不相符合，一旦社会公众接受了这一信息，就会给消费者造成不同程度的损失，严重的还可能会造成人身或者财产的损害，这就构成了侵权，依法应当承担相应的法律责任。

2）违反广告基本准则的行为。即违反了前述《广告法》对于一般商品或服务广告的基本要求的行为。主要是违反《广告法》第七条第二款、第九条至十三条规定的行为。

3）违反了广告特殊准则的行为。即违反了广告法对特殊商品广告要求的行为。主要是违反了《广告法》第十四条至十九条、第三十一条关于药品、医疗器械、农药、烟草、食品、酒类产品、化妆品等特殊商品广告准则的行为。

4）违反广告审查规定的行为。即行为人违反了《广告法》对特殊商品广告审查的有关规定的行为。主要包括以下几种行为：①特殊商品未经广告审查而发布广告的行为；②广告主在申请审查时提供虚假的证明文件的行为；③伪造、变造、转让广告审查决定文件的行为；④广告审查机关的工作人员批准违法广告的行为。

5）虚假广告之外的违法广告侵权行为。包括广告主、广告经营者、广告发布者实施的下列行为：①在广告中损害未成年人或者残疾人的身心健康的；②假冒他人专利的；③贬低其他生产经营者的商品或者服务的；④广告中未经同意使用他人名义、形象的；⑤其他侵犯他人合法民事权益的。

6）广告行政违法行为。主要指广告监督管理机关和广告审查机关的工作人员玩忽职守、滥用职权、徇私舞弊的行为。

2. 法律责任的形式和种类

《广告法》对广告活动主体的违法行为规定了以下三种责任形式。

（1）行政责任

行政责任是指广告活动主体作为广告管理法律关系的相对人，在进行广告活动时违反广告管理法律法规的规定所承担的法律后果。《广告法》规定，对违反广告管理法规的广告活动主体，由工商行政管理机关追究其行政法上的责任，视情节轻重，给予不同的行政处罚。广告行政处罚的种类有：①责令停止发布广告；②责令公开更正；③罚款；④没收广告费用；⑤停止广告业务。

案例分析

在2006年央视“3·15”晚会上，关于欧典地板的报道让无数消费者感到震惊。这个自称拥有103年历史的“德国公司”，实际在国内成立仅几年时间，但其部分地板却依托虚假宣传卖出了每平方米2008元的高价。号称行销全球80多个国家、源自德国的欧典地板，其德国总部及工厂其实根本就不存在。北京市工商局经调查认定：北京欧德装饰材料有限责任公司于1998年4月20日登记注册，1999年7月开始从事销售欧典牌复合地板的经营活动。欧德公司在经营过程中，利用网络发布广告，同时设计、策划印刷品广告19种，共计85.2万余册。在上述广告中，将其虚拟的德国欧典企业集团、欧典（中国）有限公司及发展历史、生产经营规模、与之隶属关系等夸大企业形象的事实对外进行宣传，广告费1 494 755.2元。欧德公司的上述行为，违反了国家《广告法》第四条及《反不正当竞争法》第九条第一款之规定，工商机关依法责令涉案人停止发布违法广告，并作出行政处罚决定，依法处以广告费五倍的罚款共计7 473 776元。

思考：面对虚假广告，消费者如何识别？如何保护自身权益？

分析提示：违规广告的表现有以下几点：首先看有没有广告刊登文号，如果没有就是违规广告，质量是无法保证的。其次，要看广告当中有没有出现“最好”、“第一”等字句，如果出现，表示这个广告有夸大效果的因素。消费者因经营者利用虚假广告提供商品或者服务，其合法权益受到损害的，可以向经营者要求赔偿。广告的经营者发布虚假广告的，消费者可以请求行政主管部门予以惩处。广告的经营者不能提供经营者的真实名称、地址的，应当承担赔偿责任。

（2）民事责任

民事责任是指广告活动主体在违反合同义务或实施了侵权行为的情况下所承担的法律后果。广告活动主体在广告活动中没有依法订立或履行合同的，应当承担合同法律责任。广告活动主体因虚假广告侵害他人合法权利的或实施了虚假广告以外的侵权行为的，应依法承担侵权法律责任。广告合同主体承担民事责任主要依据有《中华人民共和国民法通则》、《合同法》等民事法律，其承担民事责任的具体内容也适用民事法律的有关规定。

关于虚假广告侵权的责任主体问题，《广告法》明确规定：①广告主对虚假广告承担民事责任；②广告经营者、发布者在明知广告虚假仍然设计、制作发布的应当承担连带责任；③广告经营者、广告发布者不能提供广告主的真实名称、地址的，应当承担全部民事责任；④社会团体或者其他组织，在虚假广告中向消费者推荐商品或者服务，使消费者的合法权益受到损害的，应当依法承担连带责任。

（3）刑事责任

刑事责任即广告活动主体实施的广告违法行为情节严重，构成了犯罪，依照《中华人民共和国刑法》（以下简称《刑法》）的规定所应承担的法律后果。任何广告违法行为都有其社会危害性，都应当对其进行法律制裁。一般的广告违法行为可以对其进行行政制裁或民事制裁，而当其行为具有严重的社会危害性，触犯《刑法》的规定时，则应对其进行刑事制裁，处以刑罚。《广告法》规定，虚假广告侵权行为，广告中使用国家机关和国家机关工作人员名义的行为，伪造、变造或者转让广告审查决定文件的行为，情节严重，构成犯罪的，依照《刑法》的规定追究刑事责任。

另外，广告审查机关和广告监督机关及其工作人员违反规定的，依法应承担相应的法律责任。《广告法》规定，广告审查机关对违法的广告内容作出审查批准决定的，对直接负责的主管人员和其他直接责任人员，由其所在单位、上级机关、行政监察部门依法给予行政处分。广告监督管理机关和广告审查机关的工作人员玩忽职守、滥用职权、徇私舞弊的，给予行政处分。构成犯罪的，依法追究刑事责任。

案例分析

1996 年初，浙江某电视台播出了一系列某口服液药品访谈节目。在该节目中，以市内各大医院和患者的名义对该口服液的疗效作了证明。节目中宣称该口服液包治百病，疗效显著，治愈率和有效率为 90%以上。该系列访谈节目在电视中分 13 节发布，总长度达到 40 分钟。该口服液的生产厂家为此向电视台支付了 80 万元的费用。因为是访谈节目，该节目在发布前也未经药品行政主管部门审查。

讨论：该系列访谈节目是否为广告？如果该节目为广告，其内容和发布是否有哪些方面违反了《广告法》？

第二节 反垄断法

案例导入

2012 年底，韩国三星、LG，中国台湾地区奇美、友达等 6 家国际大型液晶面板生产商因实施价格垄断被中国处以 3.53 亿元人民币经济制裁。在 2001～2006 年期间，上述 6 家企业利用优势地位，合谋操纵液晶面板价格，在中国大陆实施价格垄断行为，涉案液晶面板销售数量合计 514.62 万片，违法所得 2.08 亿元。这是我国首次向境外企业开出价格罚单。

问题：什么是垄断行为？垄断行为应承担怎样的法律责任？

一、反垄断法概述

（一）垄断的概念

1. 垄断的定义

垄断的原意是独占，即一个市场上只有一个经营者。法律意义上的垄断可以概括为：

若干市场主体违反反垄断法和公共利益，通过合谋协议，安排和协同行动，或者通过滥用经济优势，在某一生产领域或流通领域内实质上的排斥和限制竞争的行为。

补充知识

“垄断”最早来源于经济学，是指少数企业凭借其雄厚的经济实力，对生产和市场进行控制，并在一定的市场领域内从实质上限制竞争的一种市场状态。

2. 垄断的分类

依据垄断产生的原因，可把垄断划分为经济垄断、国家垄断、行政垄断、自然垄断等。经济垄断又称为市场垄断，是指市场主体通过自身的力量，设置其他市场主体进入市场的障碍而形成的垄断。经济法规制的垄断大多是经济垄断。国家垄断是由国家对某一产业的生产、销售等进行直接控制，不允许其他市场主体进入该市场领域。在奉行计划经济体制的国家，国民经济绝大部分实行国家垄断。行政垄断是指由政府行政机构设置的市场进入障碍而形成的垄断。自然垄断是由于特定行业的市场的自然条件或原因而产生的垄断经营。这些行业如果实行竞争经营，则可能导致社会资源的浪费或市场秩序的混乱。公用企业绝大多数是自然垄断企业。

（二）反垄断法

《中华人民共和国反垄断法》（以下简称《反垄断法》）于2007年8月30日第十届全国人民代表大会常务委员会第二十九次会议通过。反垄断法的立法目的是为了预防和制止垄断行为，保护市场公平竞争，提高经济运行效率，维护消费者利益和社会公共利益，促进社会主义市场经济健康发展。反垄断法的适用范围是我国境内经济活动中的垄断行为以及境外的垄断行为对我国境内市场竞争产生排除、限制影响的垄断行为。

补充知识

现代意义上的反垄断法出现在19世纪末期，以加拿大1889年颁布的《禁止限制性贸易合并法》、1890年美国的《谢尔曼法》为标志。人们一般把其后美国通过的《谢尔曼法》视为人类历史上第一部反垄断法，该法不仅在美国的反垄断立法史上占有重要地位，而且对现代的竞争立法也产生了广泛和深远的影响。

利用《谢尔曼法》，美国政府曾成功地肢解了标准石油公司、美国烟草公司和AT&T（美国电报电话公司）这三个最有名的托拉斯。

日本依照美国的反托拉斯法于1947年4月颁布了严厉的反垄断法《禁止私人垄断及确保公正交易法》，成功地肢解了三井、三菱、住友和安田四大财阀。

二、垄断行为

（一）垄断协议

1. 垄断协议概念

垄断协议是指两个以上经营者相互间达成的排除、禁止竞争的协议、决定或者其他协同行为。经营者之间通过垄断协议的方式，实施划分市场、限制价格或者限制产量等限制竞争的行为，严重损害竞争秩序并可能损害消费者的利益，因此是各国反垄断法重点规制的对象。根据参与协议的主体，可以将垄断协议分为横向协议和纵向协议。横向协议是指由两个或两个以上，因生产或销售同一类产品或提供同种服务而处于相互直接竞争中的经营者，通过共谋而达成的协议。纵向协议是指由两个或两个以上在同一产业处于不同经济层次有交易关系的企业，通过共谋达成的协议。不同经济层次，如制造商与批发商、批发商与销售商之间就是一种纵向关系。

2. 禁止的垄断协议

《反垄断法》第十三条规定，禁止具有竞争关系的经营者达成下列垄断协议。

1）固定或者变更商品价格。

2）限制商品的生产数量或者销售数量。

3）分割销售市场或者原材料采购市场。

4）限制购买新技术、新设备或者限制开发新技术、新产品。

5）联合抵制交易。

6）国务院反垄断执法机构认定的其他垄断协议。

《反垄断法》第十四条规定，禁止经营者与交易相对人达成下列垄断协议。

1）固定向第三人转售商品的价格。

2）限定向第三人转售商品的最低价格。

3）国务院反垄断执法机构认定的其他垄断协议。

案例分析

山东潍坊顺通医药有限公司（以下简称山东顺通）和辽宁宏达公司、山东潍坊市华新医药贸易有限公司（以下简称山东华新）和辽宁医创公司分别签订《产品代理销售协议书》，根据协议，山东顺通和山东华新垄断了盐酸异丙嗪原料销售，同时约定这两家盐酸异丙嗪的生产企业没有经过山东两家公司的授权不得向第三方发货。据此，辽宁两家公司将销售价格由每公斤不足200元提高至300～1350元不等，令多家复方利血平生产企业无法承受，已于2011年7月全部停产。

常州制药厂、亚宝药业、中诺药业、新华制药是我国生产复方利血平的最大四家企业，市场份额占全国75%以上，这四家公司无法从原渠道买到盐酸异丙嗪。山东两家企业与这四家企业协商，表示可以提供盐酸异丙嗪，但这四家企业必须先将复方利血平的价格从1.3元/瓶提升到5～6元/瓶。

山东顺通和山东华新两家公司存在着交叉持股，等于一家公司，垄断了盐酸异丙嗪在国内的全部销量。交叉持股属于具有竞争关系的经营者之间达成的排除限制竞争的协议，属于横向垄断协议中的固定价格协议。其与常州制药厂、亚宝药业、中诺药业、新华制药四家制药企业达成的盐酸异丙嗪原料买卖协议则属于具有产销关系或处于产销链不同环节的经营者之间的限制竞争协议，是纵向的垄断协议。

思考：垄断协议的危害有哪些？

分析提示：垄断协议往往造成固定价格、划分市场以及阻碍、限制其他经营者进入市场等排除、限制竞争的后果，对市场竞争危害很大，为各国反垄断法所禁止。

（二）滥用市场支配地位

1. 市场支配地位的概念

市场支配地位是指经营者在相关市场内具有能够控制商品价格、数量或者其他交易条件，或者能够阻碍、影响其他经营者进入相关市场能力的市场地位。

2. 市场支配地位的认定

《反垄断法》第十九条规定，有下列情形之一的，可以推定经营者具有市场支配地位。

1）一个经营者在相关市场的市场份额达到二分之一的。

2）两个经营者在相关市场的市场份额合计达到三分之二的。

3）三个经营者在相关市场的市场份额合计达到四分之三的。

有上述第2）项、第3）项规定的情形，其中有的经营者市场份额不足十分之一的，不应当推定该经营者具有市场支配地位。

被推定具有市场支配地位的经营者，有证据证明不具有市场支配地位的，不应当认定其具有市场支配地位。

3. 禁止滥用市场支配地位的情形

《反垄断法》第十七条规定，禁止具有市场支配地位的经营者从事下列滥用市场支配地位的行为。

1）以不公平的高价销售商品或者以不公平的低价购买商品。

2）没有正当理由，以低于成本的价格销售商品。

3）没有正当理由，拒绝与交易相对人进行交易。

4）没有正当理由，限定交易相对人只能与其进行交易或者只能与其指定的经营者进行交易。

5）没有正当理由搭售商品，或者在交易时附加其他不合理的交易条件。

6）没有正当理由，对条件相同的交易相对人在交易价格等交易条件上实行差别待遇。

7）国务院反垄断执法机构认定的其他滥用市场支配地位的行为。

案例分析

1998 年 2 月 21 日，济南七大商场以“长虹”售后服务质量不好为由，宣布拒售“长虹”彩电，采取联合行动，同时将各自商场内的“长虹”彩电撤下专柜。而“长虹”方面说，每天有四辆流动服务车在市内流动维修，济南消费者协会也证实没有关于“长虹”彩电的投诉。

这些商场联手拒售“长虹”彩电的真实原因是，“长虹”采取现款现货经销制，在销售上实行台阶式返利的方式，而商场方面认为自己实力雄厚，商誉好，希望“长虹”对他们实行不同于一般小经销商的销售方式，允许他们先拿一批货做铺底销售，也即先给货，后付款。而“长虹”不愿意对任何商场作政策倾斜，导致了事件的发生。

思考：济南七大商场的行为是否违法？其行为构成什么性质的行为？对这些商场的这类行为，由哪一个部门来进行监管？

分析提示：济南七大商场的行为违反了反垄断法，其行为是滥用市场支配地位。针对这类型行为的查处由各地工商行政管理部门负责。

（三）经营者集中

1. 经营者集中概念

所谓经营者集中，是指经营者之间合并，或者取得其他经营者的控制权、影响力。如果经营者结合后对竞争的秩序产生效果，如经济力量的过度集中，损害竞争的垄断结构出现，就应受到反垄断法的调整。

2. 经营者集中的情形

1）经营者合并。它主要是指法人或者其他组织之间的合并，有两种情形：一种是经营者吸收其他经营者，被吸收的经营者主体资格消灭，即吸收合并；另一种是两个以上的经营者合并后成为一个新的经营者，合并各方主体资格都不再存在。

2）经营者通过取得股权或者资产的方式取得对其他经营者的控制权。经营者通过取得其他经营者的股份（资产）进而直接或者间接地控制其他经营者的行为，这是借助了股东的地位，取得对其他经营者的控制权的行为。

3）经营者通过合同等方式取得对其他经营者的控制权或者能够对其他经营者施加决定性影响。经营结合是通过订立经营合同的方式实现对其他经营者的控制权，彼此之间形成了人力、业务、技术等的相互配合，通过经营权的制约形成了事实上的集中形态。

3. 经营者集中事前申报

经营者集中一般是市场经济条件下市场主体的合同自由行为，经营者可以通过公平竞争、自愿联合，依法实施集中，扩大经营规模，提高市场的竞争能力。但由于经营者集中有可能导致排除和限制竞争，所以各国政府都对经营者集中进行政府管制。我国采取事前申报的强制申报制度。经营者集中达到国务院规定的申报标准的，经营者应当事先向国务院反垄断机构申报，未申报的不得实施集中。

（四）滥用行政权力排除、限制竞争

1. 滥用行政权力排除、限制竞争概念及特点

滥用行政权力排除、限制竞争俗称行政垄断，是指行政机关和法律、法规授权的具有管理公共事务职能的组织滥用行政权力，排除、限制竞争的行为。其特点包括以下几个方面。

1）行为的主体不是市场中的经营者，而是市场的管理者，即行政主体。

2）行为的性质和类型不属于市场经营行为的范畴，而属行政行为，是指向市场及其主体的管理行为，具有行政强制力。

3）滥用行政权力，旨在造成排除、限制竞争的后果。

2. 滥用行政权力排除、限制竞争的情形

1）限定或者变相限定单位或者个人经营、购买、使用其指定的经营者提供的商品。

2）妨碍商品在地区之间的自由流通：对外地商品设定歧视性收费项目、实行歧视性收费标准，或者规定歧视性价格；对外地商品规定与本地同类商品不同的技术要求、检验标准，或者对外地商品采取重复检验、重复认证等歧视性技术措施，限制外地商品进入本地市场；采取专门针对外地商品的行政许可，限制外地商品进入本地市场；设置关卡或者采取其他手段，阻碍外地商品进入或者本地商品运出；妨碍商品在地区之间自由流通的其他行为。

3）以设定歧视性资质要求、评审标准或者不依法发布信息等方式，排斥或者限制外地经营者参加本地的招标投标活动。

4）采取与本地经营者不平等待遇等方式，排斥或者限制外地经营者在本地投资或者设立分支机构。

5）强制经营者从事反垄断法规定的垄断行为。

6）制定含有排除、限制竞争内容的规定。

三、反垄断执法机构

我国反垄断执法机构是国务院设立的反垄断委员会，负责组织、协调、指导反垄断工作，履行下列职责。

1）研究拟订有关竞争政策。

2）组织调查、评估市场总体竞争状况，发布评估报告。

3）制定、发布反垄断指南。

4）协调反垄断行政执法工作。

5）国务院规定的其他职责。

国务院反垄断执法机构根据工作需要，可以授权省、自治区、直辖市人民政府相应的机构，依照本法规定负责有关反垄断执法工作。

四、违反《反垄断法》的法律责任

1）经营者违反本法规定，达成并实施垄断协议的，由反垄断执法机构责令停止违法行为，没收违法所得，并处上一年度销售额百分之一以上百分之十以下的罚款；尚未实施所达成的垄断协议的，可以处五十万元以下的罚款。

行业协会违反本法规定，组织本行业的经营者达成垄断协议的，反垄断执法机构可以处五十万元以下的罚款；情节严重的，社会团体登记管理机关可以依法撤销登记。

2）经营者违反本法规定，滥用市场支配地位的，由反垄断执法机构责令停止违法行为，没收违法所得，并处上一年度销售额百分之一以上百分之十以下的罚款。

3）经营者违反本法规定实施集中的，由国务院反垄断执法机构责令停止实施集中、限期处分股份或者资产、限期转让营业以及采取其他必要措施恢复到集中前的状态，可以处五十万元以下的罚款。

反垄断执法机构确定具体罚款数额时，应当考虑违法行为的性质、程度和持续的时间等因素。

4）经营者实施垄断行为，给他人造成损失的，依法承担民事责任。

5）行政机关和法律、法规授权的具有管理公共事务职能的组织滥用行政权力，实施排除、限制竞争行为的，由上级机关责令改正；对直接负责的主管人员和其他直接责任人员依法给予处分。反垄断执法机构可以向有关上级机关提出依法处理的建议。

6）对反垄断执法机构依法实施的审查和调查，拒绝提供有关材料、信息，或者提供虚假材料、信息，或者隐匿、销毁、转移证据，或者有其他拒绝、阻碍调查行为的，由反垄断执法机构责令改正，对个人可以处二万元以下的罚款，对单位可以处二十万元以下的罚款；情节严重的，对个人处二万元以上十万元以下的罚款，对单位处二十万元以上一百万元以下的罚款；构成犯罪的，依法追究刑事责任。

对反垄断执法机构作出的决定不服的，可以先依法申请行政复议；对行政复议决定不服的，可以依法提起行政诉讼。

案例分析

2008年9月3日，可口可乐公司和中国汇源果汁集团有限公司发布公告，可口可乐旗下全资附属公司将以179.2亿港元收购汇源果汁全部已发行股份及全部未行使可换股债券。

汇源100%果汁占据了国内纯果汁46%的市场份额，中高浓度果汁占据39.8%的市场份额。2007年，汇源果汁销售79万吨，营业额26.56亿元。

可口可乐旗下的果汁饮料在中国果汁饮料市场也有一定消费影响力。全部可口可乐品牌在中国的销售额早在2005年就已超过了100亿元。

2008年9月18日，可口可乐公司向商务部递交了申报材料。商务部对此项申报依法进行了审查，对申报材料进行了认真核实，对此项申报涉及的重要问题进行了深入分析，先后征求了相关政府部门、相关行业协会、果汁饮料企业、上游果汁浓缩汁供应商、下游果汁饮料销售商、集中交易双方、可口可乐公司中方合作伙伴以及相关法律、经济和农业专家等方面意见，确认集中将产生如下不利影响。

1. 集中完成后，可口可乐公司有能力将其在碳酸软饮料市场上的支配地位传导到果汁饮料市场，对现有果汁饮料企业产生排除、限制竞争效果，进而损害饮料消费者的合法权益。

2. 品牌是影响饮料市场有效竞争的关键因素，集中完成后，可口可乐公司通过控制“美汁源”和“汇源”两个知名果汁品牌，对果汁市场控制力将明显增强，加之其在碳酸饮料市场已有的支配地位以及相应的传导效应，集中将使潜在竞争对手进入果汁饮料市场的障碍明显提高。

3. 集中挤压了国内中小型果汁企业生存空间，抑制了国内企业在果汁饮料市场参与竞争和自主创新的能力，给中国果汁饮料市场有效竞争格局造成不良影响，不利于中国果汁行业的持续健康发展。

审查决定，根据《反垄断法》第二十八条和第二十九条，商务部认为，此项经营者集中具有排除、限制竞争效果，将对中国果汁饮料市场有效竞争和果汁产业健康发展产生不利影响。鉴于参与集中的经营者没有提供充足的证据证明集中对竞争产生的有利影响明显大于不利影响或者符合社会公共利益，在规定的时间内，可口可乐公司也没有提出可行的减少不利影响的解决方案，因此，决定禁止此项经营者集中。

讨论：可口可乐的收购行为涉及哪些法律问题？按照《反垄断法》的规定，其应如何应对？反垄断调查机构在受理申报后该如何处理？

第三节 反不正当竞争法

案例导入

甲市某酒厂酿造的“蓝星”系列白酒深受当地人喜爱。甲市政府办公室发文指定该酒为“接待用酒”，要求各机关、企事业单位、社会团体在业务用餐时，饮酒应以“蓝星”系列为主。同时，酒厂公开承诺：用餐者凭市内各酒楼出具的证明，可以取得消费100元返还10元的奖励。

问题：什么是不正当竞争行为？甲市政府办公室的行为属于什么行为？酒厂的做法是否构成了商业贿赂行为？

一、反不正当竞争法概述

（一）制定反不正当竞争法的必要性与立法目的

1. 制定反不正当竞争法的必要性

竞争是市场经济最基本的运行机制。竞争的基本作用就是给经营者以动力和压力。竞争的结果则是优胜劣汰。及时修订《反不正当竞争法》是我国社会主义市场经济体制不断发展完善的客观需要。市场经济的最突出特征就是竞争，所以《反不正当竞争法》在市场经济法律体系中被称为“经济宪法”，可见《反不正当竞争法》对于加大政府经济宏观调控力度，促进现代市场经济体制的发展有着举足轻重的作用。《反不正当竞争法》是促进经济结构优化和实现经济稳定、增长的重要法律，它所确立的竞争规则是最基本的市场规则之一。可以说，《反不正当竞争法》是社会主义市场经济秩序的重要保障，竞争规则完善与否对于统一、开放、竞争、有序的社会主义市场体系的健全关系重大。因此，必须通过强有力的竞争立法，加强政府对市场的调控能力，规范市场经济秩序，维护我国经济的健康、快速发展。

2. 我国《反不正当竞争法》的立法目的

我国《反不正当竞争法》第一条对立法目的作了明确说明：“为保护社会主义市场经济的健康发展，鼓励和保护公平竞争，制止不正当竞争行为，保护经营者和消费者的合法权益，制定本法。”其着重点在于鼓励和保护公平竞争，制止不正当竞争行为，进而保护经营者和消费者的合法权益，保证社会主义市场经济健康发展。

目前，在我国经济领域，不正当竞争行为已具有相当普遍性，造成了一系列严重的消极后果。这些消极后果是竞争机制本身所无法避免的，这就要求国家以强制力对竞争秩序进行必要的干预，以排除妨害竞争的不正当行为。《反不正当竞争法》正是在促进和保障竞争的同时，抑制竞争中产生的消极影响。

（二）我国《反不正当竞争法》的调整对象

反不正当竞争法是调整在制止不正当竞争行为过程中发生的经济关系的法律规范的总称。

补充知识

从一些国家和地区的竞争法来看，较为完整的现代竞争法体系应该包括反垄断、反限制竞争和反不正当竞争等内容。德国和日本对垄断和不正当竞争行为分别立法。德国于1896年制定的《反不正当竞争法》常被看作是世界上第一部专门的反不正当竞争法。美国没有专门的反不正当竞争法，而是以若干专项法律和判断调整各种破坏公平竞争的行为。被各国法学界公认的现代竞争法的美国《保护贸易和商业不受非法限制与垄断之害》主要是以垄断行为作为调整对象的。

1. 我国《反不正当竞争法》的调整对象的特征

1）该法调整的是市场交易活动中的经济关系。也就是说《反不正当竞争法》不是调整所有的市场经济关系，而是调整它所属的特定的经济关系，即是规范主体在市场交易活动中的权利义务关系。

2）该法调整的是市场交易活动中的经济竞争关系。人们在社会生活中的关系并不都是竞争关系，就是在市场交易中也并不都是竞争关系，如合作关系。社会生活中发生竞争关系的时机和场合非常多，但只有市场交易中的竞争关系才由《反不正当竞争法》调整。

3）该法调整的是由不正当竞争行为而引发的各种社会关系。经营者在市场交易中的竞争关系，既有因正当竞争所形成的竞争关系，又有因不正当竞争行为所形成的竞争关系。因此没有不正当竞争行为，也就没有由此而产生的关系，《反不正当竞争法》调整的是由竞争行为而引发的各种社会关系。

2. 我国《反不正当竞争法》的调整对象的类型

（1）因为不正当竞争行为而在经营者之间形成的不正当竞争关系

这类不正当竞争行为主要有：采用假冒或仿冒等混淆手段从事市场交易、商业贿赂，经营者以排挤竞争对手为目的，以低于成本的价格销售商品、商品诽谤、招标投标中的不正当竞争行为、公用企业或其他依法具有独占地位的经营者强制交易的行为等。

案例分析

上海市第二中级人民法院在2001年审理了原告A公司（20世纪30年代创建的跨国公司）与被告B机械厂、C贸易发展公司、D现代办公用品公司、F办公设备有限公司的案件。上述四被告因伪造原告注册商标RAPID商品——××复印机配套专用装订设备，冒用原告的ISO 9001认证标志，使用其商品的特有名称、包装及装潢。法院判决四原告停止侵权行为，在《解放日报》、《广东日报》上公开赔礼道歉、消除影响，并赔偿原告经济损失490 000元人民币。

思考：为什么禁止不正当竞争？

分析提示：不正当竞争是指经营者违反《反不正当竞争法》的规定，通过不正当手段谋取竞争利益，损害其他经营者合法权益，扰乱社会经济秩序的行为。不正当竞争是以损人利己的消极方式增加自己竞争利益的，既不公平，也损害效率。因此，必须严格规范市场主体经营活动，禁止不正当竞争，保证市场机制正常发挥作用。

（2）因为不正当竞争行为而在经营者和消费者之间形成的权益关系

这类不正当竞争行为主要有侵犯商业秘密、引人误解的虚假宣传、违反规定的有奖销售、违背购买者的意愿搭售商品或附加其他不合理的条件而销售商品等。

（3）因为不正当竞争行为而在经营者与政府及管理部门之间形成的管理关系

这类不正当竞争行为只有一种，即政府及其所属部门滥用行政权力限制竞争的行为，主要表现为以权经商和地区封锁。这种行为的危害最大，直接阻碍了经济的发展。

案例分析

某市城管局以加强商业条幅广告管理和强化市容市貌为由，下发文件规定，户外商业条幅广告指定俊辉广告公司制作和悬挂，其他广告公司不得制作和悬挂，违者一经发现，由城管部门取缔或予以罚款。文件下发后，其他许多广告公司纷纷向工商局投诉，认为该文件损害了他们的合法权益，工商局调查后及时报告市政府，因城管局违反了《反不正当竞争法》第七条的规定，市政府经研究决定，依法撤销了城管局的文件。

思考：政府及其所属部门滥用行政权力限制竞争的行为有哪些不利的影响？

分析提示：滥用行政权力限制竞争行为干扰了市场竞争机制的正常进行，违背商品生产经营者平等、自愿、等价有偿进行交易的市场经济的基本原则。同时也是一种狭隘的地方保护主义、部门保护主义，势必影响社会主义市场经济的健康发展。

二、不正当竞争行为

（一）不正当竞争的概念及特征

不正当竞争是指经营者违反《反不正当竞争法》的规定，损害其他经营者的合法权益，扰乱社会经济的行为，其具有以下特征。

1）不正当竞争行为的主体是经营者，经营者是指从事商品经营或营利性服务的法人、其他经济组织和个人。非经营者不是竞争行为的主体，所以也不能成为不正当竞争行为的主体。

2）不正当竞争行为是违法行为。只要违反了自愿、公平、平等、诚实信用的原则或者违反了公认的商业道德的行为都属于不正当竞争行为。

3）不正当竞争行为侵害的客体是其他经营者的合法权益和正常的社会经济秩序。

（二）不正当竞争行为的表现形式

1. 采用假冒和仿冒等混淆手段从事市场交易，损害竞争对手的行为

根据《反不正当竞争法》第五条规定，属于这类不正当竞争行为的有以下几种。

1）假冒他人的注册商标。

2）擅自使用知名商品特有的名称、包装、装潢，或者使用与知名商品近似的名称、包装、装潢，造成和他人的知名商品相混淆，使购买者误认为是该知名商品。

3）擅自使用他人的企业名称或姓名，引人误以为是他人的商品。

4）在商品上伪造或者冒用认证标志、名优标志等质量标志，伪造产地，对商品质量作引人误解的虚假表示。

其中假冒他人注册商标既违反了《商标法》，又违反了《反不正当竞争法》，而后三

种假冒行为的共同特点是导致了消费者的误购。以上行为的目的都是以次充好、以假乱真，借他人良好名誉牟取非法利益，扰乱了正常的经济秩序。

2. 公用企业或其他依法具有独占地位的经营者强制交易的行为

《反不正当竞争法》第六条规定："公用企业或者其他依法具有独占地位的经营者，不得限定他人购买其指定的经营者的商品，以排挤其他经营者的公平竞争。"

该行为主体分为两类。

1）"公用企业"指城镇中为适应公众的生活需要而经营的具有公共利益性质的企业组织，如自来水、电力、供热、邮政、电信、交通运输等行业的企业。

2）"依法具有独占地位的经营者"指除上述公用企业外，法律规定的有独占地位的经营者，如依据有关烟草专卖方面和药品方面的规定而具有独占地位的企业。

案例分析

2005 年 6 月，A 市工商局接到投诉，B 汽车运输有限公司对从 C 至 D、C 至 E 的车费乱涨价。在未经市物价局批准的情况下，对乘坐超过 3 站（含 3 站）的消费者，采取补票或强制下车等办法，擅自提高一些公交线路的公交车收费标准。

思考：汽车运输公司对车费乱涨价是一种什么行为？

分析提示：利用自己具有的独占地位强制交易的行为。

3. 引人误解的虚假宣传行为

我国《反不正当竞争法》第九条明确规定："经营者不得利用广告或者其他方法，对商品的质量、制作成分、性能、用途、生产者、有效期限、产地等作引人误解的虚假宣传。广告的经营者不得在明知或者应知的情况下，代理、设计、制作、发布虚假广告。"

虚假宣传行为是经营者利用广告等方法，对商品或服务作夸大失真或引人误解的宣传的行为。

广告是为使之达到商业目的，通过媒体或其他形式，对商品或服务进行的公开宣传。广告的促销效果好，影响范围大，能诱发人们的购买欲望，所以广告的内容必须真实、健康、清楚。《广告法》中规定，广告不得以温和形式弄虚作假，蒙蔽或欺骗消费者。广告的经营者不得在明知或应知的情况下代理、设计、制作、发布虚假广告。

4. 经营者以排挤竞争对手为目的，以低于成本的价格销售商品

《反不正当竞争法》第十一条规定："经营者不得以排挤对手为目的，以低于成本的价格销售商品。"这种不正当竞争行为的主要特征如下。

1）行为的主体是在市场交易中处于销售地位的经营者。

2）经营者实施该行为在主观上是故意的，其目的是为了排挤竞争对手。

3）经营者实施了以低于成本的价格销售商品的行为。成本是指企业在生产产品、

产品销售或提供劳务中发生的费用的总和。价格高低应当由市场决定，法律一般不宜干预企业定价。但是以低于成本的价格销售，对于经营者来说是暂时牺牲自身利益来排挤竞争对手，同样是一种不正当竞争行为。

不正当低价销售违背企业生存原理及价值规律，在市场竞争中往往引发价格大战、中小企业纷纷倒闭等恶性竞争事件，甚至导致全行业萎缩的严重后果。1998 年，上海市场牛奶经销商为争夺市场份额低价销售，造成行业亏本经营、不堪支撑就是明证。

有下列情形之一的，不属于不正当行为：①降价销售鲜活商品；②处理有效期限即将到期的商品或者其他积压的商品；③季节性降价；④因清偿债务、转产、歇业降价销售商品。

5. 侵犯商业秘密的行为

根据《反不正当竞争法》第十条第三款的规定，商业秘密是指不为公众所知悉的，能够为权利人带来经济利益的，具有实用性并经权利人采取保密措施的技术信息和经营信息。商业秘密可以给所有人带来经济利益，是一种财产。商业秘密不仅包括技术信息、经营信息，还有管理方法、产销策略、货源情报、客户名单等。

依据《反不正当竞争法》第十条的规定，侵犯商业秘密的不正当竞争行为有以下几种情形。

1）以盗窃、利诱、胁迫等不正当手段获得权利人的商业秘密。

2）披露、使用、或者允许他人使用以上述手段获得的商业秘密。

3）违反约定或者违反权利人有关保守商业秘密的要求，披露、使用或允许他人使用其所掌握的商业秘密。

4）第三人明知或应知前面所列违法行为，但获取、使用或披露他人商业秘密。

案例分析

沈某原为 A 公司员工，在工作期间负责使用和保管公司的海外客户资料。根据公司的保密制度及他与公司签订的保密合同，这些客户资料属商业机密。但沈某利用职权之便，私下与资料中的五家境外客户发生电脑还原卡的贸易往来，经营额折合人民币约 255 251 元，给公司造成巨大的经济损失。

思考：利用职务之便盗取商业秘密应该承担怎样的法律责任？

分析提示：工商行政管理机关应当责令停止违法行为；给被侵害的经营者造成损害的，应当承担损害赔偿责任；根据情节处以 1 万元以上 20 万元以下的罚款。

6. 政府及其所属部门滥用行政权力限制竞争的行为

我国《反不正当竞争法》第七条规定：“政府及其所属部门不得滥用行政权力，限定他人购买其指定的经营者的商品，限制其他经营者正当的经营活动。政府及其所属部门不得滥用行政权力，限制外地商品进入本地市场，或者本地商品流向外地市场。”该行为是指政府及其所属部门滥用行政权力，采用不正当手段限制公平竞争的行为。其行为包括以下几个方面。

1）限定他人购买其指定的经营者的商品。

2）限制其他经营者正当的经营活动。

3）限制外地商品进入本地市场或者本地商品流向外地市场，即“地区封锁”。

7. 商业贿赂行为

商业贿赂行为是指经营者采用财物或者其他手段进行贿赂以销售或购买商品的行为。其中贿赂者与收受商业贿赂的单位或个人，均按商业贿赂论处。

贿赂具有以下特征。

1）商业贿赂的主体是从事市场交易的经营者，既可以是买方也可以是卖方。

2）商业贿赂是经营者主观上出于故意和自愿进行的行为，其目的是为了排挤竞争对手以占取竞争优势。

3）商业贿赂还具有很强的隐蔽性。

4）商业贿赂的形式除了金钱回扣外还有其他多种形式。

商业贿赂中最常见的方式之一是回扣。法律规定：“在账外暗中给予对方单位或个人回扣的，以行贿论处；对方单位或个人在账外暗中收受回扣的，以受贿论处。”

但是，经营者在销售或者购买商品时，可以以明示的方式给对方折扣、给中间人佣金，但要求买卖双方，包括中间人必须将其如实入账。国家鼓励经营者采取多种形式促销和购买，同时要求这些方式必须在法律、法规规定的许可范围内。

案例分析

某工程总公司在购进移动电话的经营活动中，与供货方私下串通，暗中约定在谈妥基本价格之后每台移动电话再加价 1000～1500 元，工程公司按加价后的价格支付货款。供货方照此价格开具增值税专用发票，并按每台移动电话 600～800 元暗中支付回扣给工程公司。

该工程公司前后共购进移动电话 19 680 台，货款总额达亿元。按其双方私下约定，从供货方获取回扣 1379.305 万元，经查实，工程公司及上述供货方均未在合同、发票及财务账上明示上述回扣款项。

思考：工程公司行为是否违反了《反不正当竞争法》？

分析提示：《反不正当竞争法》第八条规定“经营者不得采用财物或者其他手段进行贿赂，以销售或者购买商品。”显然，工程公司行为已经违反了法律。

8. 经营者违背购买者的意愿搭售商品或者附加其他不合理的条件销售商品的行为

《反不正当竞争法》第十二条规定：“经营者销售商品，不得违背购买者的意愿搭售商品或者附加其他不合理的条件。”该行为是指经营者销售商品时，违背购买者的意愿，强行搭售商品或者附加其他不合理条件。

搭售是通过搭配销售，推销其他滞销商品，或优质商品搭配劣、次商品。附加不合理条件，法律未规定具体范围，一般认为凡违背购买者意愿，显失公正的附加条件都是不正当的或不合理的附加条件。

搭售行为不仅严重违背了消费者的意志，侵犯了消费者的利益，而且为推销质次价高的商品提供了方便，扰乱了正常的市场秩序。

9. 不正当的有奖销售行为

有奖销售是指经营者为扩大商品销路、吸引顾客，通过把售出商品所得全部利润的一部分拿出来设立奖金或奖品进行推销的行为。

在不违背诚实信用的原则下正确运用有奖销售是允许的，但以欺骗手段搞的有奖销售就是不正当竞争行为。其主要方式有以下几种。

1）采用谎称有奖或者故意让内定人员中奖的欺骗方式进行有奖销售。

2）利用有奖销售的手段推销质次价高的商品。

3）抽奖式的有奖销售，最高奖的金额超过 5000 元。

案例分析

A 县工商局执法人员在对 B 镇个体工商户江某的商店进行检查时，发现其经销的 C 牌啤酒，涉嫌采用谎称有奖的方式进行有奖销售，立刻扣押其库存并立案调查。

江某经销的 C 牌啤酒外包装箱和酒瓶标签标注有“一个标有金质纪念章的有奖瓶盖 = C 牌金质纪念章一枚，一个标有壹圆的有奖瓶盖 = 人民币现金一元，一个标有伍角的有奖瓶盖 = 人民币现金五角”等字样。原来，江某是 C 牌啤酒在 A 县的总经销商，为了便于销售，他主动要求厂家提供这样的标注，实际箱内未设任何奖项，开盖后瓶盖标注的字样均为“谢谢您”。

思考：如何认定欺骗性有奖销售行为？

分析提示：《关于禁止有奖销售活动中不正当竞争行为的若干规定》中禁止下列欺骗性有奖销售行为：①谎称有奖销售或者对所设奖的种类，中奖概率，最高奖金额，总金额，奖品种类、数量、质量、提供方法等作虚假不实的表示；②采取不正当的手段故意让内定人员中奖；③故意将设有中奖标志的商品、奖券不投放市场或者不与商品、奖券同时投放市场；故意将带有不同奖金金额或者奖品标志的商品、奖券按不同时间投放市场。

10. 投标招标中的不正当竞争行为

串通投标是指投标者和招标者为排挤对手，相互勾结、串通投标，故意抬高或压低标价的不正当竞争行为。

我国《反不正当竞争法》规定了投标招标中常见的两种类型的不正当竞争行为。

1）投标者串通投标、抬高标价或压低标价的行为。主要表现形式有：①投标者之间相互串通，一致抬高标价；②投标者相互串通，一致压低标价；③投标者相互串通，轮流以高价位或低价位中标；④投标者相互间就标价以外的其他事项串通。

2）投标者和招标者之间相互勾结行为。主要表现形式有：①招标者在开标前，私下开启投标者的投标文件，并泄密给内定投标者；②招标者在审查评选标书时，对不同的投标者实施差别对待；③投标者和招标者相互勾结，投标者在公开投标中压低标价，中标后再给招标者以额外补偿；④招标者向特定的投标者泄露其标底。

11. 诋毁竞争对手商业信誉的行为

诋毁竞争对手商业信誉的行为是指从事生产、经营活动的市场经营主体，为了竞争的目的，故意制造和散布有损同行的商业信誉与商品声誉的虚假信息，诋毁其法人人格，使其无法参与正常的市场交易活动，削弱其市场竞争能力，从而使自己在市场竞争中取得优势的行为。诋毁竞争对手的手法往往是故意制造和歪曲事实，通过广告、影视、图书、信件、传单等手段，公开以言论、文字、图形等形式，散布关于同行业竞争者的生产、经营、服务及产品质量等方面的虚假信息，诋毁其法律上的人格及商业信誉、声誉。其行为的表现形式主要有以下几种。

1）利用散布公开信、召开新闻发布会、刊登对比性广告等形式，制造、散布贬损竞争对手商业信誉、商品声誉的虚假事实。

案例分析

某集团生产了一种儿童营养液“××吃饭香”并投放市场。为促销，该集团在印制的宣传册上称：“据说B品牌有激素，造成小孩早熟，产生许多现代儿童疾病”，给B品牌造成不良影响。而实际上B品牌经权威医药检测部门的检测结果确认并不含有对人体有害的激素，对儿童成长、发育无不良影响。该集团的这一行为就是典型的通过广告的形式，捏造事实，严重损害了竞争对手的利益。

思考：为什么说诋毁竞争对手信誉为法律所禁止？

分析提示：恶意诋毁、贬低他人商誉的诽谤行为，不惜以诽谤他人商誉的非法手段挤垮竞争对手而牟取暴利，这不但损害了竞争对手的合法权益，而且也欺骗了其他经营者与消费者，最终必然破坏市场公平竞争的正常秩序。

2）贬损有知名度的产品，从而抬高自己产品的地位。

案例分析

曾有一家外国公司借助桑塔纳汽车的知名度，公开打出广告口号：“桑塔纳的价格，豪华车的享受。”再如东北某汽车公司赴沪展销，指名道姓地称：“桑塔纳毕竟是20世纪70年代的落后车型，改进后的2000型在技术上也无更多优势”。这是贬低他人产品抬高自己的比较广告，属于不正当竞争行为。

思考：虚假宣传与商业诋毁的区别是什么？

分析提示：虚假宣传一般是没有明确的针对对象，所涉及的是同类竞争的多数企业，商业诋毁通常是针对同类竞争对象中的某一个作为对比；虚假宣传行为只对自己的商品或服务进行各种形式的虚假的和引人误解的宣传。商业诋毁行为除了涉及自己的商品或服务外，还涉及其他经营者的商品和服务，通过夸大事实、歪曲产品的优劣等方式来贬损竞争对手的商品或服务，达到降低竞争对手的商业信誉、丑化商业形象、使竞争对手失去有效竞争力的目的。

3）组织人员以消费者的名义向有关经济监督管理组织部门作关于竞争对手产品质量低劣、服务质量差、侵害消费者利益等情况的虚假投诉，以增加竞争对手的社会投诉量，从而达到贬损其商业信誉的目的。

4）在对外经营过程中，向业务客户及消费者传播、散布竞争对手所售的商品质量有问题，使公众对该商品失去信赖，以使自己的同类产品取而代之。

补充知识

不正当竞争行为与垄断行为的区别

不正当竞争行为与垄断行为有着密切的联系。不正当竞争行为与垄断行为都是对公平自由竞争的限制。但垄断行为有其自身的特性，从而使之与不正当竞争行为区别开来。第一，主体不同。不正当竞争行为主体是一般经营者，而垄断行为的主体却不是一般的经营者，而是垄断企业。第二，行为方式不同。不正当竞争行为所采用的是欺骗、胁迫、利诱及其他违反诚实信用原则的方式，而垄断行为所采用的是卡特尔、托拉斯、辛迪加、康采恩等方式。不正当竞争行为方式五花八门，而垄断行为方式却有一定的规律性。第三，目的不同。不正当竞争无论采用哪种方式，最终目的还是为了竞争，以获取不当利益；而垄断行为本质上就是独占，是限制竞争，为了获取垄断利润。第四，法律否定程度不同。由于能实施垄断行为的企业一般来说都具有相当的市场优势，因此垄断行为不会被一概否定，一般都规定有适用除外；而不正当竞争行为却为法律所绝对禁止。

三、对不正当竞争行为的监督检查

（一）监督检查部门

在我国，县级以上人民政府的工商行政管理部门及法律、行政法规规定由其他部门监督检查的依照其规定应对不正当竞争行为进行监督检查。

（二）监督检查部门的职权

县级以上监督检查部门对不正当竞争行为，可以进行监督检查。监督检查部门在监督检查不正当竞争行为时，有权行使下列职权。

1）按照规定程序询问被检查的经营者、利害关系人、证明人，并要求其提供证明材料或者与不正当竞争行为有关的其他资料。

2）查询、复制与不正当竞争行为有关的协议、账册、单据、文件、记录、业务函电和其他资料。

3）检查与《反不正当竞争法》第五条规定的不正当竞争行为有关的财物，必要时可以责令被检查的经营者说明该商品的来源和数量，暂停销售，听候检查，不得转移、隐匿、销毁财物。

监督检查部门的工作人员在行使上述职权时，要出示检查证件。

四、不正当竞争行为的法律责任

法律责任是指由于行为人的违法行为而应承担的法律后果。根据我国《反不正当竞争法》的规定，不正当竞争行为应承担的法律责任包括经济民事责任、行政责任和刑事责任。具体责任的承担如下。

1）当不正当竞争行为给被侵害的经营者造成损害时，行为人主要承担经济民事责任，责任形式是损害赔偿。

2）当存在假冒商标或包装、以贿赂手段销售或者购买商品、公用企业的垄断竞争行为、利用广告虚假宣传、侵犯商业秘密、违反法律的有奖销售、串通招投标等不正当竞争行为时，行为人要承担行政责任，行政主管部门可以责令其停止违法行为、或者没收违法所得、罚款、吊销营业执照等。

3）销售伪劣产品，或者经营者采用财物或者其他手段进行贿赂以销售或购买商品，要承担刑事责任。

案例分析

关某从广东购得一批实木沙发出售，他标明品名为“花利大战国”的一套木沙发为“红木沙发，市场价 13 800 元，特惠价 8800 元”。该套沙发贴有产品合格证和价格标签，标有品名、产地、规格、价格等，标明木质为花梨木。为推销商品，关某还委托惠安县焦点广告公司印制有上述内容的广告 30 000 份，通过摆放、散放等形式广为宣传。

国家质量技术监督局发布的 GB/T 18107—2000 红木国家标准规定，5 属 8 类木材制作的家具属于真正的红木家具，且在商贸活动中必须标明该木材隶属的类别、树种拉丁名、通用商品名及产地。经查，“花利大战国”的木沙发实际用材为南非产红花梨木，不属红木国家标准规定的 5 属 8 类木材，因此，“花利大战国”木沙发并非红木家具。

讨论：关某的行为违反了哪些法律规定？在我国，这种情况由哪个部门进行管理？可以追究关某哪些法律责任？

第四节 消费者权益保护法

案例导入

张先生从一家汽车销售公司购买了一辆轿车，不久发现这辆车是旧车改装的，于是向汽车销售公司提出换辆新车。销售公司不同意，提出以二手车回购，遭到张先生拒绝。于是，张先生以欺诈为由起诉销售公司，要求按照《消费者权益保护法》的有关规定，双倍赔偿。开庭审理时，销售公司认为：汽车是奢侈消费品，不属于生活消费，应按照一般买卖合同处理，不适用《消费者权益保护法》的规定。张先生认为：购买汽车的目的是用于生活需要，而不是营利。所以应按照《消费者权益保护法》的有关规定处理。

问题：什么是消费者？哪些消费行为属于《消费者权益保护法》调整范围？本案中汽车销售公司的理由成立吗？

一、消费者权益保护法概述

（一）消费者的概念

《消费者权益保护法》是以“消费者”为中心制定的，调整以消费者为中心所发生的消费经济关系，保护消费者的合法权益。所以首先要明确“消费者”的概念。

在不同的学科领域，对“消费者”一词的理解有所不同。当“消费者”成为法律概念时，并结合《消费者权益保护法》第二条的有关规定，应定义为：消费者是为了生活消费需要购买、使用商品或者接受服务的，由国家专门法律确认其主体地位和保护其消费权益的个体社会成员。

这里的消费者应具备以下条件。

1）消费者仅限于生活消费，不包括为生产而进行的消费。

2）消费者应是商品或服务的受用者。

3）消费者的对象可以是商品也可以是服务。

（二）《消费者权益保护法》

《消费者权益保护法》是调整在保护公民消费权益的过程中所产生的社会关系的法律规范的总和。《消费者权益保护法》于1993年10月31日由第八届全国人大第四次会议通过，1994 年 1 月 1 日正式实施的。

1.《消费者权益保护法》的特点

1）该法专章规定了消费者的权利，却没有规定相应的义务，表明了该法以保护消费者权益为己任，向消费者利益适当倾斜的特点。

2）该法强调经营者与消费者处于平等地位。

3）该法列举的消费者权利有九项，体现出较高的保护水平，逐渐与发达国家接轨。

4）鼓励、动员全社会为保护消费者合法权益共同承担责任，对损害消费者利益的不法行为进行全方位监督。

2.《消费者权益保护法》的适用范围

1）《消费者权益保护法》规定：消费者为生活消费需要购买、使用商品或者接受服务，其权益受本法保护。

2）经营者为消费者提供其生产、销售的商品或者提供服务，应当遵守本法。

3）农民购买、使用直接用于农业生产的生产资料参照本法执行。

补充知识

世界上最早制定消费者利益保护法的国家是美国，即 1890 年美国国会通过的《谢尔曼法》。该法是现代经济法产生的标志，体现了国家干预经济、限制市场垄断行为、反不正当竞争的概念，从而保护了消费者的利益。

随着各国消费者运动的发展，对消费者利益保护的国际合作与交流也随之得以迅速发展，1960 年在美国、英国、澳大利亚、荷兰和比利时五个国家的消费者组织的发起下，国际消费者组织联盟“IOCU”在荷兰海牙宣告成立。该组织以促进国际间合作，保护消费者为宗旨，总部设在海牙，原则上每两年召开一次世界消费者大会，1987 年 9 月，中国消费者协会被该组织接纳为正式会员。

消费者运动的发展，直接导致了对消费者权利的确认。1962 年 3 月 15 日，美国总统肯尼迪在其向国会提出的《关于保护选中利益的国情咨文》中，正式采用了“消费者权利”一词，并把消费者权利概括为五个方面：即安全权、了解权、选择权、意见被尊重权、获得救济权。“消费者权利”一词的首次提出，对于促进消费者运动有着重大意义。国际消费者联盟组织于 1983 年正式确定每年的 3 月 15 日为“国际消费者权益日”。

二、消费者的权利和经营者的义务

（一）消费者的权利

1. 安全保障权

安全保障权是消费者最基本的权利，它是指消费者在购买、使用商品和接受服务时依法享有的人身和财产安全不受侵害的权利。其包括以下两个方面内容。

1）人身安全权。包括生命安全有保障，健康不受损害。

2）财产安全权。财产安全权是指消费者的财产不受损害的权利。财产安全权不仅是指交易时的财产的安全，也包括消费者其他财产的安全。

2. 知悉真情权

知悉真情权或称信息获取权，它是消费者与经营者进行交易时首先要行使的权力。具体是指消费者在购买、使用和接受服务时依法享有的了解、掌握有关商品或服务的真实情况的权利。依据《消费者权益保护法》的规定，消费者有权根据商品或服务的不同情况，要求经营者提供商品的价格、名称、产地、用途、性能、生产者、生产日期、有效期、规格型号、执行标准、检验合格证、使用方法说明书、售后服务，或者服务的内容、规格、费用等有关内容。唯有如此，才能保障消费者在与经营者签约时做到知己知彼，并使经营者表达其真实的意思。

案例分析

王小姐在某商场购买某知名品牌的粉底液，售货员不允许试用。王小姐强调买象牙色，不是纯白色。售货员给王小姐拿了一瓶，王小姐付钱。回家后，王小姐打开使用发现此瓶不是象牙色，立刻找到商场退货。售货员说：“化妆品一经售出，概不退货。况且你这瓶已经有明显使用过的痕迹，我们肯定不能再卖给别人了。”

思考：王小姐能否退货？

分析提示：可以退货。因为商场侵犯了法律赋予消费者所享有的知悉真情权。

3. 自主选择权

自主选择权是消费者权利的核心，具体是指消费者享有根据自己的意愿，不受任何人意志约束的自主选择商品和服务的权利。具体包括以下几个方面。

1）消费者有权自主选择提供商品或服务的经营者。

2）消费者有权自主选择商品品种或服务方式。

3）消费者有权自主决定购买或不购买任何一种商品，接受或不接受任何一种服务。

4）消费者在自主选择商品或服务时，有权进行比较、鉴别和挑选。

4. 公平交易权

消费者的公平交易权是指购买商品或者接受服务过程中享有的获得质量保证、价格合理、计量准确等与生产经营者进行公平交易的条件，拒绝经营者的强制交易行为的权利。公平交易的核心，是消费者以一定数量的货币换得同等价值的商品或者服务。

案例分析

消费者康某在某一商厦的银饰专柜购买了一双银筷子，售价216元。购买时，售货员认定这筷子是实心纯银的，并在发票上作了注明。不久，康某在另一家大商场发现了同一厂家的同一产品，不同的是这里的售货标签为“纯银空心”，售价116元。于是康某特地去商场将两双筷子作了比较，结果是：两双筷子系同一厂家、同一品种、同样包装、同样重量。康某便到商厦讨个说法，但售货员坚持说是“实心的”。最后，康某到消费者协会投诉。

思考：商厦侵犯了康某什么权利？

分析提示：侵犯了公平交易权。消费者在购买商品或接受服务时，有权以合理的价格成交。价格合理，是指商品或服务的价格应当符合国家的物价规定，与价值相符。

5. 要求赔偿权

消费者的损害赔偿权又称求偿权或索赔权，是指消费者在购买、使用商品或者接受服务的过程中非因自己的故意或者过失而使得人身、财产遭受损害时，依法获得赔偿的权利。

享有求偿权的主体包括：①商品的购买者、使用者；②服务的接受者；③第三人，即消费者以外的因商品、服务引起的事故而受到损害的人。

求偿的内容包括：①人身损害的赔偿，具体又包括健康、生命损害赔偿和精神赔偿；②财产损害的赔偿。

6. 依法结社权

依法结社权是指消费者的结社权，它是消费者为了维护自身的合法权益而依法组织社会团体的权利。消费者的结社权十分重要，它使消费者从分散、弱小走向集中和强大，通过集体的力量来改变自己的弱势地位，以与实力雄厚的经营者相抗衡。《消费者权益保护法》规定，消费者协会和其他消费者组织是依法成立的对商品和服务进行监督的保护消费者合法权益的社会团体。消费者通过向消费者提供消费信息和咨询服务，受理消费者的投诉，并充当沟通政府和消费者之间的桥梁，支持受损害的消费者提起诉讼。

7. 接受教育权

消费者的受教育权是公民教育权的一个重要组成部分，具体是指消费者享有获得消费和消费者权益保护方面的知识以及获得所需商品或服务的有关知识和使用技能的权利。

这项权利，一方面要求消费者应不断努力学习、掌握商品及服务方面的知识，提高自我保护意识；另一方面，消费者有权要求国家有关机构、大众传媒及社会各界宣传、普及与消费者有关的知识。

8. 维护尊严权

消费者的维护尊严权，是指消费者在购买、使用商品或接受服务时所享有的人格尊严、民族风俗习惯受到尊重的权利。

1）消费者的人格尊严权。人格尊严是法律赋予公民的一项基本权利。公民的人格尊严权，主要是指公民的姓名、名誉、荣誉、肖像等方面的权利。消费者的人格尊严权是指消费者在购买、使用商品和享受服务时所享有的姓名、名誉、荣誉、肖像等人格尊严不受经营者非法侵犯的权利。

2）消费者民族风俗习惯受尊重权。我国《宪法》以根本法的形式对少数民族的风俗习惯予以尊重和保护。少数民族消费者在购买、使用商品和接受服务时，享有其民族习惯不受歧视、不受侵犯的权利。

小提示

供应给回民的牛羊肉必须由“阿訇”执刀屠宰，如需急宰而“阿訇”不在场时，应由回民职工处理。剥皮、剔骨均应尽量由回民职工按照回族操作习惯进行。对于牛羊生殖器、肛门、膀胱、胰子、脊髓、血液等回民禁忌物应当彻底割掉。

9. 监督批评权

消费者的监督批评权是指消费者享有对商品和服务以及保护消费者权益的工作进行监督的权利。

消费者的监督批评权主要包括以下几点。

1）对商品和服务进行监督。

2）有检举权，有控告侵犯消费者合法权益的行为的权利。

3）对国家机关及其工作人员在保护消费者合法权益工作中的违法失职行为进行监督。

4）对保护消费者合法权益的工作提出批评和建议。

（二）经营者的义务

生产经营者是指以营利为目的进行商品生产、销售或者提供服务的法人、其他经济组织和个人。经营者的义务主要是经营者与消费者之间的一种平等主体间的义务。

1. 依法定或约定履行义务

经营者向消费者提供商品或服务，应当按照《产品质量法》和其他有关法律法规的规定履行义务。此外，经营者与消费者有约定的，应当按照约定履行义务，但双方约定不得违背法律、法规的规定。

2. 听取意见和接受监督的义务

经营者应当听取消费者关于商品或者服务的看法、批评和建议，把消费者的意见作为改进商品质量、提高服务水平的重要依据，自觉接受消费者的监督和考察。

3. 保障人身和财产安全的义务

经营者应当保证其提供的商品或者服务符合保障人身、财产安全的要求。

在正常情况下，对可能危及人身、财产安全的商品和服务，应当向消费者作出真实的说明和明确的警示，并说明和标明正确使用商品或者接受服务的方法以及防止危害发生的方法。在非正常情况下，经营者发现其提供的商品或者服务存在严重缺陷，即使消费者在正确使用商品或者接受服务时仍然可能对人身、财产安全造成危害的，应当立即向有关行政部门报告，同时告知消费者，并采取防止危害发生的措施。

4. 提供真实信息的义务

1）提供真实信息。

2）不作引人误解的虚假宣传。

3）明确答复询问。

4）对提供的商品应当明码标价。

所谓“应当提供真实的信息”，就是指经营者提供的商品或者服务信息不能是虚假的，经营者必须保证其提供的商品或者服务信息的真实性，通过标签、说明、包装、广告以及口头等方式对其商品或者服务的一切宣传都必须与其商品或者服务的真实情况相符，不得作引人误解的宣传。

所谓“虚假宣传”，通常有三种表现：一是杜撰性的虚假宣传，即经营者完全捏造事实、制造假象、无中生有的虚假宣传；二是不确定性的虚假宣传，即经营者自己尚未弄清楚某一信息是否真实的情况下，将其作为真实信息加以宣传；三是夸大性的虚假宣传，即经营者对其商品或者服务的某些性能、特征、品质等进行有违实情的夸张渲染。

5. 出具凭证和单据的义务

经营者提供商品或者服务，应当按照国家有关规定或者商业惯例向消费者出具购货凭证或者服务单据；消费者索要购货凭证或者服务单据的，经营者必须出具。这些书面凭证是经营者与消费者发生购货合同的证明，是日后消费者使经营者履行“三包”等责任和发生纠纷后消费者要求索赔的有力证据。

在实际的商品交易中，购货凭证与服务单据的表现形式多种多样，如发票、购物小票、保修卡、信誉卡、价格单等。

6. 提供符合要求的产品或服务的义务

经营者应当保证在正常使用商品或者接受服务的情况下，其提供的商品或者服务应当具有符合要求的质量、性能、用途和有效期限。但消费者在购买该商品或者接受该服务前已经知道其存在瑕疵或非正常使用造成的除外。经营者以广告、产品说明、实物样品或者其他方式表明商品或者服务的质量状况的，应当保证其提供的商品或者服务的实际质量与表明的质量状况相符。

7. 履行“三包”或其他责任的义务

经营者提供商品或者服务，按照国家规定或者与消费者的约定，承担包修、包换、包退或者其他责任的，应当按照国家规定或者约定履行，不得故意拖延或者无理拒绝。

小提示

对一些重要的消费品，国家以法的形式规定了经营者的“三包”义务：1986 年，国家经委等部门发布《部分国产家用电器三包规定》；1995 年，国家又发布了《部分商品修理、更换、退货责任规定》，规定了 18 种产品，且注明为第一批，同时规定 1986 年的规定作废。

8. 遵守公平交易的义务

经营者不得以格式合同、通知、声明、店堂告示等单方意思表示的方式作出对消费者不公平、不合理的规定；或者减轻、免除其自己的责任和侵犯消费者的权益。

小提示

违法示例：

店堂告示：商品一旦售出概不退换。

商场儿童乐园规定：儿童在此游玩，发生事故本商场拒不负责。

超市存包须知：寄物柜是服务性质，超市不负保管及赔偿责任。

照相馆声明：如遇意外损坏或遗失，只赔偿同类、同量胶卷，不负担其他责任。

9. 尊重消费者人格尊严的义务

1）经营者不得对消费者进行侮辱、诽谤。
2）不得搜查消费者的身体及其携带的物品。
3）不得侵犯消费者的人身自由。

案例分析

甲到某商场买衣服，看中一件大衣。甲让营业员拿出试穿，试穿后不满意，准备离开。此时，营业员要求支付 10 元试衣费。甲认为这是无理要求，营业员对甲恶言相骂。

思考：商场侵犯了消费者的何种权利？

分析提示：商场侵犯了消费者的人格尊严权。

10. 标明经营者真实名称和标记的义务

1）经营者应当标明其真实名称和标记。

2）租赁柜台和场地的经营者应当标明其真实名称和姓名。

三、消费者权益争议的解决途径

《消费者权益保护法》上所说的争议，是指在消费领域，消费者与经营者之间发生的因商品质量造成消费者人身、财产损失而引发的纠纷。

《消费者权益保护法》第三十四条规定了解决争议的五种途径和方式。这五种方式的约束力和效力是依次增强的。

1）与经营者协商和解。协商和解是消费者与经营者在平等自愿的基础上，是在发生争议初期常采用的方式，具有方便、节约、及时等优点。这种途径的关键在经营者。

2）请求消费者协会调解。调解是指在消费者与经营者之间，由消费者协会作为第三方，就有关争议进行协商，促成双方达成协议，以解决争议的方式。消费者协会是消费者运动由分散的、自发的个人性质地维护权利到自觉地有组织地抗争的产物，是消费者在市场经济条件下维护自身利益而组织起来的群众性的社会团体。消费者协会的基本任务可以概括为两个：一是保护消费者合法权益；二是对商品和服务进行社会监督。《消费者权益保护法》规定消费者协会的具体职能为：提供信息和服务，参与监督，提出建议，受理投诉，提请鉴定，支持提起诉讼，通过大众传媒揭露、批评。

受理投诉中，消费者协会作为中间调解人，并非消费者的代理人，应当依法公平调解。消费者协会进行的调解坚持自愿合法的原则，是一种民间调解。

3）向有关行政部门申诉。向有关行政部门申诉是指向工商行政管理机关、技术监督机关及各有关专业部门申诉。根据《消费者权益保护法》的规定，有关行政部门应对消费者的申诉及时调查处理。

4）根据与经营者达成的仲裁协议提请仲裁机构仲裁。

5）向人民法院提起诉讼。

四、赔偿责任主体

1. 生产者、销售者的赔偿责任

消费者或者其他人因商品缺陷造成人身、财产损害的，可以向销售者要求赔偿，也可以向生产者要求赔偿。

属于生产者责任的，销售者赔偿后，有权向生产者追偿；属于销售者责任的，生产者赔偿后，有权向销售者追偿。

2. 服务者的赔偿责任

消费者在接受服务时，合法权益受到损害的，可以向服务者要求赔偿。

3. 经营者组织变更后的赔偿责任

消费者在购买、使用商品或者接受服务时，合法权益受到损害，因原企业分立、合并的，可以向变更后承受其权利义务的企业要求赔偿。

4. 营业执照使用人或持有人的赔偿责任

使用他人营业执照的违法经营者提供商品或服务，损害消费者合法权益的，消费者可以向其要求赔偿，也可以向营业执照的持有人要求赔偿。

5. 展销会的举办者、参展单位、柜台的出租者、承租者的赔偿责任

消费者在展销会、租赁柜台购买商品或接受服务时合法权益受到损害的，可以向销售者或服务者要求赔偿；展销会结束后或者柜台租赁期满后，也可以向展销会的举办者、柜台的出租者要求赔偿；展销会的举办者、柜台出租者赔偿后，有权向销售者或服务者追偿。

6. 商品或服务的经营者、广告经营者的赔偿责任

消费者因经营者利用广告提供商品或服务，其合法权益受到损害的，可以向经营者要求赔偿。广告的经营者发布虚假广告的，消费者可以请求行政主管部门予以惩处。广告的经营者不能提供经营者真实名称、地址的，应当承担赔偿责任。

五、侵害消费者合法权益的法律责任

（一）民事责任

1）提供商品或服务的经营者有下列行为时，其承担修理、重做、更换和赔偿损失的不利后果：①商品存在缺陷的；②不具备商品应当具备的使用性能而在出售时未作说明的；③不符合在商品或者其包装上注明采用的商品标准的；④不符合商品说明、实物样式等方式表示的质量状况的；⑤生产国家明令淘汰的商品或者销售失效、变质的商品的；⑥销售的商品数量不足的；⑦服务的内容和费用违反约定的；⑧对消费者提出的修理、重做、更换、退货、补足商品数量、退还货款和服务费用或者赔偿损失的要求，故意拖延或者无理拒绝的；⑨法律、法规规定的其他损害消费者权益的情形。

2）经营者提供的商品或服务致人伤害（致残），其要承担支付医疗费、因误工减少的收入、残疾者生活资助用具费、生活补助费、残疾赔偿金以及由其抚养的人所必需的生活费等费用的不利后果。若致人死亡，则要支付丧葬费、死亡赔偿金以及由死者生前抚养的人所必需的生活费等费用。

3）经营者侵害消费者的人格尊严或者侵犯消费者人身自由，要承担停止侵害、恢复名誉、消除影响、赔礼道歉，并赔偿损失的不利后果。

4）若经营者造成消费者财产损害，其要按照消费者的要求，修理、重做、退货、补足商品数量、退还货款和服务费用或者赔偿损失等。

5）经有关部门认定为不合格的商品，消费者要求退货的，经营者应当负责退货。

6）若经营者有欺诈行为，其要按照消费者的要求增加赔偿其受到的损失，增加赔偿的金额为消费者购买商品的价款或者接受服务的费用的一倍。

7）经营者以邮购方式提供商品的，应当按照约定提供。未按照约定提供的，应当按照消费者的要求履行约定或者退回货款；并应当承担消费者必须支付的合理费用。

8）经营者以预收款方式提供商品或者服务的，应当按照约定提供。未按照约定提供的，应当按照消费者的要求履行约定或者退回预付款，并应当承担预付款的利息、消费者必须支付的合理费用。

（二）行政责任

根据《消费者权益保护法》第五十条的规定，经营者有下列行为，应承担警告、没收违法所得、处以违法所得一倍以上五倍以下的罚款，没有违法所得的处以一万元以下的罚款；情节严重的，责令停业整顿、吊销营业执照等行政责任。

1）生产、销售的商品不符合保障人身、财产安全要求的。

2）在商品中掺杂、掺假，以次充好，以假充真，或者以不合格商品冒充合格商品的。

3）生产国家明令淘汰的商品或者销售失效、变质的商品的。

4）伪造商品的产地，伪造或者冒用他人的厂名、厂址，伪造或者冒用认证标志、名优标志等质量标志的。

5）销售的商品应当检验、检疫而未检验、检疫或者伪造检验、检疫结果的。

6）对商品或服务作引人误解的虚假宣传的。

7）对消费者提出的修理、重做、更换、退货、补足商品数量、退还货款或服务费用或者赔偿损失的要求，故意拖延或者无理拒绝的。

8）侵害消费者人格尊严或者侵犯消费者人身自由的。

（三）刑事责任

根据《消费者权益保护法》规定，经营者有以下行为的应追究其刑事责任。

1）经营者提供商品或服务，造成消费者或者其他受害人人身伤害或者死亡，构成犯罪的。

2）经营者以暴力、威胁的方法阻碍有关行政部门工作人员依法执行职务，构成犯罪的。

3）国家机关工作人员玩忽职守或者包庇经营者侵害消费者合法权益的行为的，由其所在单位或者上级机关给予行政处分，情节严重，构成犯罪的，依法追究刑事责任。

案例分析

李某在农贸市场张某经营的摊位上为其母购得一电热毯，上面表明由甲厂生产。买回家后，其母按照使用说明书正常使用。一夜，其母按照通常的使用方法使用电热毯，不料发生火灾，老人被烧死，屋内物品也均化为灰烬。后李某请来技术监督检测部门对电热毯进行质量鉴定。检测分析认为电热毯内电线不符合国家有关标准，造成电路短路从而导致火灾。

讨论： 李某可以向谁请求赔偿？责任者应承担什么责任？

第五节 电子商务法

案例导入

某年某月某日，刘某以“××”为用户名在交易平台注册，成为易趣网的用户，由易趣网为刘某提供免费的网络交易平台服务。次年7月1日，易趣网开始向用户收取网络交易平台使用费，并于9月18日发布了新的《服务协议》供新老用户确认，该协议对用户注册程序、网上交易程序、收费标准和方式及违约责任等作了具体的约定。此后，刘某确认了易趣网的《服务协议》，并继续使用易趣网的网络交易平台，但至次年9月24日，刘某尚欠易趣网网络平台使用费1330元。为此，易趣网诉至法院，要求刘某支付网络平台使用费、赔偿律师费用。刘某则认为，《服务协议》长达67页，过于冗长，致使用户不能阅读全文，故用户不应受该协议的约束。

问题：什么是电子合同？如何确认网络服务合同成立的效力？

一、电子商务法概述

（一）电子商务法的概念

对于电子商务法的定义，有广义和狭义两种。广义的电子商务法，是与广义的电子商务概念相对应的，它包括了所有调整以数据电文方式进行的商事活动的法律规范，其内容极其丰富，至少可分为调整以电子商务为交易形式的和调整以电子信息为交易内容的两大类规范。狭义的电子商务法，是调整以数据电文为交易手段而形成的因交易形式所引起的商事关系的规范体系。

（二）电子商务法的调整对象

1. 电子商务交易的形式

作为商事法新的表现形式，它必然以商事关系为其调整对象，但是这种商事关系又有着以下一些特点。

1）它是以数据电文为交易手段的商事关系。

2）这种商事关系是由于交易手段的使用而引起的，一般不直接涉及交易方式的实质条款。

3）该商事关系并不直接以交易的标的为其权利义务内容，而是以交易的形式为其内容。

2. 电子商务交易的内容

电子商务交易内容规范涉及当事人在电子商务中的权利义务关系。电子商务中交易的对象有有形货物，也有无形的信息产品。有形货物的交付仍然可以沿用传统合同法的基本原理；而信息产品的交付则具有不同于有形货物交付的特征，对于其权利移转、退货，交付的完成等需要作详细的探讨。

二、电子合同

（一）电子合同的含义

根据我国《合同法》第二条规定："合同是平等主体的自然人、法人、其他组织之间设立、变更、终止民事权利与义务关系的协议。"可见，合同反映了双方或多方当事人意思表示一致的法律行为。

随着电子技术的发展，电子商务正在被越来越多的商家采用，电子合同得以出现。电子合同（electronic contract），亦称电子商务合同，目前我国对电子合同尚未作出明确的法律定义，世界各国在其有关电子商务的立法中也没有一个权威性的统一解释。联合国《电子商务示范法》第二条规定："数据电文"系指经由电子手段、光学手段或类似手段生成、储存或传递的信息，这些手段包括，但不限于电子数据交换、电子邮件、电报、电传或传真。我国《合同法》第十一条规定"书面形式是指合同书、信件和数据电文（包括电报、电传、传真、电子数据交换和电子邮件）等可以有形地表现所载内容的形式"。这样，我国《合同法》实际上把电子合同纳入了"书面形式"之内。因此，本书对于电子合同的定义为：电子合同是双方或多方当事人之间通过电子信息网络，以电子的形式达成的设立、变更、终止财产性民事权利义务关系的协议。

小提示

电子数据交换（EDI）和电子邮件（E-mail）是电子合同的基本形式，两者以各自具有的特点和优势在电子商务活动中占据了一席之地。

（二）电子合同的特征

电子合同作为一种崭新的合同形式，它与传统合同所包含的信息大体相同，即同样是对签订合同各方当事人的权利和义务加以确定的文件；其成立同样要具备要约和承诺两个要件。

在订立电子合同的过程中，合同的意义和作用并没有发生改变，但其签订过程和载体已不同于传统的书面合同，其形式也发生了很大的变化。通过将电子合同与传统合同进行比较，可总结其特征具体如下。

1. 电子合同是通过计算机互联网，以数据电文的方式订立的

在传统合同的订立过程中，当事人一般通过面对面的谈判或通过信件、电报、电话、电传等方式进行协商，并最终缔结合同。这是电子合同有别于传统书面合同的关键。

2. 电子合同交易的主体具有虚拟性和广泛性

订立合同的各方当事人通过在网络上的运作，可以互不谋面。电子合同的交易主体可以是世界上的任何自然人、法人或其他组织，合同当事人的身份依靠密码辨认或者认证机构的认证。这就必然需要提供一系列的配套措施，如建立信用制度，让交易的双方在交易前知道对方的资信状况等。

补充知识

电子身份认证指以特殊的机构，对数字签名及其签署者的真实性进行验证的具有法律效力意义的服务。与电子身份认证密切相关的概念是数字签名（electronic signature）。数字签名是指通过一种特定的技术方案来鉴别当事人的身份及确保交易内容不被篡改的安全保证措施。电子身份认证的具体实施过程为：发件人在作数字签名前，签名者必须将他的公共密钥送到一个经合法注册、具有从事电子身份认证服务许可证的第三方，即认证中心，登记并由该认证中心签发的数字证书。随后，发件人将数字签名文件和数字证书一并发给对方。收件人使用经过核对无误的数字证书对发件方的数字签名进行验证，就可鉴别数字签名文件的来源、真实性与可靠性。

3. 电子合同中的意思表示电子化

在电子合同订立的过程中，合同当事人可以通过电子方式来表达自己的意愿。电子合同的要约与承诺不需要传统意义上的协商过程和手段，其文件的往来亦可通过互联网进行。

4. 电子合同生效的方式、时间和地点与传统合同有所不同

传统合同一般以当事人签字或者盖章的方式表示合同生效；而在电子合同中，表示合同生效的传统的签字盖章方式被电子签名（即数字签名）所代替。合同成立的时间和地点对于确定当事人的权利与义务以及合同应适用的法律具有重要的意义，但各国合同法对承诺生效的时间并不一致。一般认为，电子合同采取到达生效的原则更为合理，联合国《电子商务示范法》亦采取此种做法。传统合同的生效地点一般为合同成立的地点，而采用数据电文等形式所订立的合同，一般以收件人的主营业地为合同成立的地点；没有主营业地的，其经常居住地为合同成立的地点。

5. 电子合同的载体与传统合同的载体不同

传统合同一般以纸张等有形材料作为载体，同时对于大宗交易一般要求采用书面形式；而电子合同的信息记录在计算机或磁盘等载体中，其修改、流转、储存等过程均通过计算机内进行。因此，电子合同也被称为“无纸合同”。电子合同所依赖的电子数据是无形物，具有易消失性和易改动性。所以，如果不对合同的信息采用一定的加密、保全措施，其作为证据时就具有很大的局限性。同时，由于信息的传递具有网络性、中介性、实时性等特征，故电子合同比传统合同具有更大的风险性。

（三）电子合同的类型

1. 按照不同角度对电子合同进行划分

1）从电子合同订立的具体方式的角度，分为利用电子数据交换订立的合同和利用电子邮件订立的合同。

2）从电子合同标的物的属性的角度，分为网络服务合同、软件授权合同、需要物流配送的合同等。

3）从电子合同当事人的性质的角度，分为电子代理人订立的合同和合同当事人亲自订立的合同。

4）从电子合同当事人之间的关系的角度，分为B2C合同，即企业与个人在电子商务活动中所形成的合同；B2B合同，即企业之间从事电子商务活动所形成的合同；B2G合同，即企业与政府进行电子商务活动所形成的合同。

2. 电子数据交换和电子邮件合同

此两种合同是电子合同订立的两种最主要的形式，因此下面针对这两种电子合同进行分析。

（1）以电子数据交换方式订立的合同

1）电子数据交换的概念。电子数据交换，亦称EDI（electronic data interchange）。根据国际标准化组织（ISO）的定义，EDI是“将商务或行政事务按照一个公认的标准，形成结构化的事务处理或文档数据格式，从计算机到计算机的电子传输方法”。

补充知识

一个生产企业的EDI系统的职能包括：通过网络收到一份订单，自动处理该订单，检查订单是否符合要求，向订货方发确认报告，通知企业管理系统安排生产，向零配件供应商订购零配件，向交通部门预订货运集装箱，到海关、商检等部门办理出口手续，通知银行结算并开具EDI发票，从而将整个订货、生产、销售过程贯穿起来。

2）电子数据交换的优劣。相对于传统的交易方式，EDI 的突出价值就在于它取消了传统的书面贸易文件，代之以电子资料交换，大大节约了交易的时间和费用，使贸易流转更为迅速，从而实现了低费用、高效益的基本商业目的。

但是，由于 EDI 主要是通过购买专用增值网（value added network，VAN）服务才能实现，故安全性强，费用较高。同时由于需要专业的 EDI 操作人员，并且需要贸易伙伴也使用 EDI，这就阻碍了中小企业的使用。随着互联网的迅速发展，基于互联网、使用可扩展标识语言（extensible mark language，XML）的 EDI，即 Web-EDI 或称 Open-EDI 正逐步取代传统的 EDI。

（2）以电子邮件方式订立的合同

1）电子邮件的概念。电子邮件（E-mail）是以网络协议为基础，从终端机输入信件、便条、文件、图片或声音等，最后通过邮件服务器将其传送到另一端的终端机上的信息。它也是互联网上最频繁的应用之一。电子邮件具有快捷、方便、低成本的优势，在许多方面都超过了传统的邮件投递业务。

2）电子邮件的优劣。较之 EDI 合同，以电子邮件方式所订立的合同更能清楚地反映订约双方的意思表示。但电子邮件在传输过程中易被截取、修改，故安全性较差。为此，在电子交易中，应当鼓励订约双方使用电子签名，以确保电子邮件的真实性。当然，对于现实生活中大量存在的，双方在交易过程中均认可的未使用电子签名的邮件，仍应依当事人的约定确认其效力。

（四）电子合同的订立

1. 电子合同的形式

（1）书面形式

电子合同在形式上要能够有形地表现所载内容，并可以随时调取查用的数据电文，视为符合法律、法规要求的书面形式。

（2）原件形式

能够有效地表现所载内容并可供随时调取查用；能够可靠地保证自最终形成时起内容保持完整、未被更改。

（3）文件保存

具体要求包括：①能够有效地表现所载内容并可供随时调取查用；②电子合同的格式与其生成、发送或者接收时的格式相同，或者格式不相同但是能够准确表现原来生成、发送或者接收的内容；③能够识别电子合同的发件人、收件人以及发送、接收的时间。

补充知识

电子合同的内容包括：当事人的名称或姓名和住所，标的，数量，质量，价款或报酬；履行期限、地点和方式；违约责任；争议解决的方法等。

2. 电子合同订立的程序

（1）发件人发送

1）发送形式。发送形式有经发件人授权发送的、发件人的信息系统自动发送的、收件人按照发件人认可的方法对数据电文进行验证后结果相符的。当然当事人对此事项另有约定的，从其约定。

2）发送时间。数据电文进入发件人控制之外的某个信息系统的时间，视为该数据电文的发送时间。当然当事人对数据电文的发送时间另有约定的，从其约定。

3）发送地点。发件人的主营业地为数据电文的发送地点，没有主营业地的，其经常居住地视为发送地点。当事人对数据电文的发送地点另有约定的，从其约定。

（2）收件人的接收

1）接收时间。收件人指定特定系统接收数据电文的，数据电文进入该特定系统的时间，视为该数据电文的接收时间；未指定特定系统的，数据电文进入收件人的任何系统的首次时间，视为该数据电文的接收时间。当然当事人对数据电文的接收时间另有约定的，从其约定。

2）接收地点。收件人的主营业地为数据电文的接收地点。没有主营业地的，其经常居住地为接收地点。当事人对数据电文的接收地点另有约定的，从其约定。

（五）电子合同的效力

1. 电子合同具有书面形式的法律效力

随着电子合同的发展，不少国家已经意识到运用法律确定电子合同效力的必要性。联合国国际贸易法委员会 1996 年 6 月采用了《电子商务示范法》。该法指出：因为数码信息具有以后被引用的可能性，足以担当书面文件的任务，不能仅仅因为信息采用的方式是数码信息而否定其法律效力、有效性和可强制执行性。

我国《合同法》已将传统的书面合同形式扩大到数据电文形式。该法第十一条规定：“书面形式是指合同书、信件以及数据电文（包括电报、电传、传真、电子数据交换和电子邮件）等可以有形地表现所载内容的形式。”这实际上已赋予了电子合同与传统合同同等的法律效力。

2. 电子签名的效力与电子合同的成立

《合同法》第三十二条规定：“自双方当事人签字或者盖章时合同成立。”电子合同未必具有传统概念下的书面正式文本，此时所谓的签字盖章也就有了新的概念和方式，这就是电子签名。

随着电子签名确认技术问题的解决，《中华人民共和国电子签名法》第十四条也确认了可靠的电子签名与手写签名或者盖章具有同等的法律效力。在电子合同中，只有可靠的电子签名才能获得法律的承认。可靠的电子签名必须符合以下条件。

1）电子签名制作数据用于电子签名时，属于电子签名人专有。

2）签署时电子签名制作数据仅由电子签名人控制。

3）签署后对电子签名的任何改动能够被发现。

4）签署后对数据电文内容和形式的任何改动能够被发现。

当然当事人也可以选择使用符合其约定的可靠条件的电子签名。

电子签名人应当妥善保管电子签名制作数据。电子签名人知悉电子签名制作数据已经失密或者可能已经失密时，应当及时告知有关各方，并终止使用该电子签名制作数据。电子签名需要第三方认证的，由依法设立的电子认证服务提供者提供认证服务。

案例分析

韩某在网上浏览，发现一辆二手帕萨特汽车起拍价只有10元人民币，他想可能是网站搞促销活动，就参加了竞拍。几轮下来他成功了，成交价只有116元。网站通过电子邮件进行了确认，并给他发来电子合同。韩某根据网站电话，跟卖主联系，卖主是一家二手车的汽车经销公司，也收到了网站发来的电子合同。但是经销公司坚决不同意交车，理由是这份合同是无效的。因为第一，汽车底拍价是10万元不是10元，在网站上显示的10元是工作人员输入失误造成的；第二，他们认为116元就把车卖了，这样的合同不公平。韩某手上有三份证据，一份是网站公司给他发来的电子确认书，第二份是电子合同，另外还有一份整个交易过程的证据。经过多次交涉无果，韩某只好把汽车公司告到法院。

思考：这份电子合同是否有效？为什么？

分析提示：这份电子合同是有效的。原因如下：合同主体合格，韩某和汽车经销公司都是完全民事行为能力的人；订立合同过程合法，要约承诺表示一致；合同内容合法；还有充分的证据。

三、电子支付

（一）电子支付的含义

1. 电子支付的概念

电子支付指的是电子交易的当事人，包括消费者、厂商和金融机构，使用安全电子支付手段通过网络进行的货币支付或资金流转。

2. 电子支付的特征

与传统的支付方式相比较，电子支付具有以下特征。

1）电子支付是采用先进的技术，通过数字流转来完成信息传输的，其各种支付方式都是采用数字化的方式进行款项支付；而传统的支付方式则是通过现金的流转、票据的转让及银行的汇兑等物理实体的流转来完成款项支付。

2）电子支付的工作环境是基于一个开放的系统平台（即互联网）之中；而传统支

付则是在较为封闭的系统中运作。

3）电子支付使用的是最先进的通信手段，如互联网、Extranet；而传统支付使用的则是传统的通信媒介。电子支付对软、硬件设施的要求很高，一般要求有联网的计算机、相关的软件及其他一些配套设施；而传统支付则没有这么高的要求。

4）电子支付具有方便、快捷、高效、经济的优势。用户只要拥有一台上网的PC机，便可足不出户，在很短的时间内完成整个支付过程。电子支付费用相对于传统支付来说非常低，曾有过统计，电子支付费用仅为传统方式的几十分之一，甚至几百分之一。

（二）电子支付系统的类型

1. 预支付

系统在预支付或后支付交易中，对银行的访问是在实际购买程序执行之前或之后才做的。“预支付”就是指先付款，然后才能购买到产品或服务。预支付系统基本上是通过将电子货币保存到硬盘或一张智能卡上的方式来工作的，这些包含该电子货币的文件叫作虚拟钱包（virtual wallet）。

预支付是银行和在线商店首选的解决方案，由于他们要求客户预先支付，所以不再需要为这些钱支付利息，而且可以在购买产品的瞬间将钱传送给在线商店以防止欺骗。预支付系统的工作方式像在真实商店里一样，顾客进入商店并用现金购买商品，然后才得到所需商品。

2. 后支付系统

后支付即允许用户购买一件商品之后再付款。无论是在现实生活中还是在电子世界中，信用卡都是一种最普遍的后支付系统。但是信用卡很贵，这主要是因为其低级的安全措施，可能会受欺骗而增加费用，而且事务处理费用也很高。与信用卡相比，借方卡相对比较安全，因为它要求顾客证实他们知道那些只有卡的所有者才知道的信息，例如个人识别号。但是，为实现安全地在线交易，其相关的通信费用很高。

3. 即时支付系统

即时支付即在交易发生的同时，钱也被从银行账户中转入卖方。即时支付系统实现起来比较复杂，因为该系统为了立即支付，必须直接访问银行的内部数据库。即时支付系统需要执行比其他系统更严格的安全措施，因而它是最强大的系统。互联网的即时支付系统是“在线支付”的基本模式。

商家可以从即时支付模型获得利益，因为货款与订单是同时到达的，这可以减少发生欺骗行为的可能。在退货的情况下，后支付模型存在一个微小的缺陷，由于后支付系统没有直接从顾客的银行账户中记入借方，因此有可能在任何金融事务发生之前将所购的商品退回。在即时支付模型中，需要将货款存回银行账号。

对于三种类型的电子支付系统，我们可以做一个比较，见表4-1。

表 4-1 三种电子支付系统

比较项目	后支付	即时支付	预支付
可接收性	高	低	低
匿名性	低	高	中
可兑换性	高	高	高
效率	低	高	高
灵活性	低	低	低
集成性	高	低	中
可靠性	高	高	高
可扩展性	高	高	高
安全性	中	高	中
适用性	高	中	中

比较结果显示，后支付系统的得分最高，这是因为该系统已经在互联网上建立了很长一段时间。预支付系统和即时支付系统在互联网上都不如后支付系统普遍，它们的标准还没有解决，而且许多内容还处于变动之中。虽然这看起来很糟糕，但实际上是很好的，因为它开辟了集成新技术和范例的可能。

在电子支付方式下，与传统的支付方式一样的最大的问题是保证任何人都不能仿造用户的电子货币或盗走用户的信用卡信息。如果采用电子货币来显示在线支付，为了模仿现有支付方案的特性，还必须满足某些互联网支付系统必须具有的灵活性，而且这些系统应当可以支持不同情况下的不同支付模型（例如，信用卡、现金、支票）。此外，支付的时限也必须被所涉及的当事人一致同意。

作为电子支付的一个主要条件就是必须允许将电子货币从一个系统转移到另一个系统。支付系统应允许许多形式的支付和电子货币，而且除此以外，还应能与其他电子货币和实际货币的提供者签订协议，这样就可以产生能将这些资金转移到系统中的机制。

补充知识

按照支付金额的多少，国际上还将支付的等级进行了如下划分。

1）微支付：价值少于 4 美元的业务。这种支付方案是建立在电子现金的基础之上的，一般认为这些系统的业务费几乎为零。

2）消费者级支付：价值在 5 万～500 万美元的业务。典型的消费者支付是用信用卡方式来进行的。

3）商业级支付：价值大于 500 万美元的业务。直接借记或发票是最合适的解决方案。

上面所提到的每个支付等级各有不同的安全要求和费用要求。微支付系统十分类似于普通现金，而消费者级支付是通过信用卡或借记卡来完成。在大多数情况下，商业级支付是由直接借记或发票来完成的。

（三）电子货币

1. 电子货币的概念

电子货币作为当代最新的货币形式。从20世纪70年代产生以来，其应用形式越来越广泛。电子货币是一种在网上电子信用发展起来的，以商用电子机和各类交易卡为媒介，以电子计算机技术和现代通信技术为手段，以电子脉冲进行资金传输和存储的信用货币。电子货币技术解决了无形货币的存储、流通、使用等方面的技术问题，具有很大的发展潜力。

电子货币已经成为电子商务实施的核心，建立电子货币系统是发展电子商务的基础和保证。自从1995年10月美国率先建立世界第一家网络银行——“安全第一网络银行”以来，相继推出各种电子货币如电子现金（E-cash）、数字式信用卡（IC）等。人们对电子货币的认识慢慢地也趋于一致：电子货币是采用电子技术和通信手段，以电子数据形式存储的，并通过计算机网络系统以电子信息方式实现流通和支付功能的货币。也就是说，电子货币是一种以电子脉冲代替纸张进行资金传输和储存的信用货币。

2. 电子货币的特点

电子货币是在传统货币基础上发展起来的，与传统货币一样都是固定充当一般等价物的特殊商品，这种特殊商品体现在一定的社会生产关系上。同时二者具有价值尺度、流通手段、支付手段、储藏手段和世界货币五种职能。它们对商品价值都有反映作用，对商品交换都有媒介作用，对商品流通都有调节作用。

小提示

货币的本质是要便利人们的生活，其发展史为早期以物易物，逐渐演变为贝壳、稀有金属、货币（commodity money）、纸币（paper money）、金融卡、信用卡（plastic money）、今日的电子货币（E-money）。

电子货币与传统货币相比，由于二者的产生背景不同，也表现出其自身固有的特点。

1）电子货币是以计算机技术为依托，进行相应的支付处理和存储，没有传统货币的大小、重量和印记。

2）在支付电子货币时，其金额信息是以电子数据形式流动或通过网络系统送到网上银行或转移到收款人指定的账户，流通速度远远快于传统货币。

3）可广泛应用于生产、交换、分配和消费等各个领域，集储蓄、信贷和非现金结算等多种功能为一体。

4）电子货币的使用和结算不受金额限制、不受对象限制、不受区域限制，且使用极为简便，如能够处理以“分”或更小的货币单位出现的大量低价值的交易。

5）不像传统货币是国家发行并强制流通的那样，电子货币是由银行发行的，其使用只能宣传引导，不能强迫命令，并且在使用中，要借助法定货币去反映和实现商品的价值，结清商品生产者之间的债权和债务关系。

6）信息加密、数字签名、数字时间戳等技术的应用使电子货币更具有安全可靠性。

电子货币通过电子数据的形式传输结算资金，可以加快资金周转，提高资金使用效益，促进商品经济发展。电子货币通过计算机转账系统处理各项业务，不需动用纸币，这样可以减少印刷开支，节约流通费用，节省社会劳动，增加营业收入，增加其他行业劳动力，促进经济全面发展。电子货币的使用，不仅简单方便，而且安全可靠，不受银行营业时间的限制，可以为客户提供更多的金融服务，促进商品的网上交易的实现。

3. 电子货币的种类

在现阶段，电子货币的形式多种多样，但基本形态大致是类似的，即电子货币的使用者以一定的现金或存款从发行者处兑换并获得等值的电子数据，并以可读写的电子信息方式储存起来。当使用者需要清偿债务时，使用者可以通过某些电子化的方法将该电子数据直接转移给支付对象。

按电子货币的形态，可以分为以下三种。

（1）电子现金型

通过将按一定规律排列的数字串保存于电子计算机的硬盘内或IC卡内来进行支付，即以电子化的数字信息代表一定金额的货币。前者如E-cash，后者如英国研制的Mondex型电子货币，是最接近于现金形式的电子货币。

（2）信用卡应用型

在传统信用卡基础上实现了在互联网上通过信用卡进行支付功能的电子货币，如第一虚拟互联网支付系统，计算机现金安全互联网支付服务等，是目前发展最快、正步入实用阶段的电子货币。

（3）存款电子化划拨型

通过计算机网络转移、划拨存款以完成结算的电子化支付方法，又可细分为通过金融机构的专用封闭式网络的资金划拨和通过互联网开放网络实现的资金划拨，如美国安全第一网上银行提供的电子支票，环球银行金融电信协会提供的电子结算系统等。

四、违反《电子商务法》的法律责任

（一）民事责任

1. 电子商务的民事责任的概念

在电子商务中，围绕以电子交易和电子服务为核心进行各种商务活动的主体享有法律所赋予的各项权利，同时也必须履行法律所规定的各项义务以及当事人约定的为法律所确认的义务。电子商务的民事责任是指民法所规定的参与电子商务活动的主体违反法律、法规或不履行法定义务，侵害国家、法人和个人的合法权益，而依法应承担的法律后果。

2. 电子商务的民事责任的分类

民事责任作为违反民事义务或侵犯民事权利的法律后果，根据不同的标准，有不同的分类。如依据民事责任产生根据的不同，分为合同责任、非合同责任；依据承担责任的原则不同，分为过错责任、无过错责任和公平责任；根据行为主体的不同，可以分为职务责任和个人责任；根据责任承担的内容的不同，又可以分为财产责任和非财产责任等。其中合同责任和非合同责任是民事责任制度中最常见的分类。

（二）行政责任

《电子商务法》在大范畴上应当属于行政法，它主要是以各级公安机关为管理机关的行政法。

为了规范社会信息活动，对于危害电子商务安全的违法行为，除了危害严重的应当承担刑事责任以外，大量的违法事件都是行政违法行为，应当承担行政责任。违反《电子商务法》的行政责任是指电子商务法律关系的主体违反《电子商务法》所规定的义务而构成行政违法所应当承担的法律责任，包括以下几种。

1. 警告

这是对实施轻微违法行为、不履行行政义务的相对人所予以的谴责和告诫，是一种影响相对人名誉的预备处罚和申诫处罚。如《计算机信息系统安全保护条例》第二十条，《计算机信息网络国际联网管理暂行规定》第十四条，《计算机信息网络国际联网安全管理办法》第二十条、第二十一条都规定了警告的行政处罚。

2. 罚款

这是对违反行政法律、法规，不履行法定义务的相对人的一种经济上的处罚，即强迫相对人缴纳一定金额款项以损害或剥夺其某些财产权的行政处罚。如《计算机信息系统安全保护条例》第二十三条、《计算机信息网络国际联网管理暂行规定》第十四条、《计算机信息网络国际联网安全管理办法》第二十条都有罚款的规定。

3. 没收违法所得

这是对生产、保管、加工、运输、销售违禁物品或进行其他营利性违法活动的相对人所实施的一种经济上的处罚。如计算机病毒以及其他有害数据危害计算机信息系统安全的，或未经许可出售计算机信息系统安全专用产品的，由公安机关处以警告或者对个人处以5000元以下的罚款，对单位处以15 000元以下的罚款；有违法所得的，除予以没收外，可以处以违法所得1～3倍的罚款。

4. 责令停产停业

这是对从事生产、经营活动的相对人的违法行为所作的一种行之有效的处罚形式。在《电子商务法》领域，则表现为停机整顿或停止联网。如《计算机信息系统安全保护条例》第二十条规定，对某些违反条例的行为可以责令其停机整顿。

5. 扣押或吊销许可证、扣押或吊销执照

这是限制或剥夺违反行政法律、法规的相对人特定的行为能力和某项专门权利的处罚形式，也称作能力处罚。如《计算机信息系统安全专用产品检验和销售许可证管理办法》第二十一条规定，检测机构违反本办法规定，情节严重的，取消检测资格。如《中国公用计算机互联网国际联网管理办法》第十五条规定的撤销批准文件也属于这种类型的行政处罚。

6. 行政拘留

这是对违反行政法律、法规，不履行法定义务的相对人在短期内限制其人身自由的一种严厉的处罚形式。《计算机信息系统安全保护条例》规定："违反本条例的规定，构成违反治安管理行为的，依照《中华人民共和国治安管理处罚条例》的有关规定处罚。"而在该治安管理处罚条例中大量地存在对违法分子进行行政拘留的规定，如其中第三十二条规定，对制作、复制、出售、出租或者传播淫秽物品的行为人，可以处15日以下拘留。

除以上六种以外，还包括法律、法规规定的其他行政处罚。

（三）刑事责任

1. 非法侵入计算机信息系统罪

我国现行《刑法》第二百八十五条规定："违反国家规定，侵入国家事务、国防建设、尖端技术领域的计算机信息系统，处三年以下有期徒刑或拘役。"根据该条的规定，所谓非法侵入计算机信息系统罪是指违反国家规定，侵入国家事务、国防建设、尖端科学技术领域的计算机信息系统的行为。

2. 破坏计算机信息系统功能罪

"违反国家规定，对计算机信息系统功能进行删除、修改、增加、干扰，造成计算机信息系统不能正常运行，后果严重的，处五年以下有期徒刑或者拘役；后果特别严重的，处五年以上有期徒刑。"根据该条的规定，所谓破坏计算机信息系统功能罪是指违反国家规定，对计算机信息系统功能进行删除、修改、增加、干扰，造成计算机信息系统不能正常运行，后果严重的行为。

3. 破坏计算机信息系统数据和应用程序罪

"违反国家规定，对计算机信息系统中存储、处理或者传输的数据和应用程序进行删除、修改、增加的操作，后果严重的，依照前款的规定处罚。"根据该条的规定，所谓制作、传播计算机破坏性程序罪是指违反国家规定，对计算机信息系统中存储、处理或者传输的数据和应用程序进行删除、修改、增加的操作，后果严重的。

4. 制作、传播计算机破坏性程序罪

我国《刑法》第二百八十六条规定："故意制作、传播计算机病毒等破坏性程序，影响计算机信息系统正常运行，后果严重的，依照第一款的规定处罚。"

5. 关于我国《刑法》第二百八十七条的规定

“利用计算机实施金融诈骗、盗窃、贪污、挪用公款、窃取国家秘密或者其他犯罪的，依照本法有关规定定罪处罚。”可以看出，本条是关于利用计算机实施金融诈骗、盗窃、贪污、挪用公款、窃取国家秘密或者其他犯罪如何定罪处罚的规定，即对这类犯罪依照刑法的有关规定，按金融诈骗罪、盗窃罪、贪污罪、挪用公款罪、窃取国家秘密罪或者其他犯罪进行定罪处罚。

案例分析

A实业有限公司已经注册了电子邮箱（E-mail）：×××@×××.com.cn。B木制品加工厂也注册了电子邮箱（E-mail）：×××@online.sh.cn。某年3月5日上午，A实业有限公司给B木制品加工厂发出要求购买该厂生产的办公家具的电子邮件一封。电子邮件中明确了如下内容：需要办公桌8张，椅子16张；要求在3月12日之前将货送至A公司；总价格不高于15 000元。电子邮件还对办公桌尺寸、式样、颜色作了说明，并附了样图。

当天下午3点35分18秒，B厂也以电子邮件回复A公司，对A公司的要求全部认可。为对A公司负责起见，3月6日，B厂还专门派人到A公司作了确认，但双方没有签署任何书面文件。

3月11日，B厂将上述桌椅送至A公司。由于A公司已于10日以10 000元的价格购买了另一家工厂生产的办公桌椅，就以双方没有签署书面合同为由拒收。

讨论：A公司能否拒绝履行合同？如果双方合同成立，那么成立时间为何时？

小　结

商业广告具有营利性，作为一种促销手段的商业广告是企业营销活动的重要内容，广告活动必须依法来进行，否则依法承担法律责任。

反垄断法就是为了预防和制止垄断行为，保护市场公平竞争，维护消费者利益和社会公共利益，促进社会主义市场经济健康发展。

不正当竞争行为给正常的经济主体造成经济损失之外，还给消费者的人身安全、财产安全造成了极大的损害。通过制止不正当竞争行为，保护经营者和消费者的合法权益，维护社会经济秩序，鼓励和保护公平竞争，充分发挥竞争机制的积极作用，以促进社会主义市场经济的健康发展。

在现代市场经济中，国家依照社会经济运行的需要和市场上消费者的主体地位，明确立法，这就使消费者权益不仅是一种公共约定和公认的规范，还得到了国家法律的确认和保护。

电子商务为整个经济有效地运转提供了一个更好的业务模式。法律为电子商务的发展提供必要的保证，以创建一个适合电子商务发展的法律法规环境。

思考题

1. 广告的一般准则有哪些？《广告法》对哪些特殊商品有特殊要求和规定？
2. 什么是广告活动？广告活动主体有哪些义务？
3. 什么是虚假广告？发布虚假广告应当承担什么法律责任？其责任主体是谁？
4. 简述反垄断法所规制的垄断行为。
5. 不正当竞争行为的表现形式有哪些？不正当竞争行为应该承担怎样的法律责任？
6. 消费者的概念是什么？消费者有哪些权利和义务？
7. 电子货币有哪些特点？
8. 电子合同订立的主要形式是什么？
9. 比较电子支付的三种类型。

案例讨论

新市区人民政府某街道办事处召集新啤集团的一名厂家代表和新疆乌苏卢云啤酒有限责任公司的3名经销商，对铁路局夜市的啤酒销售权进行招标，最后新啤集团以4万元竞价成交。5月，该办事处与新啤集团签订了《新疆啤酒经销合同》，双方约定新啤集团为该街道办事处管辖的铁路局夜市瓶装及生啤的唯一经销商，该街道办事处全权负责及保护新啤集团产品的展示及新啤集团生啤桶，确保新啤集团以外的任何啤酒产品不得进入夜市。其他啤酒厂家不在夜市做促销活动以及其他厂家的经销商不得进入夜市进行促销活动。合同签订后，办事处即通知夜市内的所有经营户，只能经销新啤集团的啤酒，不得销售其他品牌的啤酒，否则将采取相应措施。

讨论：

（1）该街道办事处的行为是否触犯《反垄断法》和《反不正当竞争法》？

（2）其行为如何定性，应如何承担法律责任？

实训项目

实训目的：

了解《反不正当竞争法》中的不正当竞争行为，在实践中能识别不正当竞争行为；理解《消费者权益保护法》中消费者权利和经营者义务，在实践中要守法经营；掌握广告活动的规则。

实训方式：

起草法律意见书；法律交涉。

实训背景资料：

西饼屋在顺利地经营着，不想，发生了令大家不愉快的事。一是竞争对手甲假冒“西饼屋”在城东开店；竞争对手乙散布西饼屋使用过期原料生产这一虚假事实。经过法律交涉，事件平息下去。

由于乙散布的虚假事实给西饼屋造成一定影响。为了挽回影响，巩固市场地位和声誉，他们利用年末圣诞节和元旦之际，采取一系列促销活动。促销方案：一是决定在每个星期五下午实行“买一赠一”，就是顾客消费超过五十元的，就赠送一瓶价值 2 元的矿泉水。二是为顾客办理“贵宾卡”。三是在当地的晚报上登广告：“为了感谢顾客多年的厚爱，本店让利酬宾，凡是到西饼屋的顾客都会有惊喜，让你们不虚此行。”四是针对中老年人市场推出新品“荞麦无水八宝蛋糕”。五是在店里加大宣传力度，“买一赠一”、“贵宾卡 8 折优惠”、“你享受的美味是低糖或无糖的”及“荞麦对中老年心脑血管疾病、糖尿病有预防和治疗功能”等宣传语贴在墙上，印在宣传单上。

实训内容：

1．指出竞争对手甲、乙的行为违反了哪些《反不正当竞争法》的法律规定；并根据法律规定向甲、乙提出最有利保护西饼屋权益的法律诉求，最后形成一份法律建议。

2．针对西饼屋各项促销活动是否合法阐述各自观点，最后形成妥善解决的法律方案。

实训要求：

根据实训内容，学生分成小组分别扮演西饼屋的经营者、竞争对手及消费者，双方进行法律交涉，起草法律意见书。然后每个小组派代表发言，阐述本小组意见。其他小组同学给予评价。最后老师就各小组完成情况进行总结发言，评定各小组成绩。

知 识 拓 展

请同学利用课余时间阅读以下书籍：

[1] 韩志红．2008．经济法新论．北京：法律出版社。

[2] 尹衍波．2007．电子商务法规．北京：北京交通大学出版社。

第五章

营销渠道法规实务

直销和特许经营是20世纪最为成功的经营模式，它们在我国虽然刚刚兴起，但发展速度很快。一方面我们要充分认识到这种经营模式的优势，另一方面也要看到它所带来的负面影响。因此，国家要加强宏观调控，并以法律手段加以规范，从市场准入的设置到相关制度的建立等，使这种新兴的商业模式在符合我国国情的前提下，给我国经济增长带来新的生机。

政府采购法从采购方式及程序等方面规范了政府采购行为，是防治腐败、廉政为民的一项有效的法律武器。

1. 理解直销的含义及主要形式，能分辨直销与传销的区别，认识传销的危害。
2. 掌握直销企业设立的条件及程序；直销企业、直销员开展业务时应遵守的规则。
3. 理解政府采购的意义、政府采购方式及采购程序。
4. 理解特许经营的含义及特征。
5. 掌握特许经营准入制度及实施程序，能识别特许经营的陷阱，同时会运用法律法规解决其纠纷。

第一节 直 销 法

案例导入

安利——全球直销业的领头羊

创立于20世纪50年代后期的美国安利，已经发展成为世界知名的大型日用消费品生产及销售商，业务遍布80多个国家和地区，产品有450多种，包括营养保健食品、美容化妆品、个人护理用品、家居护理用品和家居耐用品等。

安利（中国）日用品有限责任公司作为中美合作的大型企业，投资总额为2.2亿美元。总部设在广州，并建有先进的大型生产基地，还在北京及上海设有地区办事处。

安利（中国）采用“店铺销售加雇佣推销员”方式经营，通过遍布全国的店铺和经营人员为顾客提供优质产品和完善服务。截至2010年，安利在中国195个城市开设了238家直营店铺，培育了20万名活跃的营销人员，销售额已经达到271亿多人民币，安利产品已经占据中国营养产品15%以上的市场份额。

问题：什么是直销？直销有什么特点及优势？直销和传销有什么区别？

一、直销及《直销管理条例》概述

（一）直销的兴起

直销的经营模式起源于美国，发展于第二次世界大战期间。“二战”后经济萧条，市场萎缩，就业机会骤减，企业信用和消费信用大大降低，人们采用一种利用人与人之间的信任组成的人际关系来推销产品，加上美国一些大城市由于人口稠密、地价昂贵，开设商店的成本不断上升，于是直销应运而生。随后，欧洲一些国家也流行起了“直销”。所谓直销，是一种由直销企业招募直销员，在固定营业场所之外通过直销员将产品直接销售给消费者的经销方式。按照直销员之间的关系和计酬方式划分，直销分为单层次直销和双层次直销，依赖个人销售业绩计酬的是单层次直销，实行团队计酬的是多层次直销。多层次直销除了销售商品外，同时，还招揽他人加入销售行列，有“滚雪球”的效应。

（二）直销在我国的兴起和发展

1990年前后，直销的经营模式开始在我国兴起。1990年11月，我国境内第一家正式以直销经营申请注册的公司——中美合资广州雅芳有限责任公司成立，标志着直销经营方式正式进入我国内地市场。雅芳公司的进入和初期经营的成功，起到了较强的示范作用，面对庞大的中国市场，其他国外直销公司紧随其后，从1992年开始以独资、合资的形式进入我国，国内一些企业也纷纷效仿。

1998年6月，发布《关于外商投资直销企业转变销售方式有关问题的通知》，批准了安利、雅芳、玫琳凯等10家外商直销公司转型为“固定店铺＋推销员”的经营模式，允许其雇佣推销员，开展经营活动。

随着直销经营的进入，直销被一些不法分子利用，打着直销的旗号从事非法传销和“金字塔诈骗”活动，这些企业既不注册，也没有规范的经营手段，多数是通过层层“拉人头”，或者以离谱的高价强行销售产品，有的甚至利用直销进行诈骗、帮会和迷信等活动，有的非法传销组织以“快速致富”为诱饵，使不明真相的人加入，严重损害了消费者利益，扰乱了市场秩序，对社会稳定和社会治安造成了严重影响。对此，我国政府有关部门相继颁布了一系列法规和部门规章，对直销经营中出现的混乱现象予以规制。尽管如此，直销经营中混乱现象和大量的非法诈骗活动并没有得到根本的遏制。

（三）直销管理条例

直销是众多现代的经销模式之一，这种经销模式可以有效降低成本，对促进市场经济条件下商品的发展与流通有着积极作用。但是，由于这种经销模式在交易过程中存在着信息不对称、直销人员分散性等特点，所以容易引发一些不规范甚至违法行为的发生，进而损害广大消费者和直销从业人员的切身利益。加之这种经营方式进入我国时间不长，公众对直销的认识还存在一些偏差，区分合法直销和非法传销的能力相对薄弱。因此，根据我国经济增长状况和多元化流通方式的发展，为了正确引导和规范我国直销业的发展，加强对直销活动的监督，防止欺诈，保护消费者合法权益和社会公共利益，以及履行WTO的相关承诺，2005年9月，国务院颁布了《直销管理条例》和《禁止传销条例》，并分别于2005年11月1日和12月1日起正式实施。两个条例的颁布，标志着我国直销市场的开放和直销立法进程进入了新阶段。

（四）直销的概念及主要形式

1. 直销的含义

提起直销，人们可能想到街头路边的“厂家直销”广告和厂家直销点，也可能想起小商品市场或其他地方边演示宣传边叫卖的新产品推销。我们说的直销的含义与以上的概念不同。

直销的含义，在许多国家和地区的法律和学术界有不同的看法。国际上一般公认为的定义是："直销是于消费者家中或他人家中、工作地点或零售商店以外的地方进行消费品的行销，通常由直销人员在现场对产品作详细说明或示范"。

我国《直销管理条例》关于直销的定义是："直销是指直销企业招募直销员，由直销员在固定营业场所之外直接向最终消费者推销产品的经销方式。"

直销员又称直销人员，不同企业对直销人员的称谓有所不同，如直销商、销售代表、营业代表、销售顾问、业务员和推销员等。

2. 直销和传统销售渠道

直销方式使生产商的产品由直销人员直接提供给消费者。

在传统营销活动中，生产商生产的产品，通过不同的流通环节，将产品转送到零售店铺销售给消费者。这些中间环节常见的有批发商、代理商、零售商等。

直销和传统销售的流通渠道分别如下。

（1）直销渠道

生产商→消费者。

（2）传统销售渠道

生产商→批发商→零售商→消费者。

生产商→代理→批发商→零售商→消费者。

生产商→零售商→消费者。

3. 直销的主要形式

直销是国际营销领域中一种重要的经营模式，它的形式多种多样。一般认为它有以下六种主要形式。

1）邮购直销。直销商将图文并茂的广告等产品资料直接寄到预先选定的消费者手中，以促成交易成功。邮购直销与媒体传播广告相比，其特点是有选择性和直接性。

2）目录直销。直销商将产品目录寄到预先选定的消费者手中。和邮购直销相比，消费者面对种类丰富的产品，有更大的选择空间，也能较好地满足消费者的多元需求。

3）电话直销。直销商直接用电话向消费者推销产品，也有直销商提供免费电话（如800免费电话），让消费者通过电话直接购买。

4）媒体直销。直销商通过电视、广播、报纸、杂志、户内户外广告等媒体直接向消费者进行推销。媒体直销与一般媒体广告（企业形象广告、产品广告等）的区别是对消费者具有反应特征，即提供明确的电话、地址等联系方式，以促成交易。

5）互联网直销（电子商务）。直销商通过互联网发布产品信息，使消费者与之直接达成交易的销售形式。

6）人员直销。人员直销是直销员在店铺以外与消费者达成商品或服务交易的销售形式，分为单层直销和多层直销两种。

单层直销是指直销企业不通过店铺而通过发展一个层次的直销员，并由直销员将产品直接销售给消费者的一种经营方式。

多层直销是指直销企业不通过店铺，而是通过发展两个层次以上的直销员并由直销员将产品直接销售给消费者的一种经营方式。

小观点

在传统的直销行业里面，生产商通过销售人员把产品转到消费者手中。中国的直销是店铺加雇佣推销员，这种方式符合中国国情。有了店铺或专卖店，消费者不用担心被假货欺骗，国家相关部门也容易对所有的经营点进行管理。

4. 直销经营方式的作用

直销是一种客观的商业存在，是在市场经济条件下，适应于部分生产厂商节约店铺经营成本，以及适应部分目标消费群体的便利性、个性化需求而产生的一种商品流通和分销方式。当然，并非所有消费品都适合直销，从国际分销渠道的发展状况和未来发展趋势来看，消费品零售分销仍以店铺销售为主导，直销只是对店铺销售的一种补充，但其作用不可低估。

1）更好地满足消费者需求。随着商品的供大于求，市场同质化的商品越来越多，厂商之间的市场竞争日趋激烈。在这种情况下，直销可以协助厂商具体地、有针对性地掌握目标顾客的资料，了解消费者需求，开发出能满足市场需求的产品。

2）满足个性化的需求。随着消费者消费结构的升级，其生活方式和节奏的变化引发了消费行为的变化，直销方式适应了消费者对面对面个性化服务的需求。

3）节约经营成本。我国商业零售店铺资源争夺的加剧，导致店铺经营成本大幅度上升，加上广告费用的增大，厂商更愿意选择通过直销方式销售产品。

4）缓解就业压力。就业压力在我国经济发展中面临严峻的形势，直销经营具有灵活就业的特点，在一定程度上缓解了就业压力。

补充知识

传销就是“金字塔式销售”，俗称“老鼠会”、“拉人头、“滚雪球”等。金字塔式销售与正规的直销之间有本质区别。其一，加入方式不同。正规直销公司的入会费不高，而且可以退还；而金字塔式销售则相反。其二，获利基础和方式不同。直销公司及直销人员的收入主要来自向消费者销售的产品及服务的业绩；而金字塔式销售欺诈活动的收入主要来自“人头费”或参与者之间的销售。其三，直销公司一般不要求直销人员购买大量的存货，并且有严格的退货制度；而金字塔式销售欺诈活动则相反。其四，正规直销公司产品具有最终消费价值，消费者也乐意购买；而金字塔式销售欺诈活动的产品只是一个幌子，产品价格与价值严重偏离。

二、直销企业的设立条件和程序

（一）条件

申请成为直销企业，应当具备下列条件。

1）投资者具有良好的商业信誉，在提出申请前连续五年没有重大违法经营记录。外国投资者还应当有三年以上在中国从事直销活动的经验。

2）实缴注册资本不低于人民币 8000 万元。

3）缴纳足额的保证金。

4）建立信息报备和披露制度。

可以看出，我国政府是通过设置高门槛来控制企业的数量和资质水平，使直销企业违规风险成本提高，一旦违规，巨额投资和保证金将受到很大影响。所以准入企业一般会规范经营，以保护企业利益；广大消费者、经营者的利益也能得到保证。

（二）程序

申请人应当通过所在地省、自治区、直辖市商务主管部门向国务院商务主管部门提出申请。申请成为直销企业，应当填写申请表，并提交下列申请文件、资料。

1）符合规定条件的证明材料。

2）企业章程，属于中外合资企业、合作企业的，还应当提供合资或者合作企业合同。

3）市场计划报告书，包括依照本条例第十条拟定的经当地县级以上人民政府认可的从事直销活动地区的服务网点方案。

4）符合国家标准的产品说明。

5）与直销员签订的推销合同样本。

6）会计师事务所出具的验资报告。

7）企业与指定银行达成的同意依照本条例规定使用保证金的协议。

省、自治区、直辖市商务主管部门应当接到申请文件、资料之日起 7 日，将申请文件、资料报送国务院商务主管部门。国务院商务主管部门应当自收到全部文件、资料之日起 90 日内，经征求国务院工商行政管理部门的意见，作出批准或者不予批准的决定。予以批准的，国务院主管部门颁发直销经营许可证。国务院商务主管部门颁发直销经营许可证，应当考虑国家安全、社会公共利益和直销业发展状况等因素。

履行申请程序的目的：一是对于申请企业的合法性（包括企业出资人的注册地址和资信情况）进行验证，防止不具备相应条件的企业进入直销市场开展业务；二是通过审查申请企业的市场开发计划，可以发现其可能影响或干扰直销市场正常运行的行为；三是审查申请企业的产品情况和服务状况，以及网点的建设情况，可发现其是否具备了有效开展直销业务、履行承诺的各项条件。

案例分析

雅芳是全美 500 强企业之一，1886 年创立于美国纽约，是世界上最早的直销公司之一和世界上最大的直销公司。它拥有 43 000 名职工，年销售收入将近 90 亿美元。

雅芳于 1990 年以直销方式进入中国，在中国有 74 家分公司，覆盖国内 23 个省、5 个自治州及 4 个直辖市。位于广州的雅芳生产基地于 1998 年正式投入使用，累计投资超过 6000 万元，产品面向中国女性市场，包括护肤品、彩妆品、个人护理品、香品、流行饰品、时尚内衣和健康食品等。2006 年 3 月雅芳（中国）有限责任公司正式宣布已被国家商务部授予国内首张直销经营许可证。截至 2007 年年底，雅芳（中国）在全国拥有近 5000 多个销售网点及 70 万名直销员。

思考：雅芳的直销经营方式有什么特点？

分析提示：店铺加直销员。

（三）保证金制度

随着直销市场的不断开放和持续发展，各个直销企业营业范围的扩大和直销业务的增多，直销企业本身所承担的风险在持续增大，直销行业所面对的系统性风险也会不断增加，处理不慎容易引发侵犯消费者权益的问题。因此，为了切实保护直销员和消费者合法权益，提高直销企业的服务质量和规范经营，加强政府部门对直销市场的监督管理，维护我国直销业的良好声誉，有必要设立保证金制度。

直销企业保证金是指由直销企业缴纳、行政主管部门管理，用于保障直销员和消费者权益的专用款项，用于处理直销投诉和理赔过程中的相关支出。直销企业应当在国务院商务主管部门和国务院工商行政管理部门共同指定的银行开设专门账户，存入保证金。

各级行政主管部门在规定的权限内，依据有关法规、规章和程序，作出支付保证金金额的决定；保证金必须保持满额，支付赔偿后，不足部分由直销企业补足；缴纳保证金的有关凭证不得作为抵押或偿还债务的凭证；直销企业发生合并、解散、转产、破产等情形，保证金应作为直销企业财产的一部分，按有关法律规定处置；直销企业终止经营，退还保证金。

保证金数额在直销企业设立时为人民币 2000 万元；直销企业运营后，保证金应当按月进行调整。其数额应当保持在直销企业上一个月直销产品销售收入 15%的水平，但不超过人民币 1 亿元；最低不少于人民币 2000 万元。保证金利息属于直销企业。

可以使用保证金的情形包括以下几个方面。

1）无正当理由，直销企业不向直销员支付报酬，或者不向直销员、消费者支付退货款的。

2）直销企业发生停业、合并、解散、转让、破产等情况，无力向直销员和消费者支付退货款的。

3）因直销产品问题给消费者造成损失依法应当进行赔偿，直销企业无正当理由拒绝赔偿或者无力赔偿的。

小提示

世界上直销业发达的国家普遍采用保证金制度来保护直销员和消费者的利益，并对直销企业保证金缴纳的数额、缴纳的程序、保证金的退还等都作了非常具体的规定。

三、直销员

（一）直销员资格

《直销管理条例》第十五条规定，直销企业及其分支机构不得招募下列人员为直销员。

1）未满 18 周岁的人员。
2）无民事行为能力或限制民事行为能力的人员。
3）全日制在校学生。
4）教师、医护人员、公务员和现役军人。
5）直销企业的正式员工。
6）境外人员。
7）法律、行政法规规定不得从事兼职的人员。

这些规定事实上明确了招募直销员的“禁区”，目的是约束直销企业的违法经营行为，降低直销人员队伍因发展过快而可能给社会带来的负面冲击。除此之外，直销企业还会主动设置一些条件和禁区，设法淘汰那些不符合要求的直销人员。这些条件通常是：正直诚实的品德、爱岗敬业的精神、熟练的专业技能等。

直销企业及其分支机构招募直销员应当与其签订推销合同，未与直销企业或者分支机构签订推销合同的人员，不得以任何方式从事直销活动。

（二）直销员培训

由于直销组织实行低门槛的原因，造成直销团队的成员素质参差不齐，具有松散性、复杂性和目标价值多元性的特点，给管理带来了一定难度和压力，也可能对社会产生不良的影响。实行直销员培训制度，加强直销队伍整体素质建设，是弱化直销社会特点的有效措施。

直销企业应当对拟招募的直销员进行培训和考试，考试合格后由直销企业颁发直销员证。未取得直销员证，任何人不得从事直销活动。实行直销员准入制，有利于提高直销员的整体素质，进而提高直销经营中推销和服务水平，有利于提高直销行业的整体水平。具体地讲，对直销员进行培训的意义在于：第一，明确直销员的责任和义务。由于很多直销员在进入直销行业前缺乏对此行业的真实了解，因此存在通过从事直销业而快速成功和一夜暴富的盲目心态，这就必须通过培训使其对直销员的责任和义务有必要的了解和认识。第二，学习掌握基本的销售知识。由于直销员在销售产品过程中，要对消费者详细讲解所销售的产品的性能、使用方法、退货制度及售后服务等，因此，直销企业需要对拟招募的直销员进行基本知识的培训，同时在培训中，让直销员了解企业的有关情况，熟知所售产品的特点，掌握顾客的消费心理及消费特点。

小提示

全国统一组织考试的直销员资格准入制度，一时还难以推广，故将直销员资格准入把关的责任交给企业，同时《直销管理条例》第二十七条规定，直销企业对其直销员的直销行为承担连带责任，能够证明直销员的直销行为与本企业无关的除外。

（三）直销员的薪酬

《直销管理条例》第二十四条规定：直销企业至少应当按月支付直销员报酬。直销员报酬总额包括佣金、奖金、各种形式的奖励以及其他经济利益等。同时规定，直销企业支付给直销员的报酬只能按照直销员本人直接向消费者销售产品的收入计算，而且不得超过直销员本人向消费者销售产品收入的30%。这一点还严格规定了直销员的收入来源是本人直接向消费者出售产品的所得，而不是通过分享他人向消费者出售产品的所得而获得收入。这就从根本上把直销与非法传销区分开来。

四、直销企业及直销员的义务

《直销管理条例》第五条规定，直销企业及其直销员从事直销活动，不得有欺诈、误导等宣传和推销行为。直销企业应当向推销员提示加入直销的风险，必须如实介绍产品的质量和功能，不得夸大实际或潜在的销售报酬；推销员的培训活动不得将某个推销员收入状况作为普遍现象进行宣传，不得对推销员所获得报酬过分渲染。

（一）直销员的禁止行为

直销员向消费者推销产品，应当遵守下列规定。

1）出示直销员证件和推销合同。

2）未经消费者同意，不得进入消费者住所强行推销产品。

3）成交前，向消费者详细介绍本企业的退货制度。

4）成交后，向消费者提供发票和售货凭证。售货凭证上要记载直销企业当地服务网点地址和电话号码等内容。

这些规定有利于规范直销员的直销行为和直销活动。

（二）退货制度

一般来讲，从直销员的手中购买商品，到消费者得到允许退货，这段时间就称为冷静期。直销中的冷静期制度，主要针对消费者在购买产品的过程中，由于信息不对称，消费者与直销员进行面对面的交流时，有时候会出现消费者被对方诱导或情绪感染，最终引发不理智的冲动性购买。为了保护消费者利益，制定了消费者有权向生产企业退货的制度安排。

注 意

直销员自签订推销合同之日起60天可以随时解除推销合同；60天后，直销员解除推销合同应提前15天通知直销企业。这在法律上明确了直销员也有一定时间的冷静期。也就是说，直销企业不能强拉人员进入它的直销队伍，直销员本人有权作出是否与企业继续合作的决定，这就从法律上为直销员提供了权利保障。

退货的情形有如下两个方面。

1）消费者自购买直销产品之日起30日内，产品未开封的，可以凭直销企业开具的发票或者售货凭证向直销企业办理换货和退货。

2）直销企业应当在直销产品上标明产品价格，该价格与服务网点展示的产品价格应当一致。直销员必须按照标明的价格向消费者推销产品。如果消费者所购买的商品与其标明的价格或服务网点内展示的产品价格不相符，可以向直销企业专设的服务网点办理换货或退货。

直销企业及其分支机构、所在地的服务网点和直销员应当自消费者提出换货或者退货要求之日起7日内，按照发票或者售货凭证标明的价款办理换货和退货。

不属于前两款规定情形的，消费者要求换货和退货的，直销企业及其分支机构、所在地的服务网点和直销员应当依照有关法律法规的规定或者合同的约定，办理换货和退货。

（三）信息披露制度

直销企业信息披露是指直销企业向政府部门、广大消费者、社会公众以及与本企业生产经营相关的单位，依法发布和公开与直销产品、直销服务、直销政策执行活动相关的信息的过程。应当说，有效地直销信息披露从理论上讲是一个信息沟通的过程，是中国特色直销管理模式的重要内容。

直销企业进行信息披露是由直销产品的特性决定的。直销市场存在着严重的信息不对称现象。通常直销企业比消费者更多地了解企业内部经营活动，而消费者往往是按照直销企业发布的各种信息来判断产品的内在价值，这样就可能导致直销产品的实际价值与人们的预期不一致。一些直销员出于自身利益的考虑，在推销产品时，虚假宣传，夸大产品功效和购买的好处，损害了消费者的利益。因此，建立公开、透明的信息披露制度有利于提高消费者识别直销企业、直销人员以及直销产品的能力，保护消费者的合法权益不受损害。

直销企业信息披露的内容包括：店铺名称、数量、地址电话、店铺所属推销员人数、名单及其获得薪酬情况；推销员个人资历；计酬制度、退货制度、保证金制度、招募推销员制度、售后服务制度、推销员培训制度、处理推销员和消费者退货情况，企业重大诉讼事项和被主管部门处理情况，这些情况必须在网站上公布。

完备的直销企业信息报备和披露制度的建立，使直销企业成为阳光产业，使人们享有直销知情权，为人们选择和经营提供信息保证，对有效遏制利用信息诱导和误导人们的行为，提供了制度保证，对直销的健康发展将起到非常重要的作用。

小提示

直销在整个零售总额里的比例是很小的，不到全世界商品零售总额的1%。美国从事直销的80%的人员，目的是自用，就是为了拿到一定折扣的产品，只有20%的直销人员才有经营目的，其中只有千分之三的成功者。

五、直销行业协会

在中国市场经济发展进程中，成立直销行业协会等社团组织，其地位和作用是非常重要的。第一，有助于市场主体的有效沟通。在直销市场目前并不发达的中国，政府部门与直销企业之间的信息沟通，更多采用的是自上而下的单向交流方式，因而并不具备真正意义上的直接而又有效的信息反馈渠道，这会导致信息传递的准确性降低。通过建立直销行业协会，可以形成一个较为完备的信息反馈系统。通过这个系统，政府有关部门就可以更多地了解到直销企业的信息。尤其是当企业对于一项政策措施不清楚时，行业组织就可以把相关的情况反映上去。在此，行业组织具有双重角色，既可以对上提出要求，也可以对下提出指导。第二，有助于维持共同的商业利益。直销协会可以在一定范围内平息直销市场中可能存在的恶性竞争。直销市场开放后，客观上面临着许多新情况和新问题，有时这些情况和问题可能会比较突出，如果都需要通过正常渠道反映到政府部门，一方面会造成信息的大量堵塞，不利于政府部门及时解决重大问题；另一方面，也会由于政府部门的安排等原因，致使一些问题得不到及时解决。因此，由市场参与主体自行协商，就成为一种十分有效的办法，这样做，有助于维持直销企业共同的商业利益。第三，有助于开展横向合作与交流。直销行业协会经常与其他行业组织、政府部门、经营单位及媒体进行沟通与交流，这样便于人们对直销企业、直销人员有一个全面的认识，创造一个直销行业正确发展的客观环境。此外，直销行业协会还广泛地开展国际合作与交往。通过协会，能够了解世界直销业的发展动态，借鉴和学习发达国家在发展直销行业中的一些好的做法，促进直销行业健康发展。

六、违反《直销管理条例》的法律责任

1）未经批准而从事直销活动的企业，由工商行政管理部门责令改正，没收直销产品和违法销售收入，处5万元至30万元的罚款，情节严重的处30万元至50万元的罚款，并依法予以取缔；构成犯罪的，依法追究其刑事责任。

2）申请人通过欺诈、贿赂等手段取得直销经营、分支机构设立、服务网点设立许可的，没收直销产品和违法收入，处 5 万元至 30 万元的罚款，撤销其经营许可证，申请人不得再提出申请；情节严重的，处 30 万元至 50 万元的罚款，并依法予以取缔；构成犯罪的，依法追究其刑事责任。

3）直销企业在申请材料、企业章程、市场计划报告书、产品说明、推销合同样本、验资报告、与银行签订的使用保证金协议等方面发生重大变更的，应当通过有关部门向国务院商务主管部门提出申请。违反规定的，由工商行政管理部门责令改正，处 3 万元至 30 万元的罚款；对不再符合直销经营许可条件的，由国务院商务主管部门吊销其直销经营许可证。

4）直销企业超出直销产品范围从事直销经营活动的，由工商行政管理部门责令改正，没收直销产品和违法收入，并处以 5 万元至 30 万元的罚款；情节严重的，处 30 万元至 50 万元罚款，由工商行政管理部门吊销有违法经营行为的直销企业分支机构的营业执照，直至由国务院商务主管部门吊销直销企业经营许可证。

5）直销企业及其直销员违法规定，有欺诈、误导等宣传和推销行为的，对直销企业由工商管理部门处以 3 万元至 10 万元的罚款；情节严重的处以 10 万元至 30 万元罚款，由工商行政管理部门吊销有违法经营行为的直销企业分支机构的营业执照，直至由国务院商务主管部门吊销直销企业经营许可证。对直销员处以 5 万元以下的罚款；情节严重的，责令直销企业撤销其直销员资格。

6）直销企业应当建立完善的换货和退货制度。直销企业违反规定的，由工商行政管理部门责令改正，并处以 5 万元至 30 万元的罚款；情节严重的，处 30 万元至 50 万元罚款，由国务院商务主管部门吊销直销企业经营许可证。

7）直销企业未依照有关规定进行信息披露的，由工商行政管理部门责令限期改正，并处以 10 万元以下的罚款；情节严重的，处以 10 万元至 30 万元罚款；拒不改正的，由国务院商务主管部门吊销直销企业经营许可证。

案例分析

戴尔公司的“直线订购模式”

戴尔公司通过“直线订购模式”与大型跨国企业、政府部门、教育机构、中小型企业以及个人消费者建立直接联系。所谓戴尔直销方式，就是由戴尔公司建立一套与客户联系的渠道，由客户直接向戴尔发订单，订单中可以详细列出所需的配置，然后由戴尔“按单生产”。戴尔所称的“直销模式”实质上就是简化、消灭中间商。他在自己所著的《戴尔直销》一书中解释说：“在非直销模式中，有两支销售队伍，即制造商销给经销商，经销商再销给顾客。而在直销模式中，我们只需要一支销售队伍，他们完全面向顾客……别的企业必须保持高库存量，以确保对分销和零售渠道的供货。由于我们只在顾客需要时生产他们所需要的产品，因此我们没有大量的库存占用场地和资金，没有经销商和相应的库存带来的额外成本，所以我们有能力向顾客提供更高价值，并迅速扩张。而对每一位新顾客来说，我们能收集到更多他们对产品和服务需求的信息。”

直线订购模式关注的是与顾客建立一种直接的关系，让顾客能够直接与厂家互动。通过这种互动，不管是通过互联网，还是通过电话，或者与销售员面对面互动，戴尔的顾客都可以十分方便地找到他们所需要的机器配置。这样，戴尔可以按照客户的订单制造出完全符合顾客需求的定制计算机。

与此同时，戴尔也将直线销售模式引入服务领域。如果顾客的机器出了问题，他只需拨一个全国统一的免费电话，戴尔的工作人员就可以直接在电话上为他解决问题。如果是硬件问题，戴尔可以直接到顾客那里去为他维修，而且这种服务是全国性的。

讨论：结合本案例，分析直销这种经营模式与传统的销售模式的区别。直销经营模式优势在哪？

第二节 特许经营法

案例导入

2000 年 6 月 16 日北京哈德门便宜坊烤鸭店与龙成公司签订合同。合同约定：由龙成公司提供营业用房，哈德门便宜坊提供“便宜坊”商标使用权及专有技术，双方合作经营便宜坊烤鸭店和平分店；合作期限为 2000 年 6 月 16 日至 2005 年 6 月 16 日；哈德门烤鸭店让龙成公司四个月做开业准备工作；由哈德门便宜坊烤鸭店选派一名厨师长和四名厨师到龙成公司培训龙成公司的工作人员；龙成公司所用的烤鸭鸭胚及荷叶饼由哈德门便宜坊烤鸭店供货，价格按进价加上必要的工时费计算；商标使用费第一年 12 万元，从第二年开始每年递增 5%；如拖欠须按每日 5‰ 加罚滞纳金，过期一个月仍未交纳，要求赔偿一倍使用费的经济损失，并有权单方解除合同。

问题：什么是特许经营？上述双方之间的合同是简单的商标使用许可合同，还是包含商标使用许可的特许经营合同？

一、特许经营概述

（一）特许经营含义及特征

特许经营在国外已有 150 多年的历史，目前已经发展成为一种成熟的营销模式，在许多国家特别是发达国家被广泛采用。它以规模化、低成本、智慧型的商业扩张方式，通过低成本扩张及标准化服务实现规模化经营和科学化管理，已经成为当今颇为盛行的企业扩张和个人创业的途径。

在美国，20 世纪 60 年代蓬勃发展的特许经营高潮缔造了“麦当劳”、“肯德基”的辉煌，他们依靠特许经营实现了饮食服务业的巨大产业化。

麦当劳的发展历程，可以说透射出特许经营的无穷魅力。1955 年 4 月，麦当劳兄弟二人以 270 万美元起家创立了第一家店，第二年发展到 37 家，1959 年发展到 100 家，1969 年达到 1000 家，1972 年达到 2000 家；1980 年美国国内店铺达到 5000 家，1987 年达到 10 000 家，1989 年达到 13 900 家，现在在 32 000 家以上，店铺遍布世界的 121 个国家，拥有 418 000 名雇员，每天为 6000 万顾客提供最佳用餐体验。已经成为全球快餐连锁领域的冠军。

小观点

连锁超市、连锁洗衣店、连锁美容机构、连锁汽车修理行……如今，各类连锁经营店已深入百姓生活的方方面面。由于其经营风险小，投资回报稳定，越来越受到城市中小投资者的青睐。有关统计显示，自己开店的成功比例只有 20%，加盟连锁品牌的成功率却高达 80%。所以连锁经营的发展态势良好。

关于什么是特许经营，许多国家及组织从商业的角度对其下了不少定义，迄今为止还没有统一的说法，在特许经营理论和实践中具有代表性的有以下几种。

国际特许经营协会对特许经营下的定义是：特许经营是特许人与被特许人之间的契约关系，特许人由此承担向被特许人持续提供经营诀窍、培训等方面的支持的义务；被特许人则由此在一个为特许人所有和控制的共同商号标志、经营模式以及生产流程下进行经营，开展业务的基础投资来自被特许人自身的经济资源。

世界知识产权组织对特许经营的定义为：特许经营是一种安排，开发出经营某种商业体系的一方（即特许人）允许另一方（即被特许人）按照特许人规定的条件使用其体系，同时取得一定对价。这种关系是一种持续性关系，被特许人按照特许人确立的标准和商业经验开展经营，并接受特许人的监督和持续的支援和帮助。

我国《特许经营管理条例》规定：商业特许经营是指拥有注册商标、企业标志、专利、专有技术等经营资源的企业（即称特许人），以合同形式将其拥有的经营资源许可其他经营者（称被特许人）使用，被特许人按照合同约定在统一的经营模式下开展经营，并向特许人支付特许经营费用的经营活动。

以上这些概念的表述虽然有所不同，但表达的特许经营的特征是一致的。

1. 特许人必须是拥有经营资源的企业

特许人必须拥有注册商标、企业标志、专利、专有技术、经营模式等经营资源，并要求特许人在一个规定的市场、一段规定的时期内将这些经营资源有偿授予被特许人使用。

2. 特许经营是特许人与被特许人之间的合同关系

特许人和被特许人之间是一种持续性合同关系，双方通过订立特许经营合同，确定各自的权利和义务。

3. 被特许人应当在统一的经营模式下开展经营

这种统一模式体现在各个方面，大到管理、促销、质量控制等，小到店铺的装潢、标牌的设置等。也就是说，每一个加盟店在商标、店面、布局、装饰、服务等方面必须体现一致性。这样就意味着被特许人经营自主权将受到一定的限制，他必须在特许人建立的统一框架体系内运作。

4. 被特许人应当向特许人支付相应的费用

特许人拥有的经营资源一般都经过了较长时间的开发、积累，具有较高的商业价值。对特许人来说，收取相应的费用是对其开发出一个成功经营模式的补偿；对被特许人来说，支付相应的费用是购买一个成功的运作模式，是一种投资。

（二）特许经营的类型

1. 按特许权的内容划分

按特许权的内容划分有商品商标型特许经营和经营模式型特许经营。

1）商品商标型特许经营被称为第一代特许经营，是指特许人向被特许人转让某一特定品牌商品的制造权和经销权。这类特许形式的典型例子有汽车经销商、加油站以及饮料的罐装和销售等。

2）经营模式型特许经营被称为第二代特许经营，就是人们通常所说的特许经营，被特许人购买的不仅仅是商品的销售权，而且是整个商业模式的经营权，特许人应当为被特许人的经营运作提供支持和指导。经营模式型特许经营以零售业、快餐业和服务业最为突出。如麦当劳、肯德基、希尔顿、假日酒店等。

小观点

商品商标特许经营和经营模式特许经营，这两种特许经营是并存的，没有实质上的更替。甚至在特许经营比较发达的现代社会，商品商标型特许经营带来的销售量仍然是经营模式型特许经营所产生的销售量的 3 倍。比如可口可乐公司向其被特许人销售“原糖浆”所带来的巨大效益就说明商品商标型特许经营存在的价值。

2. 按特许双方的构成划分

按特许双方的构成划分有制造商和批发商、制造商和零售商、批发商和零售商、零售商和零售商。

1）制造商和批发商。软饮料制造商建立的装瓶厂特许体系属于这种类型。

2）制造商和零售商。汽车行业、石油公司和加油站之间采用这种特许方式建立了特许经销网。

3）批发商和零售商。这种类型的业务主要包括计算机商店、药店、超级市场和汽车维修服务业务。

4）零售商和零售商。这种类型是典型的经营模式特许，其代表是快餐店。

3. 按授予特许权的方式划分

特许经营按授予特许权的方式划分有直接特许和区域开发特许。

直接特许经营是指特许人授予被特许人在某个地点开设一家加盟店的权利。

区域开发特许经营是特许人授予被特许人在规定区域、规定时间开设规定数量的加盟店的权利。被特许人每建立一个经营店都要和特许人签订一个特许经营合同。该种方式运用的最为普遍，适用于在一定的区域（如一个地区、一个省乃至一个国家）发展特许网络。

（三）特许经营与其他经营模式

1. 特许经营与连锁经营

连锁经营分为四种形式：直营连锁、自愿连锁、合作加盟连锁、特许连锁。

直营连锁是连锁经营的基本形态。连锁企业总部通过独资、控股或兼并等途径开设门店、发展壮大自身实力和规模的一种连锁形式。连锁企业的所有门店在总部的直接领导下统一经营，总部对各门店实施人、财、物及商流、物流、信息流、资金流等方面的统一管理。即所有的店铺都是由同一经营实体——总公司所有。目前，许多大型国际连锁组织，如美国的沃尔玛和希尔斯公司、瑞典的宜家家居公司、法国的家乐福和百安居公司都属于这种连锁形式。

自愿连锁是指连锁组织的店铺均为独立法人，自愿加入，自由退出，与总部订立有关购销、宣传等方面的合同，在总部领导下共同经营。

合作加盟连锁是由许多零售商共同出资成立的采购批发中心，对外采取统一的名称，目的是为了获得较优惠的进货价格，广告费用共同承担。

特许连锁，也称加盟连锁，或称为特许经营。它是指拥有注册商标、企业标志、专利、专有技术等经营资源的企业，也就是特许人，通过订立合同，将其拥有的这些经营资源许可其他经营者也就是被特许人使用，被特许人按照合同约定在统一的经营模式下开展经营，并向特许人支付相应费用的经营活动。目前，风靡世界的肯德基、麦当劳、7-11 都是特许连锁组织的典型代表。

2. 特许经营与直销、传销

直销是指直销企业招募直销员，由直销员在固定营业场所之外直接向最终消费者推销产品的经销方式。传销是指组织者或者经营者发展人员，通过对被发展人员以直接或间接发展的人员数量或者销售业绩为依据计算和给付报酬，或者要求被发展人员以缴纳一定费用为条件取得加入资格等方式谋取非法利益，扰乱经济秩序，影响社会稳定的行为。

特许经营相比较直销来说有以下几个方面的区别。

第一，从组织架构上看，特许经营多为单层次，偶有两三层次者。加盟者和特许连锁公司之间关系简单，也就是说，加盟者与盟主是纵向关系，各加盟者之间无横向关系。而在直销企业中，直销公司和直销员之间、直销员和直销员之间是多层次甚至是不限层次的关系。这一点正是特许经营和直销经营的主要区别。

第二，从业务运作方式来看，特许经营的运作需要开店经营。而在直销企业中，直销员不需占用店铺来经营，而是以直销员的直销为主。

第三，从市场推广方式看，加盟特许经营的企业是靠宣传攻势及公司的“金字招牌”来推广市场的。而直销企业是靠“口碑”，由直销员努力促销来推广市场的。大多数直销企业几乎都不做任何广告，他们认为，顾客的宣传就是最有效的广告。

第四，从其开业资金来看，加入特许经营的企业需要投入巨额资金。而想要加入直销行业，所要交纳的开业资金在百余元至千余元。

第五，从回报来看，特许经营店的营业额都是比较稳定的，尤其是那些有名的特许连锁店，其资金回收相当快，而且盈利也是相当丰厚的。但是在直销企业中，直销员的回报则不易估计，其回报的多少取决于该直销员的经营手法。

第六，从监察制度方面看，特许经营企业有严格的监察制度。而直销业整个零售过程欠缺透明度，直销员以什么方式、什么价格将产品卖给顾客，都是无法被监察的。

特许经营与传销有着以下明显的区别。

第一，组织结构上的区别。传销的层次是没有限制的；而特许经营的层次是有严格限制的，特许经营组织一般不会超过二层结构，最多有三层结构。

第二，加盟主体上的区别。传销一般是自然人，而特许经营的加盟者虽是自然人，但一般需要成立公司或其他经济组织进行经营。

第三，分配机制上的区别。传销人员根据下线的业绩进行提成；而特许经营需要通过合法的经营来获取利润。

3. 特许经营与特约店、代理店、专卖店

特许经营是特许人将商标、标识、经营技术和方法的使用权授权给被特许人使用，并由此获得被特许人支付的报酬。特约店、代理店、专卖店是基于格式合同，对贴附有某一制造厂商商标的特定商品进行持续性地买入、再卖出，或者受其委托经销该产品。在特约店、代理店、专卖店中也有制造商对经销商进行经营指导并提供援助的，但这只不过是制造商批发销售商品的附随行为，该行为通常不能要求对方支付使用费。也就是说，是否对店铺经营给予指导、援助，是区别特许经营与特约店、代理店、专卖店的标准。对店铺的经营给予全面指导和援助的是特许经营，不存在经营指导与援助义务的，属于特约店、代理店和专卖店的类型。

（四）特许经营的作用

对特许人来说，特许经营的作用如下。

1. 有助于企业规模迅速扩大

建立一家特许加盟店不需要企业注入大笔资金，只要在选定的地点授权发展特许经营就可以达到向新的领域扩张的目的。

2. 有助于特许经营事业的发展

由于被特许人缴纳了巨额的加盟费，加盟店经营的好坏直接关系到自己的切身利益，所以他们有责任心、有积极性经营自己的生意，从而推动特许经营事业的发展。

3. 有助于降低经营费用

由于集中采购大量商品，特许人可以获得进货优惠，从而降低进货成本；在广告宣传上，广告费用由各被特许人来分担，这就降低了广告宣传成本；而被特许人每月支付的特许权使用费又是对特许人提供后续服务的补偿，这也降低了特许人的管理费用。

对被特许人来说，其作用表现在以下几个方面。

1）获得市场机会。在日益激烈的市场竞争环境里，对于小资本的独立创业者来说，市场机会越来越少。如果选择一家信誉高、运营态势良好的特许经营企业，加盟其中，则能与特许人共享市场带来的收益。

2）获得技术与管理的支持。如果企业靠自己独自摸索一套成熟的管理方法往往需要很长时间。但是如果加盟特许经营体系，获得特许人提供的技术和管理的支持和帮助，成功就容易得多。

3）节约经营成本。特许经营体系由于不需要有很大的库存，同时存货周转速度快，减少了损耗和浪费，从而节约了经营成本。

4）获得商业区域保护。为了防止同商号的恶性竞争，一般来说，特许人在一个地区只接受一个被特许人，以保证双方的利益。

二、特许经营的产生和发展

（一）特许经营的产生和发展概述

商业特许经营虽然脱胎于政府特许经营，但是与政府特许经营有着根本区别。从历史角度来看，当产品或者服务的商标所有人授权他人有偿使用，就产生了特许经营。特许经营模式产生不是一种偶然，它是企业家们为了解决在业务中出现的各种问题而寻求的一种解决办法。早在 19 世纪早期，英国客栈和酒吧都遇到了财务危机，店主没有足够的资金维持客栈和酒吧的经营。于是客栈和酒吧老板纷纷向啤酒制造商求助。作为回报，客栈和酒吧的老板要从特定啤酒制造商那里购买其啤酒。随着时间的推移，许多酒店都被啤酒制造商收购。但这种经营活动还不是真正意义上的特许经营。

近代意义上特许经营起源于南北战争之后的美国。美国胜家缝纫机公司在推销产品时遇到了障碍。由于缝纫机行业刚刚起步发展，顾客不了解缝纫机。胜家就在全国各地招聘代理商来说明缝纫机的使用、销售和维修。到了 19 世纪中叶，缝纫机被广大消费者接受。接着，胜家缝纫机公司就改变营销方法，完全通过设立分号来销售产品。胜家缝纫机借助在全国各地设置特许经销店的方式销售其产品，这种营销方式使胜家很快占据了美国的缝纫机市场。胜家缝纫机公司的成功，使特许经营在美国进入了一个全面发展的时期。随后，特许经营的模式逐步传入欧洲、日本和东南亚的国家。到了 20 世纪 90 年代，特许经营最终进入了中国。

（二）中国特许经营的产生及发展

20 世纪 80 年代后期，国际上一些特许经营组织开始进入我国市场，主要在餐饮业、冲印服务、服装专卖、便利店等领域。那时，由于我国在特许经营方面还没有相应的法规允许外国企业在华进行特许经营活动，因此它们大多以直营、联营、合资、场地租赁等变通形式发展分店。严格意义上讲，在 1992 年以前，我国特许经营基本上不存在。

从 1992 年开始，我国本土的企业开始尝试特许经营，并取得较好的发展。比如，1993 年李宁公司实施特许经营，与此同时，全聚德也借助特许经营得到了发展。从 1995 年到 2000 年，特许经营在我国迅速发展。截至 2005 年，我国特许经营体系总数已达到 2320 个，特许加盟店 16 万家。从早先的餐饮、洗衣，发展到今天的超市、便利店、汽车服务、教育培训、美容美发、家居家装、服装服饰等几十个行业。统计显示，目前中国已有 2320 个特许体系，涉及行业 60 余种，加盟店铺总数达到 16.8 万个，从而一举成为世界上特许体系最多的国家。

但是从目前情况看，中国特许经营还处于起步阶段，距离国际水平还有不小的差距，我国的特许经营发展还存在着一些问题。

首先，国内特许经营还不成熟，商家并不重视品牌建设，而是急于发展加盟商来圈钱。在西方国家，特许经营一般都是先建立品牌才发展特许，在中国大部分企业没有很好地认识到特许经营是品牌价值的扩张，品牌是其核心竞争力。品牌战略问题成了中国特许经营长足发展的重要制约因素。比如麦当劳只需要加盟店每年上缴收入的 5%，而国内的特许加盟则需要上缴收入的 40%，这势必会给被特许人造成过大的经济负担。

其次，缺少成熟的可供转让的知名品牌及经营技术。因此，正确实施品牌战略是今后我国特许经营体系的发展重点。

补充知识

20 世纪 80 年代，美国在海外的特许经营公司多达 1500 家，经营范围包括饮料、汽车旅馆、零售、快餐、汽车租赁、车辆服务、娱乐业等。由 27 个国家的特许经营协会组成的世界特许经营理事会，如今代表着全世界 27 000 家特许经营体系。

（三）商业特许经营管理条例

特许经营在我国快速发展过程中存在的一些突出问题是：一些从事特许经营活动的

特许人不具备相应的条件；特许经营活动不规范；市场秩序较为混乱；特许人和被特许人之间信息不对称；特许经营活动当事人特别是被特许人的合法权益得不到有效保障；以特许经营名义进行欺诈等违法犯罪活动也时有发生，影响了规范的特许经营企业乃至整个特许经营领域的声誉。

为了规范商业特许经营活动，促进商业特许经营健康、有序发展，维护市场秩序，2007年1月31日国务院第167次常务会议通过了《商业特许经营管理条例》，2007年4月6日商务部通过《商业特许经营备案管理办法》和《商业特许经营信息披露管理办法》，这“一个条例、两个办法”于2007年5月1日起正式实施。

《商业特许经营管理条例》、《商业特许经营备案管理办法》和《商业特许经营信息披露管理办法》的实施，意味着中国特许经营领域已进入了一个有法可依的新阶段，在一定程度上将改变之前中国国内特许经营市场鱼龙混杂、投资人和潜在加盟商的权益无法得到有力保障的局面。规范的市场环境和明确的政策导向，将为更多企业创造出更加和谐的发展空间。

三、特许经营市场准入制度

（一）特许人从事特许经营的条件

《商业特许经营管理条例》规定特许人从事特许经营的条件如下。

1）特许人从事特许经营活动应当拥有成熟的经营模式，并具备为被特许人持续提供经营指导、技术支持和业务培训等服务的能力。

2）特许人从事特许经营活动应当拥有至少两个直营店，并且经营时间超过一年。

3）企业以外的其他单位和个人不得作为特许人从事特许经营活动。

从条例的规定看，它使得从事特许经营的门槛提高了。主要表现在：第一，只有企业才有资格发展特许经营，除了企业之外的其他单位和个人都不得从事特许经营活动；第二，特许人必须拥有注册商标、企业标志、产品包装、店面设计、专利、专有技术等经营资源方可从事特许经营活动；第三，特许人必须有自己的直营店。只有拥有自己的直营店，特许人才能清楚在经营过程中发生的困难，才能更接近顾客，才会不断地提高产品质量和服务质量，才能给被特许人提供有效的支持。

注意

连锁加盟的陷阱很多，有的特许方喊出免收加盟费的口号，却打着卖设备的主意；有的“圈钱”后就消失得无影无踪；有的通过夸大投资回报吸引加盟商；有的在合同上动手脚，让加盟商受骗后投诉无门。

（二）备案制度

由于从事特许经营活动是当事人的民事权利，政府不宜对其实行行政许可，但又需要对其经营活动进行监督管理，为此《商业特许经营管理条例》确立了特许人备案制度。

特许人应当自首次订立特许经营合同之日起 15 日内，依照《商业特许经营管理条例》的规定向商务主管部门备案。在省、自治区、直辖市范围内从事特许经营活动的，应当向所在地省、自治区、直辖市人民政府商务主管部门备案；跨省、自治区、直辖市范围从事特许经营活动的，应当向国务院商务主管部门备案。

特许人向商务主管部门备案，应当提交下列文件、资料：营业执照复印件或者企业登记（注册）证书复印件；特许经营合同样本；特许经营操作手册；市场计划书；表明其符合本条例第七条规定的书面承诺及相关证明材料；国务院商务主管部门规定的其他文件、资料。

（三）特许经营实施程序

特许经营从特许人招商加盟开始到加盟店开业后，特许人对其进行服务与管理需要经过八个步骤：特许人宣传招商→潜在被特许人向特许人表明加盟意向→特许人对潜在被特许人进行评估→加盟双方签订合同→被特许人交纳费用→被特许人接受培训→加盟店开始营业→特许人对加盟店进行监督与控制。

招商是特许经营的第一步，特许人通过媒体广告、招商会等形式，吸引大量自愿加盟的投资者，进而选择合适的被特许人，同时也为投资者提供一个商业发展的机会。投资者不仅要根据自己的商业常识、经营经验，还要通过特许人所披露的信息来选择特许人。投资者经过洽谈、鉴别、比较分析，最后确定特许人。然后特许人要对投资者财务状况及其他业务情况进行了解。双方合意后，签订加盟合同。

小提示

加盟商在选择连锁经营时，一要看其成立的年限，如果是刚成立的连锁经营，要谨慎加盟；二要看其有无一定规模的直营店，直营店往往是连锁经营研制营销策略的试验田；三要看其信息系统的发达程度；四要看其物流派送系统是否先进；五要看连锁经营的企业的价值观。

不少连锁店经营不规范，分店只是表面连锁，有些只是统一了店名、服装、标识，而连锁的核心即统一采购和配送以及统一核算、统一管理根本无从谈起，至于消费者最在意的价钱更是“连锁”不起来。

四、特许经营合同

（一）特许经营合同及其特征

特许经营合同是特许人和被特许人就特许内容、双方权利义务等达成一致意见的协议，是特许经营赖以存在和发展的基础和关键，它不仅关系到特许经营双方的切身利益，同时也是解决特许经营有关纠纷的依据。

特许经营合同具有如下特征。

1. 特许经营合同是无名合同

我国合同法规定了15类合同是有名合同。特许经营合同不是合同法上的有名合同。作为一个特殊的合同，其法律适用应当贯彻依法类推原则。首先应当受《民法通则》和《合同法》的调整，其次还要受有关市场规则法律的调整，如《反不正当竞争法》、《消费者权益保护法》、《广告法》、《商标法》。

2. 合同双方处于不平等地位

特许人和被特许人虽然是一种共同经营的联合体，还有人形象地比喻他们的关系像“婚姻”，但是，他们的地位是不平等的。特许人一般具有较强的经济实力，掌握特许经营的主动权，始终要对被特许人进行控制和监督。由于存在信息不对称，被特许人极易受特许人的欺诈。

3. 特许合同是长期合同

一般来说，特许经营合同的期限短期为3～5年，长期为10年以上。协议的期限应当长到令被特许人足以分期偿还他的初始投资，并且有足够的时间开始盈利。《商业特许经营管理条例》规定，特许经营合同约定的期限应当不少于3年。

4. 特许合同涉及的内容复杂

特许经营合同的内容主要涉及知识产权的授予、特许人对被特许人的培训和服务、特许经营费的收取等。由此产生的法律关系是多层面的。

（二）合同的订立

1. 特许经营合同的形式

《合同法》第十条规定，当事人订立合同，可以采用书面形式、口头形式和其他形式。但特许经营合同有其特殊性，因此《商业特许经营管理条例》第十一条规定，从事特许经营活动，特许人和被特许人应当采用书面形式订立特许合同。

2. 特许经营合同的内容

合同内容是当事人订立合同的各项具体的意思表示，具体表现为合同的各项条款。根据《商业特许经营管理条例》的规定和特许经营实践来看，特许经营合同最主要的内容有以下几项。

1）特许人和被特许人的基本情况。

2）特许经营的内容、期限。特许经营的内容主要是知识产权。特许经营的内容包括特许人的注册商标、服务标识、企业标志、专利、专有技术、商业秘密等经营资源，以合同形式将其拥有的这些经营资源许可他人使用。

3）特许经营费用的种类、金额及其支付方式。

4）经营指导、技术支持以及业务培训等服务的具体内容和提供方式。

5）产品或者服务的质量、标准要求和保证措施。

6）产品或者服务的促销与广告宣传。

7）特许经营中的消费者权益保护和赔偿责任的承担。

8）特许经营合同的变更、解除和终止。

9）违约责任。

10）争议的解决方式。

11）特许人和被特许人约定的其他事项。

补充知识

特许经营品牌具有一定的特殊性。首先，特许经营是品牌价值的扩张，不是资本的扩张。因此，品牌是特许经营系统中最重要的资产。其次，特许经营品牌具有快速扩张增值的特性。特许经营是企业用来实现低成本、快速扩张的最佳途径。在特许体系的扩张过程中，特许品牌会为广大消费者所认知，品牌的渗透力度将不断加强。

3. 格式条款

格式条款是当事人为了重复使用而预先拟定的，并在订立合同时不与对方协商的条款。在特许经营活动中，特许人为了维护经营体系统一性的需要，一般会采用格式条款。在特许经营中，特许双方在合同地位和力量上是不平衡的，特许人利用自己优势地位，将自己的利益优先考虑，迫使被特许人被动接受，使风险分担不公平。

《合同法》对格式条款的效力及解释作了特别规定，以保证相对人的合法权益：①采用格式条款订立合同的，提供格式条款的一方应当遵循公平原则确定当事人之间的权利和义务，并采取合理方式提醒对方注意免除或限制其责任的条款，按照对方要求，对条款予以说明。②提供格式条款一方免除其责任、加重对方责任、排除对方主要权利的，该条款无效。③对格式条款发生争议的，应当按通常理解予以解释。对格式条款有两种以上解释的应当作出不利于提供格式条款一方的解释。

由于格式条款的不平衡性，不可避免地出现显失公平的问题。因此《民法通则》和《合同法》中关于变更权、撤销权可以保护被特许人的合法权益，是平衡特许双方权利义务关系的利器。

案例分析

2003 年 4 月 8 日，朱某与上海 A 公司签订加盟天使水吧合同。合同约定：朱某购买 B 公司“天使水吧”制水机一套，经营现制现售饮用水，合同签订后朱某一次性支付整套设备款 3.2 万元，管理费 3600 元，履约保证金 5000 元。同时约定，“天使水吧”区域保障为 1000 米，即 1000 米之内不允许开设第二个“天使水吧”。

后来，朱某在经营过程中发现不远处又有一处“天使水吧”。于是朱某认为A公司违反了“天使水吧”区域保障为1000米的义务，主张合同解除。

针对合同中“天使水吧”区域保障为1000米的表述，A公司和朱某的理解各不相同。朱某理解是，两个水吧间的直线距离，即以加盟店为中心，在1000米半径范围内不能开设第二家同样的店铺。而A公司则认为是一个水吧上、下、左、右的直线距离，即以加盟店为中心500米半径范围内。

思考：两种不同的解释，最后如何确定谁是谁非？

分析提示：可以根据《合同法》第一百二十五条的规定处理：当事人对合同条款有争议的，应当按照合同所使用的语句、合同有关条款、合同的目的、交易习惯以及诚实信用原则，确定该条款的真实意思。商圈保护的设定通常有两种方式：圆心加半径；按行政区划。本案例的商圈保护实际上采用的是第一种方式，即以加盟店为中心，在1000米半径范围内不能开设第二家同样的店铺。

（三）特许经营合同的履行

1. 特许人合同的履行

（1）提供特许经营权

特许人拥有商标、商号和经营模式等特许经营的资源。被特许人如果要参与特许经营活动，必须先获得特许人以上的这些经营资源。双方通过订立合同，特许人将经营资源授予被特许人使用。

（2）向被特许人提供特许经营操作手册

特许经营手册是特许人根据实践经验总结出来的开店法宝，手册中包含着被特许人所需要的全部信息，能帮助被特许人正确地经营业务。不同行业的特许经营操作手册在性质上和内容上存在着差异。比如零售店的操作手册包括：存货要求、商店布局、商品展示的技巧、客户关系、保证和声明、客户投诉的处理程序等。

《商业特许经营管理条例》第十四条规定，特许人应当向被特许人提供特许经营操作手册，并按照约定的内容和方式为被特许人持续提供经营指导、技术支持、业务培训等服务。

特许经营操作手册是特许人的商业秘密，一般只有在双方签订了特许经营合同之后才提供给被特许人，在双方特许经营合同关系结束后被特许人必须将手册归还给特许人，并履行保密规则。

（3）提供培训

根据《商业特许经营管理条例》的规定，培训手册应当包含在特许经营操作手册中。培训手册涵盖了特许经营体系的制度和运作程序，是特许经营体系知识产权的综合。“培训是任何成功特许经营的核心所在，是特许人发展计划非常重要的一部分。特许经营在某种意义上可视为在其他营业点复制成功的运营模式。”对于顾客来说，他们希望在任何一个特许经营的营业点都能享受到相同的产品和服务。对于特许人来说，只有对被特许人进行有计划、统一的培训才能让顾客享受到标准一致的产品和服务。培训分为初始培训和后续培训。初始培训的时间一般在被特许人签订合同之后，开业前的一周或一个月内，有的在开业前半年。培训的方式有：集体培训、按照操作手册要求自学完成、一对一培训。培训的内容包括特许经营体系的文化和政策、人员管理、采购、销售、促销、财务管理、操作技能等。后续培训的提供是因为特许经营体系经常会出现新的要求、新的产品或服务，或者由于市场的变化，也可能因为被特许人对体系有着不同的理解，这些都要求特许人对被特许人进行后续培训。常见的培训方式有：特许人定期访问、召开研讨会或交流会、定期安排再培训。后续培训有两个基本目的：一方面是为了解决被特许人在经营过程中出现的问题；另一方面是为了保证被特许人知识的更新。

（4）信息披露

信息披露又称为公示制度，是指证券市场的有关当事人在证券发行、上市和交易等一系列活动中依法向公众公布与证券有关的信息而形成的一整套行为规范和活动准则。随着投资方式的发展，信息披露制度又被引入特许经营领域，目的是为了规范和监管特许经营市场，保证特许经营稳定、有序地实施，为投资者创造良好的投资环境，保护特许经营双方利益。

信息披露的作用：第一，信息披露制度是防范特许经营陷阱的主要手段。由于特许经营自身的特点，投资者在特许经营过程中总是处于相对劣势的地位，获取的信息不充分，很难了解特许人的真实情况，投资者容易掉进特许人事先布下的欺诈陷阱中。以法律手段强制特许人披露有关特许经营的信息，可以使投资者对特许经营拥有充分的知情权，唯有这样，才能最有效地保护投资者的合法权益，防止投资者落入恶意特许人的欺诈陷阱。第二，信息披露是特许经营监管的重要方式。信息披露要求特许人必须如实地公开自己的真实情况，不得弄虚作假、欺骗公众，否则将承担相应的法律责任。这对经营监管机关来说，通过对特许人披露的信息资料进行监督和审查，可以限制特许人的违法行为，维护投资者的合法利益，从而促使特许经营稳步高效地发展。对特许人来说，有利于加强自我约束和自我管理，促进特许人不断改善经营管理方式，拓展特许经营体系，树立最佳形象。

信息披露的基本要求：《商业特许经营管理条例》第二十条规定：特许人应当依照国务院商务主管部门的规定，建立并实行完备的信息披露制度。第二十一条规定：特许人应当在订立特许经营合同之前的至少30日，以书面形式向被特许人提供信息。

信息披露的内容：特许人的名称、住所、法定代表人、注册资本额、经营范围以及从事特许经营活动的基本情况；特许人的注册商标、企业标志、专利、专有技术和经营模式的基本情况；特许经营费用的种类、金额和支付方式（包括是否收取保证金以及保证金的返还条件和返还方式）；向被特许人提供产品、服务、设备的价格和条件；为被特许人持续提供经营指导、技术支持、业务培训等服务的具体内容、提供方式和实施计划；对被特许人的经营活动进行指导、监督的具体办法；特许经营网点投资预算；在中国境内现有的被特许人的数量、分布地域以及经营状况评估；最近两年的经会计师事务所审计的财务会计报告摘要和审计报告摘要；最近五年内与特许经营相关的诉讼和仲裁情况。特许人及其法定代表人是否有重大违法经营记录；国务院商务主管部门规定的其他信息。

补充知识

美国联邦贸易委员会于 1978 年制定了开示规则，就是指特许人就自己实际的经营情况和特许经营合同中的重要内容，在特许经营合同签订之前，预先告知特许加盟志愿者；同时要将上述信息存储在政府机构或行业协会，以便特许加盟者检索、阅览的制度。

（5）确保货物流通渠道通畅

建立稳定、高效的货物供应系统一方面可以让加盟店获得相同的商品，保证特许经营体系的一致性，另一方面可以从专业角度给加盟店以业务上的指导，提高加盟店的经营水平。

（6）保护知识产权

特许人应当对特许经营体系的商标、商号进行有效保护，如果在被特许人商圈内出现特许人的商标被盗用的情况，特许人有义务制止该行为。

（7）其他方面应履行的义务

如做好广告宣传工作、维护特许经营体系的品质和声誉等。

2. 被特许人合同的履行

（1）按时、足额地交纳特许经营费

特许经营实质是一种以特许权授予为基础的合同关系，特许人将自己拥有的知识产权及权利的组合许可被特许人使用，使被特许人实现预期收益，达到加盟目的。因此，按时、足额交纳特许经营费是被特许人的主要义务。特许经营费包括加盟费、特许权使用费、保证金、广告基金等。

（2）不竞争义务

这里的不竞争业务是指被特许人在特许经营合同履行过程中的不竞争义务。根据商业惯例，被特许人的不竞争义务通常是指在特许经营过程中被特许人不能制造、销售或者使用与特许人产品有竞争性的商品；不得成立相似的企业和特许经营体系进行竞争；被特许人也不得向特许经营体系的竞争者投资，因为这样会影响特许经营体系的稳定。

（3）保护知识产权

被特许人通过与特许人签订一系列的特许经营协议，获得知识产权的使用权，其中包括商标、商号、专利、商业秘密等一揽子知识产权。被特许人在使用知识产权的过程中，切实履行合同的责任，承担保密的义务。

（4）合同约定的其他义务

合同中约定的其他义务也必须认真履行。

小提示

特许加盟企业在选择加盟商时，也要谨慎。比如加盟商的职业背景、经济实力，是否热爱所加盟的行业等。特许方与加盟商是互为存亡的关系，分店经营上出现问题，必然不利于总部的发展。一旦分店的经营不能赢得顾客的信任，总部的品牌形象也会大打折扣。

（四）特许经营合同的变更、解除

1. 特许经营合同的变更

特许经营合同的变更是特许人与被特许人经过协商一致达成的结果。合同的变更包括广义和狭义两种。广义的变更是指合同的主体和内容均发生变化，而狭义的变更是指合同内容的变化。我们通常说的变更是狭义的变更。特许经营合同的长期性决定了双方当事人在签订合同时不可能对未来做出预见性的规定，合同内容就不可避免地需要发生变更。

特许经营合同变更是在保持原来合同关系的基础上，对合同内容做出改动，合同的变更不发生溯及力，因此双方当事人对合同变更前已经履行的部分不得要求恢复原状。

2. 特许经营合同的解除

合同解除是指已经生效的合同因发生法定的或约定的事由，或者是经当事人双方协商一致，而使合同终止。

特许经营合同解除的情形包括以下方面。

1）特许人提供的支持或连锁体系本身信誉下降，造成销售量下降而长期亏损。

2）特许人提供的关键性产品出现问题。

3）特许人丧失货品的制造、经营及分销权。

4）特许人违反合同条款。

5）被特许人发现特许人有欺诈行为。

6）被特许人资金不足，无法再进行特许经营。

7）被特许人经营不善，造成销售量下降，长期亏损。

8）被特许人违反合同，从事与特许经营相竞争的事业。

9）被特许人拖延交纳特许经营费。

10）市场发生变化或其他原因。

《商业特许经营管理条例》第十二条规定了被特许人的任意解除权：被特许人在特许经营合同订立后一定期限内，可以单方面解除合同。这是借鉴了其他国家的做法，加强了对被特许人的保护力度。

（五）合同解除后各种费用的处理

特许经营合同解除后所遗留的问题很复杂，如果双方在特许经营合同中规定了合同解除后各种费用的处理办法，则应当依照合同的约定。如果在合同中没有约定，就应当按照法定规则处理。

案例分析

全聚德烤鸭集团加盟费

全聚德是中国餐饮业的老字号，有140年历史。1997年该公司确立了充分发挥全聚德品牌优势，走规模化、现代化和连锁经营的道路，以独具特色的餐饮文化塑造品牌形象，积极开拓国内外市场，加快特许连锁经营发展，使全聚德取得突飞猛进的发展，现已有50余家成员企业，年营业额9亿多元。

全聚德是最早涉足特许经营的餐饮企业之一。其特许经营相关费用如下：①加盟金。合同签订之前，一次性交纳50万元。②保证金。合同签订之前，一次性交纳保证金20万元，如无违约，合作结束后返还。③特许经营使用费。按特许企业营业额3%的比例计提，按月支付。④专用电脑烤鸭炉。每台押金15万元，年租金5万元。⑤全聚德微电脑管理系统。其价格为20万～40万元（包括软件和硬件）。

思考：特许经营费包括哪些？

分析提示：加盟费、特许权使用费、保证金、其他费用（如店铺设计及施工费、培训费、广告宣传费、设备租赁费、财务业务费、意外保险费等）。

1. 加盟费

如果特许经营合同因履行期限届满而自动终止的话，就不存在加盟费的纷争。但是如果特许经营合同因种种原因而提前解除的，那么就存在加盟费如何妥善处理的问题。解决这个问题的前提是要弄清楚加盟费的性质。《商业特许经营管理条例》第一条把加盟费定义为：被特许人为获取特许经营权而向特许人支付的一次性费用。其实，这个定义并没有说明加盟费的性质。安德鲁·J.谢尔曼主编的《特许经营手册》对加盟费有一个比较精确的描述：加盟费是特许人提供给被特许人的特许经营权、商标、商业机密使用权、开业前的培训和帮助以及开业之初供应的相关物品的补偿。可以看出，加盟费就是被特许人购买特许经营权支付的对价。而这个特许经营权是指被特许人在特许经营合同期间内获得特许人的支持和承诺并进行经营的权利。如果被特许人无法在特许经营合同的完整期限内进行经营，即特许经营合同提前解除了，则加盟费的对价未能全部实现。在此种情况下，特许人以合同规定为由不予返还加盟费是不公平的，也是不符合法律规定的。

应当注意的问题是，如果是因为特许人的特许经营权本身有瑕疵或者特许人故意导致加盟者无法正常开业等原因导致合同解除或者无效的话，特许人必须返还加盟费。

2. 特许权使用费

特许经营使用费是特许经营合同履行期间的使用费，是特许人授予特许经营权过程中定期收取的。收取的办法有三种：第一种办法是以营业收入作为计算标准，乘以固定比例，这个办法导致特许人的利益无法得到保障。因为被特许人往往受个人利益的驱动使得提供的营业收入不真实，再加上被特许人经营不规范，审计也很难达到目的。第二种办法是固定收费。第三种办法是固定收费和比例收费相结合。第三种办法可以使特许人的权益得到保证。

既然特许经营费是合同履行期间的使用费，一旦合同解除特许人就应停止收取使用费。如果合同的提前解除是因为被特许人违约而导致的，那么就造成特许人在预定的合同期限内不能继续获得特许使用费而遭受“可得利益”的损失，被特许人应根据合同法有关条款的规定给予特许人一定的赔偿。

3. 保证金

《商业特许经营管理条例》规定，合同履行届满后，保证金应退还给被特许人。这种情况是指当被特许人完全履行了合同没有任何欠费时，特许人应当向被特许人履行返还保证金的义务。

特许人在下列情况下可以扣留保证金。

1）被特许人拖欠特许人各种费用。

2）被特许人应当承担客户退款或赔偿而拒绝时。

3）被特许人违反了特许经营合同的义务应当向特许人支付的违约金或赔偿金。

4）因为被特许人的原因而导致特许经营合同解除，应当向特许人支付的违约金。

在合同解除后，如果出现以上四种情形的，特许人就有权从保证金中扣留，但是需要注意的是保证金而不是定金，特许人尽管按规定扣留，但无权没收。

案例分析

特许合同解除，加盟费是否返还

2003年A公司与唐某订立特许加盟合同，合同约定：A公司向唐某授予A特许经营权、传授加盟店知识等，期限为五年。唐某支付加盟费15万元，并按月支付特许使用费、特许广告费等，同时还约定了特许保证金及违约金等事项。合同订立后，唐某交纳了加盟费15万元及保证金3万元。之后唐某长期拖欠特许使用费和特许广告费等，A公司催讨未果，于2004年提起诉讼，要求解除合同并支付特许广告费、特许使用费及违约金等，由唐某及其设立的某餐饮公司承担连带责任。唐某反诉称因A公司未承担员工培训、广告制作等费用，要求解除合同，返还加盟费，由A公司承担违约责任。

经过法院的审理认定，特许人已经履行相关的义务，唐某拖欠相关费用的违约行为已构成合同解除的条件，A公司有权解除合同。法院最后判决：唐某的加盟费不予返还，唐某支付违约金3万元。

思考：当特许合同解除时，加盟费是否可以返还给被特许人？

分析提示：在本案中，因特许经营合同的提前终结，而产生了加盟费能否返还的问题。首先要清楚加盟费是什么，然后分析提出加盟费的处理意见。

（六）后履行义务

后履行义务是指合同的权利义务终止后，当事人应当遵循诚实信用的原则，根据交易习惯履行通知、协助、保密等义务。

1.《合同法》规定的后履行义务

《合同法》中规定的后履行义务主要有以下三种。

1）通知义务。通知是指当事人在有条件的情况下应当将合同终止的有关事宜告诉对方。例如，当事人一方依据法律规定或者合同约定主张解除合同的应当通知对方，合同自通知对方时解除。

2）协助义务。协助是指当事人帮助、配合对方处理合同终了的善后事宜。比如，特许经营合同终了之后，对于加盟店的库存商品的处理，特许人应当提供适当的帮助。

3）保密义务。保密是指合同当事人在合同终了后对于了解到的对方当事人的秘密不得向外泄露。

2. 被特许人后履行合同义务的内容

被特许人应当遵守合同法规定的后履行义务。具体到特许经营合同，被特许人的后履行义务包括以下几个方面。

1）特许经营合同终止后，若店铺不再用于特许经营的，被特许人应当撤销特许人许可使用的营业标志。

2）不得对任何人声称自己还是特许经营体系的一部分。

3）停止使用特许人的商标及与之相近似的商标。

4）将有关物品，包括但不限于特许人及加盟店的宣传资料、营运守则、经营手册、文具、发票、表格、设计图样及记录退还给特许人。

5）将其持有的但是未付款的产品退还给特许人。

6）继续遵守合同中的保密条款。

五、违反《商业特许经营管理条例》的法律责任

违反《商业特许经营管理条例》的违法行为，须承担相应的法律责任。这些法律责任根据性质的不同划分为民事责任、行政责任、刑事责任。

（一）民事责任

1. 违约责任

特许经营是一种合同关系，因违反特许经营合同所规定的义务而承担的违约责任是特许经营双方最主要的法律义务。在实践中，特许双方发生的纠纷主要在于违约责任，因此应依据特许经营合同、《合同法》和《民法通则》的规定认定双方的法律责任。

2. 缔约过失责任

缔约过失责任是指在订立合同过程中，一方因违背诚实信用原则而致使另一方利益受到损失。与特许人缔约过失责任相关的是特许经营合同签订前的信息披露的义务。因此特许人提供的信息应当真实、准确、完整，不得提供虚假信息。

3. 产品责任

特许人与被特许人之间存在着产品供销关系。《商业特许经营管理条例》第十五条

规定：特许经营的产品或者服务的质量、标准应当符合法律、行政法规和国家有关规定的要求。特许人生产或销售的产品及服务给被特许人或他人造成人身或财产的损害时，应当按照《产品质量法》的规定承担损害赔偿责任。

4. 侵权责任

在特许经营过程中可能会发生侵犯他人合法的人身权和财产权益的情况，将根据法律规定承担相应侵权责任。在特许经营各个阶段，特许人有可能因为侵犯他人的知识产权而承担《商标法》、《中华人民共和国著作权法》、《中华人民共和国专利法》、《反不正当竞争法》和《民法通则》等法律所规定的民事责任。

注 意

特许经营合同一般时间较长，且双方的权利义务关系复杂，互动频繁，因此发生矛盾和摩擦非常常见，这些矛盾日积月累，积少成多，最后就有可能导致双方关系破裂和合同的解除。因此，注意保留、收集双方日常往来的信件、证据等，不但是进行日常经营管理的需要，也是处理日后纠纷和诉讼的必要准备。

（二）行政责任

1）特许人不具备企业资格而从事特许经营活动的，由商务主管部门责令停止非法经营活动，没收违法所得，并处 10 万元以上 50 万元以下的罚款，并予以公告。

2）特许人未依照规定向商务主管部门备案的，由商务主管部门责令限期备案，处 1 万元以上 5 万元以下的罚款；逾期仍不备案的，处 5 万元以上 10 万元以下的罚款，并予以公告。

3）特许人应当在每年第一季度将其上一年度订立特许经营合同的情况向商务主管部门报告。特许人违反此规定的，由商务主管部门责令改正，可以处 1 万元以下的罚款；情节严重的，处 1 万元以上 5 万元以下的罚款，并予以公告。

4）特许人在推广、宣传活动中，不得有欺骗、误导的行为，其发布的广告中不得含有宣传被特许人从事特许经营活动收益的内容。特许人违反此规定的，由工商行政管理部门责令改正，处 3 万元以上 10 万元以下的罚款；情节严重的，处 10 万元以上 30 万元以下的罚款，并予以公告；构成犯罪的，依法追究刑事责任。

5）特许人应当在订立特许经营合同之日前至少 30 日，以书面形式向被特许人提供有关信息，并提供特许经营合同文本。特许人违反此规定，被特许人向商务主管部门举报并经查实的，由商务主管部门责令改正，处 1 万元以上 5 万元以下的罚款；情节严重的，处 5 万元以上 10 万元以下的罚款，并予以公告。

6）以特许经营名义开展传销活动的，依照《禁止传销条例》的有关规定予以处罚。

（三）刑事责任

以特许经营名义骗取他人财物，构成犯罪的，依法追究刑事责任；尚不构成犯罪的，由公安机关依照《中华人民共和国治安管理处罚法》的规定予以处罚。

特许人在建立特许经营体系、开展特许经营活动中，如果侵犯他人商标权、专利权、著作权、商业秘密，情节严重或数额巨大，触犯《刑法》的，则依法承担刑事责任。

（四）其他责任

商务主管部门的工作人员滥用职权、玩忽职守、徇私舞弊，构成犯罪的，依法追究刑事责任；尚不构成犯罪的，依法给予处分。

案例分析

北京A公司正在发展所谓的“韩国魅族服饰”品牌加盟商。傅女士得知后，与A公司联系，被告知在签订合同时该公司可提供特许经营培训、广告宣传等各种服务，A公司还声称如果加盟年利润可达100万元至600万元。傅女士遂与A公司签订了加盟合同，成为A公司的加盟商。合同签订后傅女士发现，A公司宣称的韩国服饰、知名商标“魅族”，实为本土品牌。且傅女士认为A公司在合同签订后并未履行承诺，也未提供合同所约定的义务，完全是在骗取加盟费，故其起诉至法院。

A公司在审理中承认，“魅族（MIJOE）及图形”商标并非韩国品牌，实为中国注册商标，只是设计概念和设计师来自韩国。法院还查明，A公司在向傅女士提供的《魅族时尚女装》宣传材料以及该公司的网站上，对“魅族”服饰产品和成为该公司加盟商后的高额利润回报进行了大肆宣传。

法院经审理认为，A公司的虚假宣传报道存在欺诈的行为。该公司在《魅族服饰区域代理合作协议书》中虽未标明“魅族”商标是韩国商标，但其通过宣传以及许以加盟商高额利润回报，已使傅女士误认为是韩国商标，从而促成了双方合同的签订。A公司的行为已经构成欺诈，其与傅女士签订的《魅族服饰区域代理合作协议书》依法应予以撤销。

讨论：作为加盟商申请加盟特许经营时，应该注意的问题是什么？特许人进行虚假宣传，应当承担什么样的法律责任？

第三节 政府采购法

案例导入

泰安市政府采购开始于1998年。初期的政府采购范围主要集中在政府部门的车辆采购、集中定点加油维修以及政府部门的办公设备采购等。1999年泰安市政府将工程采购纳入了政府采购，推动了城市改造工程的顺利进行。泰山大街是泰安市区连接京沪（福）高速公路的一条大街，被泰安市委、市政府列为民心工程和形象工程，长10公里，预算投资两亿多元。泰安市委主要领导本着保证工程质量、节约俭省、杜绝工程建设中的不正之风的指导思想，决定在泰山大街建设中推行政府采购制度。对施工队伍实行公开招标，对大街配套设施及大宗物资实行统一集中采购。为此泰安市成立了工程建设指挥部，采取分类指导、共同负责的办法，确定道路工程建设由建委的招投标中心来负责，其他的一些分项的工程和材料由财政部门来采购，如绿化工程、电缆、路灯、人行道板、井盖等。在对土建施工队伍的招标上，试行了委托采购方式，委托建委招标办公室和泰安会计师事务所联合对以上工程进行了招标。在对大街的人行道砖进行采购时，采用竞争性谈判的方式进行人行道砖的采购。

问题：什么是政府采购？有何作用？其采购程序是怎样的？

一、政府采购法概述

（一）政府采购的概念

所谓政府采购，是指各级国家机关、事业单位和社会团体组织，使用政府的财政性资金采购依法制定的集中采购目录以内的或者采购限额标准以上的货物、工程和服务的行为。这里的采购是市场行为，是指政府以合同方式有偿取得货物、工程和服务的行为，包括购买、租赁、委托、雇佣等。

在全球经济一体化的今天，政府职能日渐扩大，所影响的范围也越来越广。政府采购在国民经济中占有重要的地位，消费、投资、出口和政府采购是现代经济增长的主要推动力量。在西方国家，政府采购的规模占GDP的10%、财政的30%。

（二）《政府采购法》

我国于2002年6月29日通过了《政府采购法》，自2003年1月1日起施行。该法调整对象包括：①调整特定主体的公共采购行为；②调整特定的资金使用行为；③调整特定范围的政府采购对象；④调整特定的空间对象。

到2012年，我国的《政府采购法》已实施了十年。十年来，累计节约财政资金6600多亿元，政府采购规模增加10倍，由2002年的1009.6亿元增长到2011年的1.13亿元，全国政府采购总量中进口产品比例保持在3%以内。

政府采购已成为支持经济建设和社会发展的重要力量。回顾十年的历程，政府采购在提高政府采购资金的使用效益，维护国家利益和社会公共利益，保护政府采购当事人的合法权益，促进廉政建设，促进国内品牌发展和自主创新等方面起到了重大作用。

补充知识

在实施《政府采购法》的基础上，2007年国务院办公厅又印发了《关于建立政府强制采购节能产品制度的通知》，这标志着政府强制采购节能产品制度正式实施。

2007 年，卫生部颁布了《关于加强医疗器械集中采购管理的通知》，明确指出集中采购将成为今后我国医疗器械的主要采购形式。2007 年 4 月财政部颁布实施《自主创新产品政府采购预算管理办法》、《自主创新产品政府采购评审办法》和《自主创新产品政府采购合同管理办法》三大办法，明确鼓励政府优先采购国内自主创新产品，并规定政府采购进口产品将实行审核管理。这标志着我国激励自主创新的政府采购制度日趋完善。

政府采购的作用有以下几点。

1）政府采购有利于节省财政支出。节省财政支出是推行政府采购制度的基本目的。当前我国财政管理中三大症结是财政资金短缺、使用效率低下和运作不透明，这三个问题与分散采购制度不无关系。我国政府采购实施当年就节约预算资金 196.69 亿元，并且采购规模比上年同期增长 64.4%。

2）政府采购有利于消除腐败。消除腐败是中国政治生活中的难题，能否将腐败问题解决，是对政府领导市场经济能力的考验。实行政府采购制度有利于从源头上堵塞漏洞，为防腐倡廉提供制度保障。

3）政府采购是政府宏观调控的重要手段。在我国每年商品和服务约有 25%是由政府购买的，因而政府采购的数额和内容会对市场供求关系产生重大影响。当经济过热时，压缩政府采购使过热的需求降下来；在经济萧条时，加大政府采购，可以刺激市场需求。

补充知识

目前，外国政府利用政府采购扶持本国产业发展和技术创新的方式主要有以下几种：一是规定国际采购的本地含量。规定国际采购中本地的产品和劳动含量，保护本国的企业。例如，以色列政府要求国际采购至少有 35%必须在国内购买；美国则要求必须至少购买 50%的国内原材料和产品。二是给予本国企业优惠。给予国内投标人优惠价格，如波兰给国内投标者 20%的价格优惠，美国则给予国内投标商 10%~30%的价格优惠。三是限制或禁止外国企业进入。以国家安全、保护环境等正当理由，禁止或限制外国供应商进入本国政府采购市场，如澳大利亚在环境产品方面的严格限制。

二、政府采购当事人

政府采购当事人是指在政府采购活动中享有权利和承担义务的各类主体，包括采购人、供应商和采购代理机构等。

（一）采购人

采购人又称采购主体，是政府采购活动中的需求方，在政府采购当事人中居主导地位。我国政府采购人有两种：①政府部门，即国家行政管理机关。政府采购主要就是为了满足这些政府机构的需要，维护正常职能所进行的购买行为。②事业单位和社会团体。

它们是经政府主管机关批准建立的，在国家的经济、文化、教育、社会生活中发挥重要作用，其公共支出来源于财政拨款。

（二）采购代理机构

采购代理机构是国家设立或认可的独立法人，主要从事政府采购代理业务。在政府采购中，采购代理机构接受采购人委托，以采购人名义，在委托的范围内办理政府采购事宜。根据采购代理机构性质可分为官方采购代理机构和民间采购代理机构两种。官方采购代理机构是专门为政府和公共事业部门集中采购设立的机构，这类机构不以营利为目的，人员属于国家公务员。民间采购代理机构主要是接受企业或民间团体的委托提供采购代理业务。这些机构以营利为目的，一般以咨询服务为主业，兼做采购代理业务。

（三）供应商

供应商是政府采购活动中的采购方需求的提供者。向采购人提供货物、工程或服务的法人、其他组织或自然人。供应商参加政府采购活动应当具备的条件：具有独立承担民事责任的能力；具有良好的商业信誉和健全的财务会计制度；具有履行合同所必需的设备和专业技术能力；有依法缴纳税收和社会保障资金的良好记录；参加政府采购活动前三年内，在经营活动中没有重大违法记录等。采购人可以根据采购项目的特殊要求，规定供应商的特定条件。

政府从自然人中采购是特殊情况下的需求，如垄断技术、秘方、专利等。

三、政府采购方式

政府采购方式分为竞争性采购方式和非竞争性采购方式，招投标是最主要的竞争性采购方式。我国《政府采购法》规定的采购方式有：公开招标、邀请招标、竞争性谈判、单一来源采购、询价、国务院政府采购监督管理部门认定的其他采购方式。

（一）公开招标

公开招标是指招标人以招标公告的方式邀请不特定的法人或其他组织投标。它是一种由招标人按照法定程序，在公开媒体上发布或者以其他公开方式发布招标公告，所有符合条件的客商都可以平等参加投标竞争。这种招标方式被称为无限竞争性招标。此外，在某些情况下，也可以不采用公开招标进行采购，但应当在采购活动开始前获得本级政府采购监督管理部门的批准。采购人不得将应当以公开招标方式采购的货物或者服务化整为零或者以其他方式规避公开招标采购。

（二）邀请招标

邀请招标是指招标人以投标邀请书的方式向特定的法人或其他组织发出的投标邀请。可以看出，被邀请的对象才能参加招标，其他潜在的投标人则被排除在外。因此，邀请招标也被称为有限竞争性招标。采用邀请招标的情形有：①具有特殊性，只能从有限范围的供应商处采购的；②采用公开招标方式的费用占政府采购项目总值的比例过大的。

邀请招标必须向三个以上投标人发出邀请。而被邀请对象必须具备承担招标项目的能力，资信良好。

（三）其他采购方式

其他采购方式主要有竞争性谈判、单一来源采购、询价采购等方式。在以上所有方式均发生困难的情况下，也就是出现特殊情况，而且特殊情况是法定的，可以采用政府采购监督管理部门批准的其他采购方式。

1. 竞争性谈判方式

所谓竞争性谈判采购，是指采购人通过与多家供应商就采购事宜，如价格、质量、售后服务等进行一对一的谈判，最后从中确定供应商的一种采购方式。采用这种方式采购应具备的条件如下。

1）招标后没有供应商投标或者没有合格标或者重新招标未能成立。

2）采用招标所需时间不能满足用户紧急需要的。

3）技术复杂或者性质特殊，不能确定详细规格或具体要求的。

4）不能事先计算出价格总额的。

注 意

在竞争性谈判活动中的报价是确定的、唯一的，绝对不能是有选择的报价，更不应该是建立在其他供应商报价结果出来后才能确定的报价。政府采购活动必须建立在公开、公平、公正、诚实信用的基础之上。

案例分析

2006年10月9日，××职业技术学院发布了采购公告，欲通过竞争性谈判采购方式采购电子图书。

2006年10月19日，竞争性谈判采购活动如期进行。根据竞争性谈判文件，此次采购活动只有两轮报价。当三家参与谈判的供应商分别递交了书面第二次报价时，其中A数字技术有限公司报价为17.8万元，同时承诺如果此报价不是最低报价，将比最低报价者再降1000元。而在三家公司报价中，B信息技术发展有限责任公司的14.5万元报价是最低报价。按照A数字技术有限公司的报价承诺，应该比B信息技术发展公司再降1000元，即14.4万元。

思考：A数字技术有限公司的报价行为合法吗？

分析提示：他们的这轮报价显然是不符合竞争性谈判文件要求的。其他供应商都在同一时间确定了自己的最终报价，A数字技术有限公司的报价却要建立在其他供应商完成最终报价后才能最终确定，这种附条件的报价显然违背了《政府采购法》规定的“公平原则”。

2. 单一来源采购方式

所谓单一来源采购，通常是所购产品的来源渠道单一或属于专利、艺术品、秘密咨询、首次制造、合同追加、后续扩充等特殊情况的采购。具体情形是：①只能从唯一供应商处采购的。②发生了不可预见的紧急情况不能从其他供应商处采购的。③必须保证原有采购项目一致性或者服务配套的要求，需要继续从原供应商处添购，且添购资金总额不超过原合同采购金额10%的。

3. 询价采购方式

所谓询价采购，是指采购人向国内外有关供应商发出询价通知书，让其报价，然后在报价基础上进行比较，按照符合采购需求、质量和服务且报价最低的原则确定供应商的一种采购方式。俗称“货比三家”。

适用询价采购方式项目主要是采购的货物规格、标准统一，现货货源充足且价格变化幅度小的政府采购项目。

案例分析

某县采购一批排灌设备，由于各排灌点涉及面积大小不一，排灌任务也有差别，所需设备规格、标准不一；现货货源不足，需要临时订做；不同类设备价格相差大，同种产品价格波动也大。该县政府采购中心进行询价采购，不仅人为地使采购程序复杂化，而且采购效果也很差，空耗了许多人力、财力、物力，贻误了水利工程按时完成。

思考：该县政府应该采用怎样的采购方式？

分析提示：公开招标方式。

四、政府采购程序

（一）政府采购计划的编制与审批

政府采购预算编制的主要依据：①国家的有关方针、政策、法规；②政府公布的政府采购目录；③各业务部门提供的采购计划；④单位各项收入中能够用于货物、工程和服务采购的资金额度；⑤近期政府采购招标竞标活动的中标价。

政府采购计划主要包括目录、预算、项目、方式及其执行程序以及资金来源等。采购目录是在确定需求的基础上编制而成的，由政府有关部门予以公布。政府采购预算资金来源包括预算内资金、预算外资金、事业性收入、基金收入等。各采购人编制完预算后，报本级财政部门汇总并审查。审查合格后，由财政部门代表本级政府将各部门预算包括汇总的政府采购预算的草案向本级人民代表大会作报告，经审查通过具有法律效力方可执行。

补充知识

目前，我国的预算编制方法还是粗放型的，缺乏详细、明确的标准，因而，采购预算通常是高于评标价的。当前，我国正在进行细化预算的改革尝试，积极推行部门预算。当然细化预算编制有一个过程，在我国预算评估体系还未建立之前，为了提高预算编制的质量，减少采购预算与评标之间的偏差，在编制采购预算时，可以采取下列方法：第一，询价，即通过货比三家确定采购项目的平均价格；第二，积累经验，即向招标机构或曾购买过此类物品的用户了解其实际购买价格；第三，请行业协会或专家论证。这种方法主要适用于编制大型复杂或新产品项目的预算。

（二）进行招投标

货物或者服务项目采取邀请招标方式采购的，采购人应当从符合相应资格条件的供应商中，通过随机方式选择三家以上的供应商，并向其发出投标邀请书。货物和服务项目实行招标采购的，自招标文件开始发出之日起至投标人提交投标文件截止日止，不得少于 20 日。在招标采购中，出现下列情形之一的，应予以废标。

1）符合专业条件的供应商或者对招标文件作实质响应的供应商不足三家的。

2）出现影响采购公正的违法、违规行为的。

3）投标人的报价均超过了采购预算，采购人不能支付的。

4）因重大变故，采购任务取消的。

废标后，采购人应当将废标理由通知所有投标人。

废标后，除采购任务取消情形外，应当重新组织招标；需要采取其他方式采购的，应当在采购活动开始前获得所在市、自治州以上人民政府采购监督管理部门或者政府有关部门批准。

案例分析

某单位购买电脑设备 34 台，审批的采购方式为邀请招标。采购中心按邀请招标方式发布信息，资格预审，制作标书，组织开标。开标结果为：A 单位报价 14.89 万元，B 单位报价 14.96 万元，C 单位报价 14.9225 万元，三家供应商报价皆超过采购人 13.435 万元的采购预算，此“预算”是采购人事先书面报采购办审核的。根据《政府采购法》第三十六条规定，采购人提出废标请求，评委与采购中心认为废标理由成立。评标委员会的结论是“因三家报价均超过预算较多，远高于市场行情，故决定此标作废标处理”。废标后采购办把此标改为询价采购，品牌型号、配置数量都没有变，有四家投标人参与开标。报价结果分别为 13.67 万元、12.88 万元、13.29 万元、13.483 万元。此次报价有两家单位低于采购预算，最终以 12.88 万元中标，低于预算 5550 元。

思考：招标采购中，什么情况下可以提出废标请求？

分析提示： 废标是指政府采购中出现报名参加或实质性响应的供应商不足三家、存在影响采购公正的违法违规行为、投标报价均超过预算、因重大变故采购任务取消的情形时，招标采购单位作出的全部投标无效的处理。

小观点

废标是相伴政府采购工作的必然事物，有采购行为就可能有废标，这一点不容否认。出现了废标情况，一方面说明了采购当事人准备工作不充分，遭受外界干扰成分多，浪费了采购资源；另一方面从某种程度上说也是对政府采购公平竞争原则的维护，是保护当事人合法权利的有效手段，也是对采购人或供应商不法行为的有力回击。因此，我们要正确对待废标，不轻言废标也要敢于废标，严格按照法律法规办事。

（三）选择采购方式，确定中标供应商

公开招标是政府采购的主要形式。因特殊情况采取其他方式的，应当在采购活动开始前获得市、自治州以上人民政府采购监督管理部门批准。

（1）采用竞争性谈判方式采购的应遵循的程序

采用竞争性谈判方式采购的，应当遵循下列程序。

1）成立谈判小组。谈判小组由采购人的代表和有关专家共三人以上的单数组成，其中专家人数不得少于成员总数的三分之二。

2）制定谈判文件。谈判文件应当明确谈判程序、谈判内容、合同草案的条款以及评定成交的标准等事项。

3）确定邀请参加谈判的供应商名单。谈判小组从符合相应资格条件的供应商名单中确定不少于三家的供应商参加谈判，并向其提供谈判文件。

4）谈判。在谈判中，谈判的任何一方不得透露与谈判有关的其他供应商的技术资料、价格和其他信息。谈判文件有实质性变动的，谈判小组应当以书面形式通知所有参加谈判的供应商。

5）确定成交供应商。谈判结束后，谈判小组应当要求所有参加谈判的供应商在规定时间内进行最后的报价，采购人从谈判小组提出的成交候选人中根据符合采购需求、质量和服务且报价最低的原则确定成交供应商，并将结果通知所有参加谈判的未成交的供应商。

（2）采取单一来源方式采购的应遵循的程序

采取单一来源方式采购的，采购人与供应商应当遵循本法规定的原则，在保证采购项目质量和双方商定合理价格的基础上进行采购。

（3）采取询价方式采购的应遵循的程序

采取询价方式采购的应当遵循下列程序。

1）成立询价小组。询价小组由采购人的代表和有关专家共三人以上的单数组成，其中专家的人数不得少于成员总数的三分之二。询价小组应当对采购项目的价格构成和评定成交的标准等事项作出规定。

2）确定被询价的供应商名单。询价小组根据采购需求，从符合相应资格条件的供应商名单中确定不少于三家的供应商，并向其发出询价通知书让其报价。

3）询价。询价小组要求被询价的供应商一次报出不得更改的价格。

4）确定成交供应商。采购人根据符合采购需求、质量和服务且报价最低的原则确定成交供应商，并将结果通知所有被询价的未成交的供应商。

（四）签订和履行采购合同

无论通过何种采购方式，最终都要签订合同，供应商在签订采购合同时或者之前，须按规定交纳一定数额的履约保证金，以保证中标或成交的供应商能够按合同约定履行其义务。

（五）采购验收、资金支付

采购人或者其委托的采购代理机构应当组织对供应商履约的验收。大型或者复杂的政府采购项目，应当邀请国家认可的质量检测机构参加验收工作。验收方成员应当在验收书上签字，并承担相应的法律责任。

政府采购资金的支付，按照政府采购资金管理办法办理。

（六）采购文件的保存

采购文件包括采购活动记录、采购预算、招标文件、评标标准、评估报告、定标文件、合同文本、验收证明、质疑答复、投诉处理及其他文件、资料。

采购人、采购代理机构对政府采购项目每项采购活动的采购文件应当妥善保存，不得伪造、变造、隐匿或者销毁。采购文件保存期限为从采购活动结束之日起 15 年。

五、政府采购合同

政府采购合同是指采购人与供应商在平等、自愿的基础上，依法签订的明确双方权利义务的协议。

（一）合同主体

政府采购合同的主体包括采购方和供应商。

采购方可以自己签订合同，也可以委托采购代理机构与供应商签订合同。采购代理机构在委托范围内办理政府采购事宜。采购人有权自行选择采购代理机构，任何单位和个人不得以任何方式为采购人指定采购代理机构。由采购代理机构以采购人名义签订合同的，应当提交采购人授权委托书。

供应商应当具备法定资格，并有义务按照采购人的要求提交其相关的资质证明材料。两个以上的自然人、法人或其他组织可以组成一个联合体，以一个供应商的身份共同参加政府采购。以联合共同体形式进行政府采购的，应向采购人提交联合协议，载明联合体各方承担的工作和义务。联合体各方应当共同与采购人签订采购合同，就采购合同约定的事项对采购人承担连带责任。

（二）合同形式与内容

政府采购合同应当采用书面形式。合同内容并不能完全遵循意思自治原则，其中必备条款必须在合同中做出约定，如果欠缺必备条款将影响采购合同效力。

（三）政府采购合同特殊规定

政府采购合同在订立过程中有其特殊性，具体表现在以下几个方面。

1）采购人与中标、成交供应商应当在中标、成交通知书发出之日起 30 日内，按照采购文件确定的事项签订政府采购合同。中标、成交通知书对采购人和中标、成交供应商均有约束力。中标、成交通知书发出后，采购人改变中标、成交结果的，或者中标、成交供应商放弃中标、成交项目的应当依法承担法律责任。

2）政府采购合同自签订之日起 7 个工作日内，采购人应当将合同副本报同级政府采购监督管理部门和有关部门备案。

3）经采购人同意，中标、成交供应商可以依法采取分包履行合同。中标、成交供应商就采购项目和分包项目向采购人负责，分包供应商就分包项目承担责任。

4）在合同履行过程中，采购人需要追加与合同标的相同的货物、工程或服务的，在不改变合同其他条款的前提下，可以与供应商协商签订补充合同，但所有补充合同的采购金额不得超过原合同采购金额的 10%。

5）政府采购合同双方不得擅自变更、中止或者终止合同。如果政府采购合同继续履行将损害国家利益和社会公共利益，双方当事人应当变更、中止或终止合同。有过错一方应当承担赔偿责任，双方都有过错，各自承担相应责任。

六、供应商权利

（一）询问、质疑权

供应商对政府采购活动事项有疑问的，可以向采购人提出询问，采购人对供应商提出的询问应当及时做出答复。

供应商认为采购文件、采购过程和中标、成交结果会使自己的权益受到损害的，可以在知道或应当知道其权益受到损害之日起 7 个工作日内，以书面形式向采购人提出质疑。采购人收到质疑后 7 个工作日做出书面答复。对于询问、质疑的答复内容不得涉及商业秘密。

采购人委托采购代理机构采购的，供应商可以向采购代理机构提出询问或质疑，采购代理机构应当依法就采购人委托授权范围内的事项做出答复。

（二）投诉权

供应商向采购人或采购代理机构提出的质疑，采购人、采购代理机构的答复不令人满意或者采购人、采购代理机构未在规定的时间作出答复的，可以在答复期满后 15 个工作日向同级政府采购监督管理部门投诉。

政府采购监督管理部门应当在收到投诉后 30 个工作日内，对投诉事项做出处理决定，并以书面形式通知投诉人和与投诉事项有关的当事人。投诉人对政府采购监督管理部门的处理决定不服或者政府采购监督管理部门逾期未做处理的，可以依法申请复议或向人民法院提起行政诉讼。

七、违反《政府采购法》的法律责任

（一）采购人、代理采购机构的法律责任

1）采购人、采购代理机构有下列情形之一的，责令限期改正，给予警告，并处罚款，对直接负责的主管人员和其他直接责任人员，由其行政主管部门或者有关机关给予处分，并予通报：①应当采用公开招标方式而擅自采用其他方式采购的；②擅自提高采购标准的；③委托不具备政府采购业务代理资格的机构办理采购事务的；④以不合格的条件对供应商实行差别待遇或歧视待遇的；⑤在招标采购过程中与投标人进行协商谈判的；⑥中标、成交通知书发出后不与中标、成交供应商签订采购合同的；⑦拒绝有关部门依法实施监督检查的。

2）采购人、采购代理机构及其工作人员有下列情形之一的，构成犯罪的依法追究刑事责任；不构成犯罪的，处以罚款，没收违法所得；属于国家机关工作人员的，依法给予行政处分：①与供应商或者采购代理机构恶意串通的；②在采购过程中接受贿赂或者获取其他不正当利益的；③在有关部门依法实施的监督检查中提供虚假情况的；④开标前泄露标底的。

有前述违法行为之一的影响中标、成交结果或者可能影响中标、成交结果的按下列情况分别处理：①未确定中标、成交供应商的，终止采购活动；②中标、成交供应商已经确定但采购合同尚未履行的，撤销合同，从合格的中标、成交候选人中另行确定中标、成交供应商；③采购合同已经履行的，给采购人、供应商造成损失的，由责任人承担赔偿责任。

3）采购人对应当实行集中采购的政府采购项目，不委托集中采购机构实行集中采购的，由政府采购监督管理部门责令改正；拒不改正的，停止按预算向其支付资金，由其上级行政主管部门或者有关机关依法给予其直接负责的主管人员和其他直接责任人员处分。

4）采购人未依法公布政府采购项目的采购标准和采购结果的，责令改正，对直接负责的主管人员依法给予处分。

5）采购人、采购代理机构违反本法规定隐匿、销毁应当保存的采购文件或者伪造、变造采购文件的，由政府采购监督管理部门处以 2 万元以上 10 万元以下的罚款，对其直接负责的主管人员和其他直接责任人员依法给予处分；构成犯罪的，依法追究刑事责任。

小提示

目前，各国政府采购的总规模大体占到每年全球总值的 10%，与之相比，我国政府采购量总体偏低。2007 年，我国国内生产总值 24 万亿元，政府采购总资金 4000 亿元，大大低于 10%的比例。大量财政资金游离于采购监督之外。存在问题是：第一，临时报计划，造成分散采购，或者直接采购，导致暗箱操作。第二，采购程序不规范。一些采购人员自找社会代理机构，指令代理机构买什么产品、买哪个厂家的产品等，使采购形同虚设，甚至导致权钱交易。

（二）供应商的法律责任

供应商有下列情形之一的，处以采购金额5‰以上10‰以下罚款，列入不良行为记录名单，在一至三年内禁止参加政府采购活动，并没收违法所得，情节严重的，由工商行政管理机关吊销营业执照，构成犯罪的，依法追究刑事责任。

1）提供虚假材料谋取中标、成交的。

2）采取不正当手段诋毁、排挤其他供应商的。

3）与采购人、其他供应商或者采购代理机构恶意串通的。

4）向采购人、采购代理机构行贿或者提供其他不正当利益的。

5）在招标采购过程中与采购人进行协商谈判的。

6）拒绝有关部门监督检查或者提供虚假情况的。

（三）政府采购监督管理部门的法律责任

政府采购监督管理部门的工作人员在实施监督检查中违反本法规定滥用职权，玩忽职守，徇私舞弊，依法给予行政处分；构成犯罪的，依法追究刑事责任。

1）政府采购监督管理部门对供应商的投诉逾期未做处理的，给予直接负责人和其他责任人员行政处分。

2）政府采购部门对集中采购机构业绩的考核，有弄虚作假、隐瞒真实情况的，或者不做定期考核和公布考核结果的，应当及时纠正，由其上级机关或者监察机关对其负责人进行通报，并对直接负责人员依法给予行政处分。

3）集中采购机构在政府采购监督管理部门考核中，虚报业绩，隐瞒真实情况的，处以2万元以上20万元以下的罚款，并予以通报；情节严重的，取消其代理采购的资格。

4）任何单位或者个人阻挠和限制供应商进入本地区或者本行业政府采购市场的，责令限期改正；拒不改正的，由该单位、个人的上级行政主管或者有关机关给予单位责任人或个人处分。

案例分析

某市政府采购中心受该市教育局的委托，以竞争性谈判方式采购一批教学仪器设备。政府采购中心接受委托后，按规定程序在监管机构规定的媒体上发布了采购信息，广泛邀请供应商参加。采购信息中除要求供应商具备《政府采购法》第二十二条的规定条件外，仅要求供应商提供所供仪器设备是正品的证明，并保证售后服务即可。然后政府采购中心在规定的时间内，组成谈判小组，并按规定程序，在有关部门的监督下，于2月16日履行了谈判等程序。外市的一家M公司从四家供应商中胜出，成为第一候选人。七天后，政府采购中心正等待教育局确认结果时，收到本市一家供应商H的书面投诉书。其主要内容是：指控M公司不是代理商，其授权书是假的，要求政府采购中心查处造假者，且查处之前不得公布成交结果。该市财政局党委、纪检组，市纪委、监察局等部门也都收到了H公司的投诉书，内容都是反映政府采购中心“暗箱操作”，使“造假者成交”，严重违反了《政府采购法》等法律法规，要求市财政局党委、纪检组，市纪委、监察局等部门立即调查处理，并要求查处之前不准政府采购中心公布成交结果。后来。采购中心仍按程序在规定的时间内公布了成交结果，市财政局党委、纪检组也没有接受H公司的要求，由此可见，H公司的投诉没有得到政府采购中心的受理，是一次无效投诉。

讨论：分析H公司投诉无效的原因是什么？政府采购方式有几种？

小　结

直销是指直销企业招募直销员，由直销员在固定营业场所之外直接向最终消费者推销产品的经销方式。由于这种经销模式在交易过程中存在着信息不对称、直销人员分散性等特点，所以容易引发一些不规范、甚至违法行为的发生，进而损害广大消费者和直销从业人员的切身利益。因此对直销企业在设立条件和程序、直销员制度、退货制度、信息披露制度、保证金制度等方面都建立了严格的监督管理制度。

商业特许经营是指拥有注册商标、企业标志、专利、专有技术等经营资源的企业（即称特许人），以合同形式将其拥有的经营资源许可其他经营者（称被特许人）使用，被特许人按照合同约定在统一的经营模式下开展经营，并向特许人支付特许经营费用的经营活动。这种新型的商业模式对特许人和被特许人双方都有巨大的利益诱惑，因此，要以特许经营合同确定双方的权利和义务，规范双方的经营行为，使其“共赢”。

政府采购是指各级国家机关、事业单位和社会团体组织，使用政府的财政性资金采购依法制定的集中采购目录以内的或者采购限额标准以上的货物、工程和服务的行为。政府采购在提高政府采购资金的使用效益，维护国家利益和社会公共利益，促进廉政建设，促进国内品牌发展和自主创新等方面起到了重大作用。

思 考 题

1. 什么是直销？直销有哪几种主要形式？直销与传销有什么区别？
2. 直销企业设立的条件、程序是怎样的？
3. 直销企业、直销员开展业务时应该注意履行哪些义务？
4. 政府采购方式有哪几种？应该履行怎样的采购程序？
5. 什么是特许经营？特许人从事特许经营的条件有哪些？
6. 特许经营合同有什么特点？特许人和被特许人的合同义务分别有哪些？

案 例 讨 论

自诩“东方比萨”的两元钱一个的掉渣烧饼，自 2005 年 3 月湖北姑娘晏琳在武汉创办第一家专卖店起，就像疯了一样在全国风靡起来，武汉、重庆、合肥、南京、济南、北京、上海，每个专卖店前都出现过排队情况。北京最快时以每天两家的速度发展着，但是好景极短，总共还不到一年，掉渣烧饼出现了中国生意史上最快的极盛和极衰。很多人为之惋惜。造成这种现象的原因是什么？作为烧饼热最核心的“掉渣儿”商标，在烧饼走红时也只是刚刚申请，而掉渣儿烧饼发明者的配方专利同样也正在申请过程中。趁着“掉渣儿”烧饼知识产权保护的漏洞，有的傍着“掉渣儿”、“土家”搞加盟收取加盟费、管理费；还有的就是卖配方的，“300 元传授土家烧饼制作技术及提供配方”；“188 元出售火爆全国的土家烧饼、掉渣烧饼、中国比萨所有制作秘方”，这些卖配方的帖子在网上随处可见，价格也越来越低。

讨论：

（1）掉渣烧饼迅速衰败的原因是什么？

（2）从案例中我们得到什么启示？

实 训 项 目

实训目的：

了解特许经营模式，掌握其特点和优势，能区别于直销模式。

实训方式：

模拟加盟谈判过程，签订特许经营合同。

实训背景资料：

西饼屋经营十几年了，有两个直营店。2004 年西饼屋导入 VI 形象识别系统，在这期间，西饼屋形成了自己独特的装修风格和经营特色：整洁的店堂、开放的货架、服务员亲切的笑脸，温馨、舒适、雅致、大方的气息，富于变化的空间，明暗有别的灯光，悠扬的背景音乐。总之，在设计上紧扣“品位”和“舒适”两个主题。

随着“西饼屋”名气的扩大，市场前景的看好，西饼屋的老板们也有意通过连锁经营这种方式提升自己的竞争力。于是他们设计了两种加盟方案：①小康型门店，该门店不进行现场加工，门店面积为 30 平方米，员工人数 3 人，总投资约为 8 万元，其中有 2 万元的保证金；②旗舰门店，该门店包括进行现场加工。面积为 50 平方米左右，员工人数 6 人，总投资约为 11 万元，其中包括 2 万元的保证金。

实训内容：

1．特许人和申请加盟者就特许经营合同进行谈判。

2．签订特许经营合同。

实训要求：

学生分成若干组，两个小组为一个谈判组，分别扮演特许经营者和申请加盟者，就特许经营合同内容谈判，最后签订合同。每个谈判组派代表阐述拟定的加盟合同。其他小组成员给予评价，最后老师就各小组完成情况进行总结发言，评定各小组成绩。

知识拓展

请同学们课后阅读以下法条：

[1]《禁止传销管理条例》，2005 年 8 月 23 日第 444 号国务院令公布，自 2005 年 11 月 1 日起施行。

[2]《商业特许经营管理条例》，2007 年 1 月 31 日国务院第 167 次常务会议通过，自 2007 年 5 月 1 日起施行。

[3]《直销管理条例》，2005 年 8 月 23 日第 443 号国务院令公布，自 2005 年 12 月 1 日起施行。

[4]《中华人民共和国政府采购法》，2002 年 6 月 29 日全国人民代表大会常务委员会第 28 次会议通过，自 2003 年 1 月 1 日起实施。

第六章 营销争议的解决

营销争议的解决方式包括协商、调解、仲裁和诉讼。其中仲裁和诉讼是解决营销纠纷的两条有效途径。在仲裁和诉讼两种方法中，我国采用的是或裁或审的原则，均不是必经程序。解决营销争议，一定要事实清楚，证据确凿，适用法律得当，程序合法，才能确保当事人的合法权益。

1. 区分民事诉讼的地域管辖与级别管辖。
2. 理解证据的种类，领会证据在实践中的重要意义。
3. 解释普通程序、第二审程序、审判监督程序。在实践中能够书写简单的法律文书，并能解决常见的民事纠纷。
4. 了解仲裁协议的效力及仲裁程序。
5. 掌握仲裁与诉讼的区别。

第一节 诉 讼 法

案例导入

北京A公司与太原B厂在太原市签订购销汽轮发电机组合同。合同约定：由北京A公司提供给太原B厂汽轮发电机组一套，并负责安装调试，安装调试地为太原发电厂。合同签订后，北京A公司当天下午又在太原与唐山C厂签订购销合同。约定由唐山C总厂供给北京A公司汽轮发电机组一套，安装调试地为太原B厂。汽轮发电机安装完毕且投入运营后，因太原B厂进行改制，迟迟没有按照合同约定向北京A公司付款，致使北京A公司也未能向唐山C厂付款。于是，唐山C厂向太原市某区人民法院起诉，起诉状将北京A公司列为本案被告，将太原B厂列为本案第三人。

问题：什么是诉讼？诉讼的基本制度有哪些？

一、民事诉讼概述

（一）民事诉讼的概念

民事诉讼是指法院在当事人和其他诉讼参与人的参加下，以审理、判决、执行等方式解决民事纠纷的活动，以及由这些活动产生的各种诉讼关系的总和。

（二）民事诉讼的特征

1. 民事诉讼具有公权性

民事诉讼是以司法方式解决平等主体之间的纠纷，是由法院代表国家行使审判权解决民事纠纷。

2. 民事诉讼具有强制性

强制性是公权性的重要属性。民事诉讼的强制性既表现在案件的受理上，又反映在裁判的执行上。

3. 民事诉讼具有程序性

民事诉讼是依照法定程序进行的诉讼活动，无论是法院还是当事人和其他诉讼参与人，都需要按照《中华人民共和国民事诉讼法》设定的程序实施诉讼行为。

（三）民事诉讼法

民事诉讼法是由国家制定的规范法院和诉讼参与人的各种诉讼活动以及由此产生的各种诉讼关系的法律规范的总称。狭义的民事诉讼法专指我国现行的民事诉讼法典，即1991年4月9日颁布实施的《中华人民共和国民事诉讼法》（以下简称《民事诉讼法》）。根据2007年10月28日第十届全国人民代表大会常务委员会第三十次会议《关于修改〈中华人民共和国民事诉讼法〉的决定》第一次修正，根据2012年8月31日第十一届全国人民代表大会常务委员会第二十八次会议《关于修改〈中华人民共和国民事诉讼法〉的决定》第二次修正。

二、管辖制度

（一）管辖的概念

管辖是指各级法院之间和同级法院之间受理第一审民事纠纷案件的分工和权限。

（二）级别管辖

级别管辖是指按照一定的标准，划分上下级法院之间受理第一审民事纠纷案件的分工和权限。

我国的法院有四级，并且每一级都受理一审案件。根据案件的性质、繁简程度和案件影响的大小来确定级别管辖。各级法院管辖的第一审经济纠纷案件如下。

1）基层法院管辖的第一审经济纠纷案件。《民事诉讼法》第十八条规定，基层法院管辖第一审案件，但本法另有规定的除外。

2）中级法院管辖的第一审经济纠纷案件：①重大涉外案件；②在本辖区有重大影响的案件；③最高人民法院确定由中级人民法院管辖的案件。

3）高级人民法院管辖在本辖区有重大影响的第一审民事案件。

4）最高人民法院管辖下列第一审民事案件：①在全国有重大影响的案件；②认为应当由本院审理的案件。

（三）地域管辖

地域管辖是指按照各法院的辖区和民事案件的隶属关系来划分诉讼管辖，即将已划分同一级法院管辖的一审案件在各个法院之间进行分配。

1. 一般地域管辖

一般地域管辖即“原告就被告”。当被告住所地与经常居住地不一致的，由经常居住地人民法院管辖。对法人或者其他组织提起的民事诉讼，由被告住所地（即主要办事机构所在地或主要营业地）人民法院管辖。

案例分析

李某向由刘某、王某、赵某共同成立的合伙企业提供一批货物，之后这一合伙企业并没有给付货款。李某向他们索还，三人互相推诿，仍不还钱。现知李某住 A 市东区，刘某住 A 市西区，王某住 A 市北区，赵某住 A 市南区，合伙企业地处 A 市中区。

思考：李某应该向哪个法院起诉？

分析提示：根据《民事诉讼法》的地域管辖的原则“原告就被告”，李某应到被告所在地法院起诉。本案是连带债务，他们分别住在 A 市西区、北区、南区、中区，因此，这四个法院都有管辖权，原告可以选择其中一个法院起诉。如果李某向四个法院都递交了起诉状，那么哪个法院最先立案，该案就由哪个法院行使管辖权。

2. 特殊地域管辖

1）因合同纠纷提起的诉讼，由被告住所地或者合同履行地人民法院管辖。

2）因保险合同纠纷提起的诉讼，由被告住所地或者保险物所在地人民法院管辖。

3）因票据纠纷提起的诉讼，由被告住所地或者票据支付地人民法院管辖。

4）因公司设立、解散等纠纷提起的诉讼，由公司住所地人民法院管辖。

5）因铁路、公路、水上、航空运输和联合运输合同纠纷提起的诉讼，由被告住所地、目的地或者运输始发地人民法院管辖。

6）因侵权行为提起的诉讼，由被告住所地或者侵权行为地人民法院管辖。

3. 专属管辖

1）因不动产纠纷提起的诉讼，由不动产所在地人民法院管辖。

2）因港口作业中发生纠纷提起的诉讼，由港口所在地人民法院管辖。

3）因继承遗产纠纷提起的诉讼，由被继承人死亡时住所地或者主要遗产所在地人民法院管辖。

同一诉讼的几个被告住所地、经常的居住地在两个以上人民法院辖区的，各人民法院都有管辖权。两个以上人民法院都有管辖权的诉讼，原告可以向其中一个人民法院起诉。原告向两个以上有管辖权的人民法院起诉的，由最先立案的人民法院管辖。

4. 协议管辖

合同或者其他财产权益纠纷的当事人可以书面协议选择被告住所地、合同履行地、合同签订地、原告住所地、标的物所在地等与争议有实际联系的地点的人民法院管辖，但不得违反本法对级别管辖和专属管辖的规定。

（四）管辖权异议

管辖权异议是指当事人向受诉法院提出的该法院对案件无管辖权的主张。人民法院受理案件后，当事人对管辖权有异议的，应当在提交答辩状期间提出。人民法院对当事人提出的异议，应当审查。异议成立的，裁定将案件移送有管辖权的人民法院；异议不成立的，裁定驳回。

三、当事人与诉讼代理人

（一）当事人

1. 当事人的概念

当事人是指因为民事上的权利义务关系发生纠纷，以自己的名义进行诉讼，并受人民法院裁判拘束的利害关系人。当事人有广义和狭义之分。狭义的当事人则仅仅指原告和被告。广义的当事人包括原告、被告、共同诉讼人和第三人。

2. 当事人的诉讼权利与诉讼义务

当事人的诉讼权利有：起诉、反驳、提起反诉；申请回避；委托诉讼代理人；收集和提供证据；进行陈述、质证和辩论；选择调解；自行和解；申请财产保全和先予执行；申请顺延诉讼期间；提起上诉；申请再审；申请执行；查阅、复制与本案有关材料。

当事人的诉讼义务有：依法行使诉讼权利；遵守诉讼秩序；履行生效法律文书。

（二）原告与被告

原告是指为维护自己或自己所管理的他人的民事权益，而以自己名义向法院起诉，从而引起民事诉讼程序发生的人。

被告是指被原告诉称侵犯原告民事权益或与原告发生民事争议，而由法院通知应诉的人。

公民、法人和其他组织都可以成为原告和被告。

（三）共同诉讼

当事人一方或者双方为两人以上的诉讼，称为共同诉讼。共同诉讼有两种，即必要共同诉讼和普通共同诉讼。

1. 必要共同诉讼

必要共同诉讼是指当事人一方或者双方为两人以上，诉讼标的是共同的，法院必须合并审理并做出同一裁判的诉讼。必要共同诉讼的目的在于防止矛盾判决。

补充知识

根据有关规定，能够引起必要共同诉讼的具体情形有：

1）个体工商户、个人合伙或私营企业挂靠集体企业并以集体企业的名义从事生产经营活动的，在诉讼中，该个体工商户、个人合伙或私营企业与其挂靠的集体企业为共同诉讼人。

2）营业执照上登记的业主与实际经营者不一致的，以业主和实际经营者为共同诉讼人。

3）个人合伙企业的全体合伙人在诉讼中为共同诉讼人。

4）企业法人分立的，因分立前的民事活动发生的纠纷，以分立后的企业为共同诉讼人。

5）借用业务介绍信、合同专用章、盖章的空白合同书或者银行账户出借单位和借用人为共同诉讼人。

2. 普通共同诉讼

普通共同诉讼是指当事人一方或者双方为两人以上，诉讼标的是同一种类，法院认为可以合并审理并且当事人也同意合并审理的共同诉讼。共同诉讼的目的在于实现诉讼经济。

共同诉讼的两种类型对比见表 6-1。

表 6-1 共同诉讼的类型

共同诉讼的类型	诉讼标的	法院审理	共同诉讼人的内部关系
必要共同诉讼	共同的	必须合并	承认原则：其中一人的诉讼行为经其他共同诉讼人承认，对其他共同诉讼人发生效力
普通共同诉讼	同一种类	法院认为可以，且当事人同意	任何一个共同诉讼人的诉讼行为，对其他共同诉讼人均不发生效力

（四）诉讼代表人

诉讼代表人是指为了便于诉讼，由人数众多的一方当事人推选出来的，代表其利益实施诉讼行为的人。诉讼代表人制度，是以共同诉讼制度为基础，既为人数众多的共同诉讼人进行诉讼提供了可能，又简化了诉讼程序。

诉讼代表人的条件：①本案的当事人；②具有诉讼行为能力；③能够善意地履行诉讼代表人职责。

诉讼代表人的诉讼行为，对其所代表的当事人发生法律效力。但在处分涉及被代表人的实体权利时，如变更、放弃诉讼请求或者承认对方当事人的诉讼请求，进行和解，必须经被代表的当事人同意。

（五）公益诉讼

新民事诉讼法第 55 条规定：对污染环境、侵害众多消费者合法权益等损害社会公共利益的行为，法律规定的机关和有关组织可以向人民法院提起诉讼。

消费者权益案件、虚假广告案件等侵害公共利益的案件可适用公益诉讼制度。

（六）第三人

第三人是指对原告和被告所争议的诉讼标的有独立的请求权，或者虽然无独立的请求权，但是案件的处理结果与其有法律上的利害关系，因而参加到正在进行的民事诉讼中去，以维护自己的合法权益的人。第三人制度的目的在于维护利害关系人的合法权益，防止法院做出相互矛盾的判决，实现诉讼经济。

1. 有独立请求权的第三人

有独立请求权的第三人是指对原告和被告所争议的诉讼标的有独立的请求权而参加诉讼的人。有独立请求权的第三人在诉讼中的地位相当于原告，是诉讼的当事人。在诉讼中，有独立请求权的第三人既反对本诉的原告，又反对本诉的被告，认为他们的争议侵害了自己的权益，因此对他们提起独立的请求，将他们同置于被告的地位。

案例分析

家住南京的刘甲继承其父遗产房屋一间，后将其出租。在北京工作的刘乙（刘甲之弟）知道此事后，认为自己并没有放弃继承权，故与刘甲交涉。刘甲对此不予理睬，刘乙便向法院提起诉讼。案件受理后，王某向法院主张自己作为被继承人的养子，拥有继承权，并通过法定程序主张自己的权利。

思考：王某是以什么身份参加诉讼的？

分析提示：王某以有独立请求权第三人的身份参加诉讼。

2. 无独立请求权的第三人

无独立请求权的第三人是指虽然无独立的请求权，但是案件的处理结果与其有法律上的利害关系，因而参加到正在进行的民事诉讼中去，以维护自己的合法权益的人。无独立请求权的第三人不是完全独立的诉讼当事人，他没有向原告和被告提出独立的诉讼请求，而是辅助本诉的一方当事人对抗另一方当事人。无独立请求权的第三人参加诉讼的目的，是为了维护自己的合法权益，避免法院对他人做出的判决对自己不利。

（七）诉讼代理人

1. 诉讼代理人的概念

诉讼代理人是指根据法律规定或经当事人的授权，代理当事人进行诉讼活动的人。

2. 诉讼代理人的特点

1）以被代理人的名义进行诉讼活动，诉讼代理的目的在于维护被代理人的合法权益。
2）诉讼代理人是有诉讼行为能力的人。
3）在代理权限内实施诉讼行为。
4）诉讼代理的法律后果由被代理人承担。
5）在同一诉讼中，不能代理双方当事人。

3. 诉讼代理人的种类

我国《民事诉讼法》所规定的诉讼代理人可以分为两类：法定诉讼代理人和委托诉讼代理人。法定诉讼代理人权利的产生基础是监护权。而委托诉讼代理人包括下列人员：律师、基层法律服务工作者；当事人的近亲属或者工作人员；当事人所在社区、单位以及有关社会团体推荐的公民。

四、民事证据

（一）民事证据的概念

民事证据是指在民事诉讼中能够证明案件真实情况的各种资料。民事证据不仅是当事人证明自己主张的证据材料，也是法院认定案件事实做出裁判的根据。

（二）民事证据的合法性

民事证据的合法性是有效证据的基本特征之一。合法性包括以下几个方面。

1. 证据主体合法

例如：不能正确表达意志的人，不能作为证人。做出鉴定结论的主体必须具有相关的鉴定资格。

2. 证据形式合法

例如：向法院提交的证明材料必须有单位负责人签名或盖章，并加盖单位印章。保证合同、抵押合同等，需要以书面形式的合同文本加以证明。

3. 证据取得方法合法

法律规定证据取得方法必须合法是为了保障他人的合法权利不致因为证据的违法取得而受到侵害。

小提示

利用视听资料来证明案件事实时，就要求视听资料的取得不得侵犯他人的合法权利，如他人的隐私权。常见的容易侵犯他人隐私权的证据取得方式是所谓偷录、偷拍。再如，法院调查收集时，应当两人以上共同进行，不得由一名审判员独立调查，属于应当回避的审判人员也不能进行证据调查。

4. 证据程序合法

这是指证据应当在法庭上出示，由当事人质证。

（三）证据的种类

1）当事人的陈述。

2）书证。书证是指以其记载的内容和反映的思想来证明案件真实情况的书面材料或其他物质材料。书证的表现形式通常是文字，但是也可以是图标或者符号，形成书证的惯常工具是纸和笔，但并不拘泥于此。

3）物证。物证是指证明案件真实情况的一切物品和痕迹。例如，作案工具、赃款赃物、指纹、脚印、犯罪行为侵犯的对象、犯罪行为产生的物品，以及其他可能揭露犯罪和查获犯罪嫌疑人的实物和痕迹。

4）视听资料。

5）电子数据。

6）证人证言。凡是知道案件情况的单位和个人，都有义务出庭作证。不能正确表达意思的人，不能作证。

7）鉴定意见。当事人可以就查明事实的专门性问题向人民法院申请鉴定。当事人申请鉴定的，由双方当事人协商确定具备资格的鉴定人；协商不成的，由人民法院指定。

8）勘验笔录。

（四）证据的保全

在证据可能灭失或者以后难以取得的情况下，当事人可以在诉讼过程中向人民法院申请保全证据，人民法院也可以主动采取保全措施。

因情况紧急，在证据可能灭失或者以后难以取得的情况下，利害关系人可以在提起诉讼或者申请仲裁前向证据所在地、被申请人住所地或者对案件有管辖权的人民法院申请保全证据。

（五）举证责任

举证责任是指民事诉讼当事人对自己的诉讼主张，有提供证据加以证明的责任和无法证明时要承担的责任。

当事人对自己提出的主张，有责任提供证据。

当事人及其诉讼代理人因客观原因不能自行收集的证据，或者人民法院认为审理案件需要的证据，人民法院应当调查收集。

五、保全、先予执行和诉讼费用

（一）保全

1. 保全的概念

人民法院对于可能因当事人一方的行为或者其他原因，使判决难以执行或者造成当事人其他损害的案件，根据对方当事人的申请，可以裁定对其财产进行保全、责令其作出一定行为或者禁止其作出一定行为；当事人没有提出申请的，人民法院在必要时也可以裁定采取保全措施。

2. 保全的范围

根据《民事诉讼法》的有关规定，保全限于请求的范围，或者与本案有关的财物。

3. 保全的程序

保全的具体程序示意如图 6-1 所示。

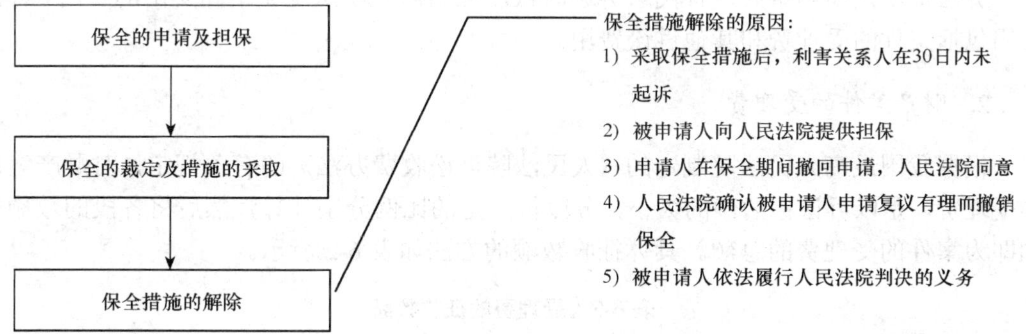

图 6-1 财产保全的程序示意

4. 对保全裁定不服的救济

当事人对保全的裁定不服，可以申请复议一次。复议期间不停止裁定的执行。

（二）先予执行

1. 先予执行的概念

先予执行是指人民法院在终局判决之前，为解决权益人生活或生产经营的急需，依法裁定义务人预先履行义务的制度。

2. 先予执行的范围

民事诉讼法规定的先予执行适用的案件范围如下。

1）追索赡养费、抚养费、抚育费、抚恤金、医疗费的案件。

2）追索劳动报酬的案件。

3）因情况紧急需要先予执行的其他案件。

3. 先予执行的条件

1）当事人之间权利义务关系明确。

2）申请人有实现权利的迫切需要，即如果申请人不预先实现有关权利，则其生活或生产就会遇到极大的困难。

3）当事人向人民法院提出了申请。

4）被申请人有履行的能力。

4. 对先予执行裁定不服的救济

当事人对先予执行的裁定不服，可以申请复议一次。复议期间不停止裁定的执行。

（三）诉讼费用

1. 诉讼费用的概念

诉讼费用是指当事人进行民事诉讼时依法应当向人民法院交纳和支出的费用。诉讼费用包括案件的受理费和其他诉讼费用。

2. 财产案件的受理费

根据我国最高人民法院制定的《人民法院诉讼收费办法》的有关规定，对财产案件的受理费，是以诉讼标的额的大小，分段依一定的比例分别计算，然后将各段的数额相加即为案件的受理费的总额。具体征收数额的方法如表 6-2 所示。

表 6-2 受理费的征收数额

诉讼案件标的额/元	受 理 费
<1000 的部分	50 元
1000～50 000 部分	4%
50 000～1 000 000 部分	3%
1 000 000～2 000 000 部分	2%
2 000 000～5 000 000 部分	1.5%
5 000 000～10 000 000 部分	1%
>10 000 000 的部分	0.5%

3. 诉讼费用的负担

根据案件的不同情况，诉讼费用主要有以下几种负担情形。

1）败诉人负担。

2）按比例负担。当事人各有胜负的，按责任大小负担案件受理费。

3）原告或起诉人负担。这种情况主要针对撤诉案件和驳回起诉的案件。

4. 诉讼费用的缓、减、免

诉讼费用的缓、减、免，是指应当交纳诉讼费用的当事人，因经济确有困难，暂时无力负担诉讼费用，经人民法院同意，可以缓交、减交或免交诉讼费用的制度。这种制度只适用于自然人，法人或非法人组织不可适用。

六、审判程序

（一）普通程序

普通程序是我国《民事诉讼法》规定的人民法院审理第一审民事案件通常所适用的程序，也是民事案件的当事人进行第一审民事诉讼通常所遵循的程序。

1. 起诉与受理

起诉是指公民、法人和其他组织在其民事权益受到侵犯或与他人发生争议时，向人民法院提起诉讼，请求人民法院通过审判予以司法保护的行为。起诉是当事人获得司法保护的手段，也是人民法院对民事案件行使审判权的前提。起诉的条件如下。

1）原告必须是与本案有直接利害关系的公民、法人和其他组织。

2）有明确的被告。

3）有具体的诉讼请求、事实和理由。

4）属于法院受理民事诉讼的范围和受诉法院管辖。

起诉的方式，以书面起诉为原则，以口头起诉为例外。

起诉状的内容，依照《民事诉讼法》第一百二十五条的规定，应当写明如图 6-2 所示的内容。

原告：姓名、性别、年龄、民族、职业、工作单位、住址、联系方式
被告：姓名、性别、年龄、民族、职业、工作单位、住址、联系方式
请求的事项： 事实和理由： 证据和证据来源，证人姓名和住址
此致 ××××××人民法院 附：1. 本状副本：××份　　具状人：×××签名或盖章 2. 物　证：××份 3. 书　证：××份 ××××年××月×日

图 6-2　起诉状的内容

法院接到当事人起诉后，应在 7 日内进行审查。经审查符合起诉条件的，予以受理；对不符合起诉法定条件的，裁定不予受理，对于该裁定，当事人可在接到裁定之次日起10日内上诉。

2. 开庭审理

开庭前，人民法院还要进行一些必要的准备工作。开庭审理应当按照图6-3所示的顺序进行。

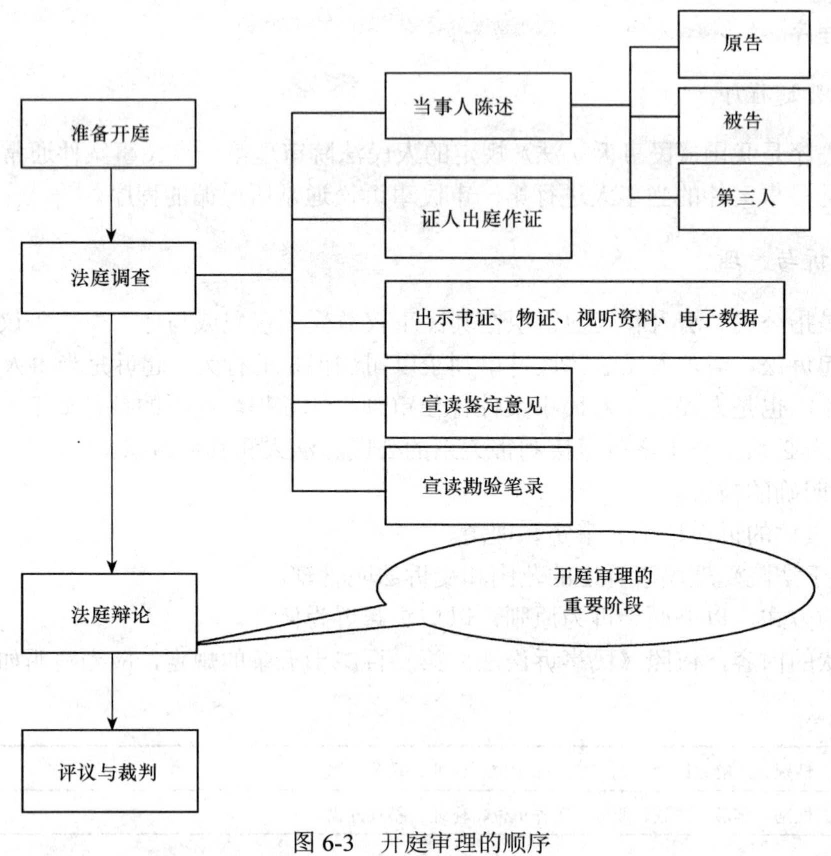

图6-3 开庭审理的顺序

3. 延期审理、诉讼中止和诉讼终结

（1）延期审理

延期审理是指人民法院开庭审理后，由于发生某种特殊情况，使开庭审理无法按期或继续进行从而推迟审理的制度。

根据《民事诉讼法》第一百四十六条的规定，有下列情形之一的，可以延期审理。

1）必须到庭的当事人和其他诉讼参与人有正当理由没有到庭的。

2）当事人临时提出回避申请的。

3）需要通知新的证人到庭，调取新的证据，重新鉴定、勘验，或者需要补充调查的。

4）其他应当延期的情形。

（2）诉讼中止

诉讼中止是指在诉讼进行过程中，因发生某种法定中止诉讼的原因，诉讼无法继续进行或不宜进行，因而法院裁定暂时停止诉讼程序的制度。

根据《民事诉讼法》第一百五十条的规定，有下列情况之一的，应当中止诉讼。

1）一方当事人死亡，需要等待继承人表明是否参加诉讼的。

2）一方当事人丧失诉讼行为能力，尚未确定法定代理人的。

3）作为一方当事人的法人或者其他组织终止，尚未确定权利义务承受人。

4）一方当事人因不可抗拒的事由，不能参加诉讼的。

5）本案必须以另一案的审理结果为依据，而另一案尚未审结的。

6）其他应当中止诉讼的情形。

（3）诉讼终结

诉讼终结是指在诉讼进行过程中，因发生某种法定的诉讼终结的原因，使诉讼程序继续进行已经没有必要或不可能再继续进行，从而人民法院裁定终结诉讼程序的制度。

根据《民事诉讼法》第一百五十一条的规定，可以适用于诉讼终结的情形有以下几种。

1）原告死亡，没有继承人，或者继承人放弃诉讼权利的。

2）被告死亡，没有遗产，也没有应当承担义务的人的。

3）离婚案件一方当事人死亡的。

4）追索赡养费、扶养费、抚育费以及解除收养关系案件的一方当事人死亡的。

（二）第二审程序

第二审程序是指由于民事诉讼的当事人不服地方各级人民法院生效的第一审裁判而在法定期间内向上一级人民法院提起上诉而引起的诉讼程序，是第二审人民法院审理上诉案件所适用的程序。

由于我国实行两审终审制，当事人不服一审法院做出的裁判，可以向一审法院的上一级法院提起上诉，经上一级法院审理并做出裁判后，诉讼便告终结。二审做出的判决立即发生法律效力。

1. 提起上诉的条件

提起上诉的具体条件见表 6-3。

表 6-3 提起上诉的条件

<table>
<tr><td>实质条件</td><td>可以上诉的判决
可以上诉的裁定</td><td>1）地方各级人民法院适用普通程序审理后作出的第一审判决；
2）第二审法院发回重审后的判决、按照第一审程序对案件再审做出的判决；
3）不予受理的裁定；对管辖权有异议的裁定；驳回起诉的裁定</td></tr>
<tr><td rowspan="3">形式条件</td><td>上诉人与被上诉人</td><td>具体有：第一审程序中的原告、被告、共同诉讼人、诉讼代表人、有独立请求权的第三人、一审法院的判决认定其承担责任的无独立请求权的第三人</td></tr>
<tr><td rowspan="2">上诉期间</td><td>不服判决的——15 日</td></tr>
<tr><td>不服裁定的——10 日</td></tr>
<tr><td rowspan="3">形式条件</td><td rowspan="3">上诉状</td><td>当事人的姓名或名称</td></tr>
<tr><td>原审法院的名称、案件编号、案由</td></tr>
<tr><td>上诉请求和理由</td></tr>
</table>

2. 上诉的撤回

上诉的撤回是指上诉人提起上诉后，在二审法院做出裁判前，要求撤回自己上诉的诉讼制度，这意味着对一审法院裁判的承认。

当事人依法撤回上诉应当得到法院的准许。但有两种情况，法院不应准许撤回上诉。

1）二审法院认为一审法院的裁判确有错误或原审法院违反法定程序，可能影响案件准确裁判，需要改判或发回重审的。

2）若双方当事人在上诉期内都提出上诉，各自的上诉理由又不一致的。

3. 对第一审判决提起上诉的案件的裁判

1）原判决、裁定认定事实清楚，适用法律正确的，以判决、裁定方式驳回上诉，维持原判决、裁定。

2）原判决、裁定认定事实错误或者适用法律错误的，以判决、裁定方式依法改判、撤销或者变更。

3）原判决认定基本事实不清的，裁定撤销原判决，发回原审人民法院重审，或者查清事实后改判。

4）原判决遗漏当事人或者违法缺席判决等严重违反法定程序的，裁定撤销原判决，发回原审人民法院重审。

（三）审判监督程序

审判监督程序又称再审程序，是指对已经发生法律效力的判决、裁定、调解书，人民法院认为确有错误，对案件再行审理的程序。审判监督程序只是纠正生效裁判错误的法定程序，它不是案件审理的必经程序。

1. 申请再审的条件

1）申请再审的主体必须合法。根据《民事诉讼法》的规定，有权提出申请再审的，只能是原审中的当事人，即原审中的原告、被告、有独立请求权的第三人和判决其承担义务的无独立请求权的第三人以及上诉人和被上诉人。

2）申请再审的对象必须是已经发生法律效力的判决、裁定和调解书。可以申请再审的裁判，包括地方各级人民法院作为一审法院做出的依法可以上诉、但当事人在法定期间内未提起诉讼的裁判；第二审人民法院做出的终审裁判以及最高人民法院做出的一审裁判；可以申请再审的调解书，包括一审法院和二审法院在当事人达成调解协议的基础上制作的调解书。

3）申请再审必须在法定期限内提出。根据《民事诉讼法》的规定，当事人申请再审，应当在判决、裁定发生法律效力两年内提出。

4）申请再审必须符合法定的事实和理由。当事人对已经生效的案件，申请再审必须具备再审的法定事实和理由，根据《民事诉讼法》的规定，应有如下情形：第一，有新的证据，足以推翻原判决、裁定的；第二，原判决、裁定认定的基本事实缺乏证据证明的；第三，原判决、裁定认定事实的主要证据是伪造的；第四，原判决、裁定认定事实的主要证据未经质证的；第五，对审理案件需要的主要证据，当事人因客观原因不能自行收集，书面申请人民法院调查收集，人民法院未调查收集的；第六，原判决、裁定适用法律确有错误的；第七，审判组织的组成不合法或者依法应当回避的审判人员没有回避的；第八，无诉讼行为能力人未经法定代理人代为诉讼或者应当参加诉讼的当事人，因不能归责于本人或者其诉讼代理人的事由，未参加诉讼的；第九，违反法律规定，剥夺当事人辩论权利的；第十，未经传票传唤，缺席判决的；第十一，原判决、裁定遗漏或者超出诉讼请求的；第十二，据以作出原判决、裁定的法律文书被撤销或者变更的；第十三，审判人员审理该案件时有贪污受贿，徇私舞弊，枉法裁判行为的。

2. 当事人申请再审的方式和程序

当事人对已经发生法律效力的判决、裁定，认为有错误的，可以向原审人民法院或者上一级人民法院申请再审；当事人一方人数众多或者当事人双方为公民的案件，也可以向原审人民法院申请再审。但不停止判决、裁定的执行。

当事人申请再审的，应当向人民法院提交申请书，并按对方当事人人数提供申请书副本。

3. 当事人申请再审案件的审判程序

当事人申请再审案件的审判程序如图 6-4 所示。

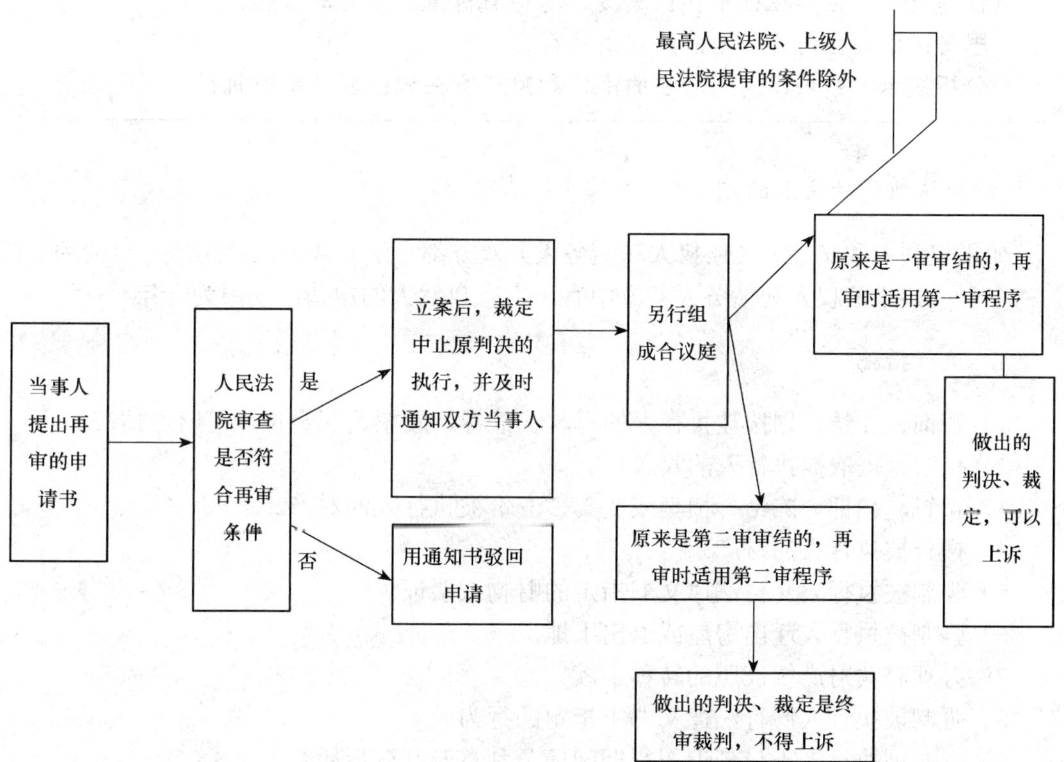

图 6-4 当事人申请再审案件的审判程序

七、执行程序

执行是指人民法院的执行组织依照法定的程序，对发生法律效力的法律文书确定的给付内容，以强制力为后盾，依法采取强制措施，迫使义务人履行义务的行为。

执行应当具备以下条件：第一，执行以生效的法律文书为根据；第二，执行根据必须具备给付内容；第三，执行必须以负有义务的一方当事人无故拒不履行义务为前提。

1. 执行管辖

凡是发生法律效力的民事判决、裁定以及刑事判决中的财产部分，不论是由一审人民法院还是由二审人民法院做出的，都由一审人民法院执行。法律规定由人民法院执行的其他法律文书，被执行人所在地、被执行的财产所在地人民法院，都有执行权，当事人可以向其中任何一个人民法院提出申请。

案例分析

甲诉乙侵权一案经某市东区法院一审终结，判决乙赔偿甲六万元。乙向该市中级法院提出上诉，二审法院驳回了乙的上诉请求。乙居住在该市南区，家中没有什么值钱的财产，但其在该市西区集贸市场存有价值五万元的货物。

思考：甲应当向哪一个法院申请执行？

分析提示：甲可以向乙居住的南区和财产所在地的西区申请执行。

2. 申请执行的法定的期限

如果权利人和义务人（债权人和债务人）双方都是法人或者其他组织，申请的期限为六个月；如果债权人和债务人双方中有一方有自然人的申请的期限为一年。

3. 执行措施

1）查询、冻结、划拨被执行人的存款、债券、股票、基金份额等财产情况。
2）扣留、提取被执行人的收入。
3）查封、扣押、冻结、拍卖或变卖、变价被执行人的财产。
4）搜查被执行人的财产。
5）强制被执行人交付法律文书指定的财物或票证。
6）强制被执行人迁出房屋或退出土地。
7）办理有关财产权证照的转移手续。
8）强制被执行人履行法律文书中指定的行为。
9）强制被执行人支付延迟履行期间债务利息及其延迟履行金。

八、诉讼时效

诉讼时效是指法律规定的当事人通过诉讼程序请求法院保护其权利的有效时间。诉讼时效届满除法律规定外，权利人的请求权就不受法律保护。但债务人自愿履行债务的不受诉讼时效的限制。

（一）诉讼时效期间

1. 诉讼时效期间的概念

诉讼时效期间是指权利人请求人民法院保护其权利的法定期间。根据《民法通则》的规定，诉讼时效从知道或者应当知道权利被侵害时起计算。

2. 诉讼时效种类

1）普通的诉讼时效期间。即向人民法院请求保护民事权利的诉讼时效期间为二年。

2）特别的诉讼时效期间。只适用特定情况的诉讼时效，如《民法通则》第一百三十六条规定：身体受到伤害要求赔偿的；出售质量不合格的商品未声明的；延付或拒付租金的；寄存财物被丢失或损毁的，诉讼时效期间为一年。《合同法》第一百二十九条规定，国际货物买卖合同和技术进出口争议提起诉讼期间为四年。

（二）诉讼时效的中止、中断与延长

1. 诉讼时效的中止

诉讼时效的中止是指诉讼时效进行中，因发生一定的法定事由而使权利人不能行使请求权，暂时停止计算诉讼时效期间。待阻碍时效的事由消除后，时效继续进行。阻碍诉讼时效进行的法定事由为不可抗力及其他使权利人无法行使请求权的客观情况。

根据《民法通则》的规定，只有在诉讼时效期间的最后六个月内发生上述法定事由，才能中止时效的进行。

2. 诉讼时效中断

诉讼时效中断是指在诉讼时效进行中，因发生一定法定事由，致使已经经过的时效期间统归无效，待时效中断的法定事由消除后，诉讼时效重新计算。引起诉讼时效中断的事由有：权利人提起诉讼；当事人一方向义务人提出履行义务的要求；当事人一方同意履行义务。

3. 诉讼时效延长

诉讼时效延长是指人民法院对已经完成的诉讼时效，根据特殊情况而予以延长，这是法律赋予司法机关的一种自由裁量权，至于何为特殊情况，则由人民法院判定。

案例分析

案情：位于某市甲区的天南公司与位于乙区的海北公司签订合同，约定海北公司承建天南公司位于丙区的新办公楼，合同中未约定仲裁条款。新办公楼施工过程中，天南公司与海北公司因工程增加工作量、工程进度款等问题发生争议。其后天南公司考虑到多种因素，向人民法院提起诉讼，请求判决解除合同。

法院受理了本案，海北公司进行了答辩，表示不同意解除合同。在一审法院审理过程中，原告申请法院裁定被告停止施工，法院未予准许。开庭审理过程中，原告提交了双方在履行合同过程中的会谈录音带和会议纪要，主张原合同已经变更。被告质证时表示，对方在会谈时进行录音未征得本方同意，被告事先不知道原告进行了录音，而会议纪要则无被告方人员的签字，故均不予认可。一审法院经过审理，判决驳回原告的诉讼请求。原告不服，认为一审判决错误，提出上诉。

讨论：何地法院对本案具有诉讼管辖权？双方的会谈录音带和会议纪要可否作为法院认定案件事实的根据？为什么？

第二节 仲 裁 法

案例导入

2010年7月间，吴先生购买一套商品房。合同约定：开发商应于2011年12月31日前将具备交付条件的商品房交付给吴先生；开发商逾期交房不超过30日的，应当承担违约金，合同继续履行；开发商逾期交房超过30日的，吴先生有权解除合同，并要求开发商退还购房款、承担违约金。合同履行过程中，开发商一再拖延交付时间，直至2012年7月间，方通知吴先生办理房屋交付手续。吴先生多次与开发商协商未果，遂于2012年8月向西安仲裁委员会提出仲裁申请，请求解除合同，要求开发商退还全部购房款、承担违约金，并赔偿相应的损失。西安仲裁委员会认定双方签订的合同合法有效，裁决支持吴先生解除合同，承担违约金的请求，部分支持了吴先生赔偿损失的请求。

问题：什么是仲裁？仲裁有什么特点？仲裁和诉讼有什么区别？

一、仲裁的概念及适用范围

仲裁是指发生争议的双方当事人，根据其在争议发生前后所达成的协议提交中立的第三者进行裁判的争议解决制度和方式。我国于1994年8月31日通过了《仲裁法》，自1995年9月1日起施行。

仲裁具有自愿性、专业性、灵活性、保密性、快捷性、经济性、独立性等特点。

仲裁范围是由《仲裁法》加以规定的。根据我国《仲裁法》第二、三条的规定，平等主体的公民、法人和其他组织之间发生的合同纠纷和其他财产权益纠纷，可以仲裁。下列纠纷不能仲裁。

1）婚姻、收养、监护、扶养、继承纠纷。

2）依法应当由行政机关处理的行政争议。

补充知识

根据《仲裁法》第七十七条的规定，劳动争议和农业集体经济组织内部的农业承包合同纠纷的仲裁，另行规定。即劳动争议和农业集体经济组织内部的农业承包合同纠纷，不属于《仲裁法》所规定的仲裁范围。

二、《仲裁法》的基本原则和基本制度

（一）基本原则

1. 自愿原则

自愿原则是仲裁制度中的基本原则，它是仲裁制度赖以生存与发展的基石，主要体现在：是否选择仲裁作为解决纠纷的途径；向哪个仲裁机构提请仲裁；组成仲裁庭的仲裁员是谁；选择哪种形式的仲裁庭；是否开庭，都由当事人决定。

2. 仲裁独立的原则

我国《仲裁法》规定："仲裁依法独立进行，不受行政机关、社会团体和个人干涉"。仲裁独立主要表现在：仲裁与行政机构脱钩；仲裁组织体系中的仲裁协会、仲裁委员会和仲裁庭三者之间的相对独立。作为社会团体的中国仲裁协会，属于仲裁委员会自律性组织。仲裁委员会是按地域分别设立的，相互之间无高低之分，无上下级之分，相互之间没有隶属关系，相互独立。同时仲裁庭对案件独立审理和裁决，仲裁委员会不能干预。法院对仲裁裁决虽然有着必要的监督，但并不意味着仲裁附属法院。

3. 根据事实，符合法律规定、公平合理解决纠纷的原则

1）根据事实，就是在仲裁审理过程中，要全面、深入、客观地查清与纠纷有关的事实情况，包括纠纷的发生原因、发展过程、现实状况以及争议各方的争执所在。

2）符合法律规定，即仲裁庭在查清事实上的基础上，应当根据法律的有关规定确认当事人各方的权利与义务，确定承担赔偿责任的方式以及赔偿数额的大小。

3）公平合理，就是仲裁庭在仲裁纠纷时应当公平、公正、不偏不倚。仲裁员在审理纠纷时应当处于公正地位，公平地对待双方当事人，同时，公平合理还意味着，在仲

裁中所适用的法律对有关争议的处理未作明确的规定时，可以参照采用在经济贸易活动中被人们普遍接受的做法，即经济贸易惯例或者行业惯例来判别责任，这样既体现了与诉讼相区别，也是仲裁的基本精神所在。

（二）《仲裁法》的基本制度

1. 协议仲裁制度

仲裁协议是仲裁委员会受理案件的依据，是仲裁委员会行使管辖权的前提。没达成书面仲裁协议，就不能仅凭单方面的意愿来通过仲裁这种方式解决纠纷。

2. 或裁或审制度

仲裁和诉讼是当事人解决争议纠纷的两种途径，但是仲裁与诉讼只能选择其中一种，即当事人达成书面仲裁协议的，应当依照协议向仲裁委员会申请仲裁，不能向法院起诉。因为当事人的有效的仲裁协议，人民法院的管辖权因此而被解除。只有在没有仲裁协议或者仲裁协议无效、抑或当事人放弃仲裁协议的情况下，法院才可以行使管辖权。

3. 一裁终局制度

仲裁裁决做出即发生法律效力。当事人对裁决不服也不能再就同一纠纷向人民法院起诉，也不能再向仲裁委员会申请仲裁（包括向仲裁委员会申请复议）。有两种情形例外：一是仲裁裁决被人民法院撤销；二是人民法院不予执行仲裁裁决。

三、仲裁机构与仲裁协议

（一）仲裁机构

1. 仲裁委员会

仲裁委员会是组织进行仲裁工作，解决经济纠纷的事业单位法人。根据《仲裁法》第十条的规定，仲裁委员会可以在直辖市和省、自治区人民政府所在地的市设立，也可以根据需要在其他设区的市设立，不按行政区划层设立。仲裁委员会由可以设立仲裁委员会的市的人民政府组织有关部门和商会统一组建，并经省、自治区、直辖市的司法行政部门登记。

补充知识

依法可以设立仲裁委员会的市只能组建一个统一的仲裁委员会，不得按照不同的专业设立专业仲裁委员会或者专业仲裁庭。直辖市、省、自治区人民政府所在地的市和其他设区的市已有的仲裁委员会，应当按照《仲裁法》的规定重新组建。设区的市已有的仲裁委员会未重新组建的，自《仲裁法》施行之日起届满一年时即1996年9月1日终止。县级已有的仲裁委员会和其他不符合《仲裁法》规定的已有的仲裁委员会，自《仲裁法》施行之日即1995年9月1日终止。

2. 仲裁协会

仲裁协会是社会团体法人。中国仲裁协会实行会员制。各仲裁委员会是中国仲裁协会的法定会员。中国仲裁协会是仲裁委员会的自律性组织，对仲裁委员会及其组成人员，仲裁员的违纪行为进行监督。

（二）仲裁协议

仲裁协议是指双方当事人自愿将他们之间已经发生或者可能发生的争议提交仲裁解决的协议。在民商事仲裁中，仲裁协议是仲裁的前提，没有仲裁协议，就不存在有效的仲裁。

1. 仲裁协议的类型

我国《仲裁法》第十六条规定：仲裁协议包括合同中订立的仲裁条款和以其他书面形式在纠纷发生前或者纠纷发生后达成的请求仲裁的协议。根据仲裁立法和仲裁实践，仲裁协议主要包括以下三种类型。

1）仲裁条款。仲裁条款是指双方当事人在签订的合同中订立的，将今后可能因该合同所发生的争议提交仲裁的条款。仲裁条款是仲裁实践中最常见的仲裁协议的形式。作为订立于合同之中的一个条款，仲裁条款主要适用于争议发生之前。通过签订仲裁条款，当事人可以预先设定一种纠纷解决机制，即一旦将来发生了因本合同或与本合同有关的争议，只能通过仲裁方式加以解决。除了订立于合同中的仲裁条款，双方当事人在补充合同、协议或备忘录中对仲裁意思表示的修改或补充，也构成合同中仲裁条款的一部分。

2）仲裁协议书。仲裁协议书是指在争议发生之前或争议发生之后，双方当事人在自愿的基础上订立的，同意将可能发生或已经发生的争议提交仲裁的一种独立的协议。仲裁协议书是独立于合同而存在的契约，是将订立于该仲裁协议书中的特定争议事项提交仲裁意思的表示。

3）其他有关书面文件中包含的仲裁协议。在民事经济往来中，当事人除了通过订立合同等方式达成仲裁协议，由于现代通信技术的发展，当事人之间以信函、电报、电传、传真、电子数据交换、电子邮件等方式进行往来并达成仲裁协议，也越来越普遍。这种类型的仲裁协议与前两种类型的仲裁协议的不同之处在于，仲裁的意思表示一般不集中表现在某一份文件中，而往往分散在当事人之间彼此多次往来的不同文件中。

2. 仲裁协议的内容

根据我国《仲裁法》第十六条的规定，仲裁协议应当包括下列内容。

1）请求仲裁的意思表示。

2）提交的仲裁事项。

3）选定的仲裁委员会。

3. 仲裁协议的法律效力

1）对双方当事人的法律效力——约束双方当事人对纠纷解决方式的选择权。仲裁协议一经有效成立，即对双方当事人产生法律效力，双方当事人都受到他们所签订的仲裁协议的约束。发生纠纷后，当事人只能通过向仲裁协议中所确定的仲裁机构申请仲裁的方式解决该纠纷，而丧失了就该纠纷向法院提起诉讼的权利。如果一方当事人违背仲裁协议，就仲裁协议规定范围内的争议事项向法院起诉，另一方当事人有权在首次开庭前依据仲裁协议要求法院停止诉讼程序，法院也应当驳回当事人的起诉。

2）对法院的法律效力——排除法院的司法管辖权。仲裁协议具有排除法院的司法管辖权的作用。有效的仲裁协议可以排除法院对订立于仲裁协议中的争议事项的司法管辖权，这是仲裁协议法律效力的重要体现，也是各国仲裁普遍适用的准则。我国《仲裁法》第五条明确规定："当事人达成仲裁协议后，一方向人民法院起诉的，人民法院不予受理，但仲裁协议无效的除外。"

3）对仲裁机构的法律效力——授予仲裁机构仲裁管辖权并限定仲裁的范围。仲裁协议是仲裁委员会受理仲裁案件的基础，是仲裁庭审理和裁决仲裁案件的依据。没有仲裁协议就没有仲裁机构对仲裁案件的仲裁管辖权。我国《仲裁法》第四条规定：没有仲裁协议，一方申请仲裁的，仲裁委员会不予受理。

同时，仲裁机构的管辖权又受到仲裁协议的严格限制，即仲裁庭只能对当事人在仲裁协议中约定的争议事项进行仲裁，而对仲裁协议约定范围以外的其他争议无权仲裁。

4. 仲裁协议无效的法定情形

根据我国《仲裁法》的规定，仲裁协议在下列情形下无效。

1）以口头方式订立的仲裁协议无效。

2）约定的仲裁事项超出法律规定的仲裁范围，仲裁协议无效。

3）无民事行为能力人或者限制民事行为能力人订立的仲裁协议无效。

4）一方采取胁迫手段，迫使对方订立仲裁协议的，该仲裁协议无效。

5）仲裁协议对仲裁事项没有约定或约定不明确，或者仲裁协议对仲裁委员会没有约定或者约定不明确，当事人对此又达不成补充协议的，仲裁协议无效。

仲裁协议的无效使得仲裁协议不再具有法律的约束力。

四、仲裁程序

（一）仲裁当事人与代理人

仲裁当事人是指依据仲裁协议，以自己的名义参加仲裁程序，并受仲裁裁决约束的公民、法人或其他组织。其具有以下特点：第一，当事人的法律地位是平等的；第二，当事人之间必须订有有效的仲裁协议；第三，当事人之间的纠纷必须具有可仲裁性；第四，仲裁当事人有其特定的称谓。依法向仲裁委员会提出仲裁申请的人，被称为仲裁申请人；对方当事人被称为被申请人。

仲裁代理人是指依据法律的规定或当事人的授权在仲裁程序中以被代理人的名义进行仲裁活动的人。仲裁代理人包括法定仲裁代理人和委托仲裁代理人。

补充知识

如果当事人提交的书面授权委托书中，授权仲裁代理人进行一般代理的，该代理权限包括：申请仲裁、进行答辩、申请回避、调查证据、参加仲裁开庭并进行陈述和辩论等。如果由委托代理人代为承认、放弃、变更仲裁请求，进行和解，提出反请求，应当有被代理人的特别授权。代理权限若有变更或者解除，委托人应当书面告知仲裁委员会或者仲裁庭，由仲裁委员会或者仲裁庭通知对方当事人。

（二）申请与受理

1. 申请仲裁的条件

申请仲裁是仲裁程序开始的必要条件之一，也是启动仲裁程序的第一步。根据我国《仲裁法》的规定，当事人申请仲裁，必须符合一定的条件，这些条件包括：第一，存在有效的仲裁协议；第二，有具体的仲裁请求和事实、理由；第三，属于仲裁委员会的受理范围。

2. 申请仲裁的方式

我国《仲裁法》第二十二条规定：当事人申请仲裁，应当向仲裁委员会递交仲裁协议、仲裁申请书及副本。第二十三条规定了仲裁申请书应当载明的事项如下：当事人的姓名、性别、职业、工作单位和住所，法人或者其他组织的名称、住所和法定代表人或者主要负责人的姓名、职务；仲裁请求和所根据的事实、理由；证据和证据来源、证人姓名和住所。

3. 审查与受理

1）对仲裁申请的审查。当事人向仲裁委员会申请仲裁后，仲裁委员会就要对当事人的申请是否符合申请仲裁的条件进行审查，从而决定是否受理。

仲裁委员会对仲裁申请的审查主要审查当事人申请仲裁是否符合《仲裁法》第二十一条规定的当事人申请仲裁的条件；是否存在有效的仲裁协议；是否有具体的仲裁请求和事实、理由；是否属于仲裁委员会的受理范围；审查仲裁申请书的内容是否完整、明确，申请手续是否齐备。

2）审查后的处理。仲裁委员会收到仲裁申请书之日起五日内，经审查认为符合受理条件的，应当受理，并通知当事人；认为不符合受理条件的，应当书面通知当事人不予受理，并说明不予受理的理由。

（三）仲裁庭的组成

我国《仲裁法》第三十条规定：仲裁庭可以由三名仲裁员或者一名仲裁员组成。由三名仲裁员组成的，设首席仲裁员。根据这一规定，在我国，仲裁庭的组成形式有两种，即合议仲裁庭和独任仲裁庭。

1. 合议仲裁庭

合议仲裁庭是指由三名仲裁员组成的仲裁庭，即以集体合议的方式对争议案件进行审理并做出裁决。合议仲裁庭应设首席仲裁员。首席仲裁员是合议仲裁庭的主持者，与其他仲裁员有同等的权利，但在裁决不能形成多数意见时，仲裁裁决则应当按照首席仲裁员的意见做出。

补充知识

当事人约定由三名仲裁员组成仲裁庭的，应当各自选定或者各自委托仲裁委员会主任指定一名仲裁员，第三名仲裁员由当事人共同选定或者共同委托仲裁委员会主任指定。第三名仲裁员是首席仲裁员。如果当事人约定由一名仲裁员成立仲裁庭的，应当由当事人共同选定或者共同委托仲裁委员会主任指定该独任仲裁员。

2. 独任仲裁庭

独任仲裁庭是指由一名仲裁员组成的仲裁庭，即由一名仲裁员组成仲裁庭对争议案件进行审理并做出裁决。

3. 仲裁员的回避

仲裁员的回避是指符合法定回避情形的仲裁员退出仲裁案件审理的一项制度。根据《仲裁法》第三十四条规定，仲裁员有下列情形之一的，必须回避，当事人也有权提出回避申请。

1）是本案当事人或者当事人、代理人的近亲属。

2）与本案有利害关系。

3）与本案当事人、代理人有其他关系，可能影响公正仲裁的。

4）私自会见当事人、代理人，或者接受当事人、代理人的请客送礼的。

（四）仲裁审理

仲裁审理是仲裁庭按照法律规定的程序和方式，对当事人交付仲裁的争议事项做出裁决的活动。仲裁审理的主要任务是审查。核实证据，查明案件事实，分清是非责任，正确适用法律，确认当事人之间的权利义务关系，解决当事人之间的纠纷。仲裁审理是仲裁程序的中心环节。

1. 仲裁审理的方式

仲裁一般应当开庭进行。当事人协议不开庭的，仲裁庭可以根据仲裁申请书、答辩书以及其他材料做出裁决。仲裁不公开进行。当事人协议公开的，可以公开进行，但涉及国家秘密的除外。

2. 开庭审理与裁决

1）开庭审理。仲裁委员会应当在仲裁规则规定的期限内将开庭日期通知双方当事人。当事人有理由的，可以在仲裁规则规定的期限内请求延期开庭。是否延期，由仲裁庭决定。

仲裁庭在审理过程中，有权收集证据，调查事实。双方当事人为了支持自己的主张，也应当对其请求、答辩和反请求所依据的事实提出证据。

在证据可能灭失或者以后难以取得的情况下，当事人可以申请证据保全。当事人申请证据保全的，仲裁委员会应当将当事人的申请提交证据所在地的基层人民法院。

2）仲裁和解。仲裁和解是指仲裁当事人通过协商，自行解决已提交仲裁的争议事项的行为。仲裁和解是仲裁当事人行使处分权的表现。当事人达成和解协议的，可以请求仲裁庭根据和解协议作出裁决书，也可以撤回仲裁申请。如果当事人撤回仲裁申请后反悔的，则仍可以根据原仲裁协议申请仲裁。

3）仲裁调解。仲裁调解是指在仲裁庭主持下，仲裁当事人在自愿协商、互谅互让的基础上达成协议，从而解决纠纷的一种制度。《仲裁法》第五十一条第一款规定：仲裁庭在做出裁决前，可以先行调解。当事人自愿调解的，仲裁庭应当调解。调解不成的，应当及时做出裁决。

4）仲裁裁决。仲裁裁决是由仲裁庭作出的。独任仲裁庭进行的审理，由独任仲裁员作出仲裁裁决；合议仲裁庭进行的审理，则由三名仲裁员集体作出仲裁裁决。根据《仲裁法》的规定，由合议仲裁庭作出仲裁裁决时，根据不同的情况，采取不同的方式：第一种，按多数仲裁员的意见作出仲裁裁决，少数仲裁员的不同意见可以记入笔录。第二种，按首席仲裁员的意见作出仲裁裁决，这是在仲裁庭无法形成多数意见的情况下所采用的作出仲裁裁决的方式。

仲裁裁决书是仲裁庭对仲裁纠纷案件作出裁决的法律文书。仲裁裁决书应当写明如图 6-5 所示的内容。

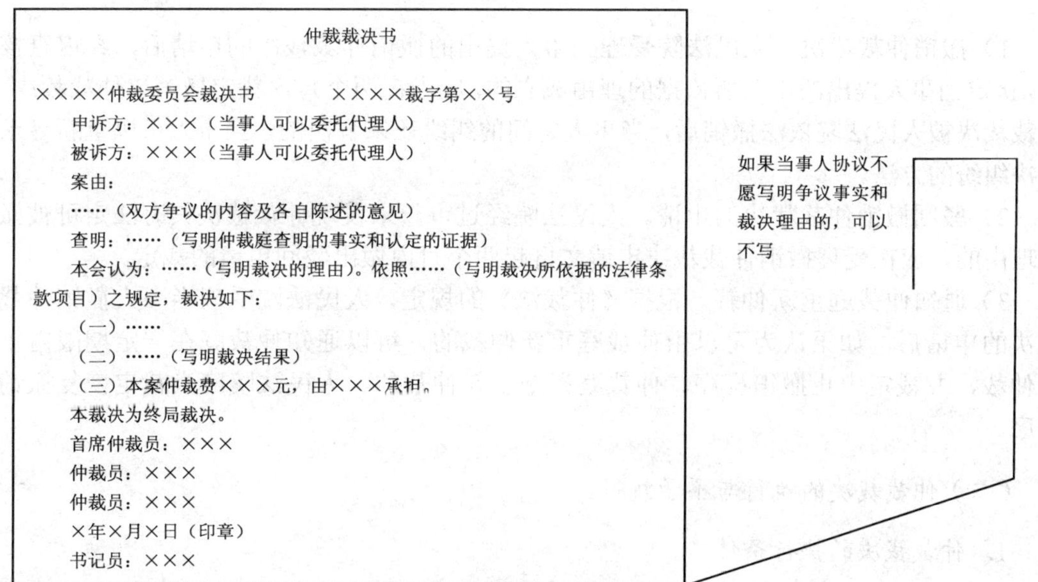
仲裁裁决书

××××仲裁委员会裁决书　　　　××××裁字第××号

申诉方：×××（当事人可以委托代理人）

被诉方：×××（当事人可以委托代理人）

案由：

……（双方争议的内容及各自陈述的意见）

查明：……（写明仲裁庭查明的事实和认定的证据）

本会认为：……（写明裁决的理由）。依照……（写明裁决所依据的法律条款项目）之规定，裁决如下：

（一）……

（二）……（写明裁决结果）

（三）本案仲裁费×××元，由×××承担。

本裁决为终局裁决。

首席仲裁员：×××

仲裁员：×××

仲裁员：×××

×年×月×日（印章）

书记员：×××

图 6-5　仲裁裁决书的内容

3. 仲裁裁决的效力

仲裁裁决的效力是指仲裁裁决生效后所产生的法律后果。根据《仲裁法》第五十七条的规定：裁决书自做出之日起发生法律效力。仲裁裁决的效力体现在以下几个方面。

1）当事人不得就已经裁决的事项再行申请仲裁，也不得就此提起诉讼。

2）仲裁机构不得随意变更已生效的仲裁裁决。

3）其他任何机关或个人均不得变更仲裁裁决。

4）仲裁裁决具有执行力。

五、申请撤销仲裁裁决与仲裁执行

（一）申请撤销仲裁裁决

1. 申请撤销仲裁裁决的理由

根据《仲裁法》的规定，有下列情形之一的，当事人可以申请撤销仲裁裁决。

1）没有仲裁协议。

2）仲裁的事项不属于仲裁协议的范围或者仲裁委员会无权仲裁。

3）仲裁庭的组成或者仲裁的程序违反法定程序。

4）仲裁裁决所依据的证据是伪造的。

5）对方当事人隐瞒了足以影响公正裁决的证据。

6）仲裁员在仲裁该案时有索贿受贿、徇私舞弊、枉法裁决的行为。

2. 法院对撤销仲裁裁决申请的处理结果

1）撤销仲裁裁决。人民法院受理当事人提出的撤销仲裁裁决的申请后，经审查核实，认定当事人提出的申请所依据的理由成立的，应当在两个月内裁定撤销该仲裁裁决。仲裁裁决被人民法院依法撤销后，当事人之间的纠纷还未解决的，当事人可以重新寻求解决纠纷的方法。

2）驳回撤销仲裁裁决的申请。人民法院经过审查未发现仲裁裁决具有法定可被撤销理由的，应在受理撤销仲裁裁决申请之日起两个月内做出驳回申请的裁定。

3）通知仲裁庭重新仲裁。根据《仲裁法》的规定，人民法院受理当事人撤销仲裁裁决的申请后，如果认为可以由仲裁庭重新仲裁的，可以通知仲裁庭在一定期限内重新仲裁，并裁定中止撤销程序。仲裁庭拒绝重新仲裁的，人民法院应当裁定恢复撤销程序。

（二）仲裁裁决的执行与不予执行

1. 仲裁裁决的执行条件

一方当事人不履行仲裁裁决时，另一方当事人（权利人）须向人民法院提出执行申请，人民法院才可能启动执行程序。是否向人民法院申请执行，是当事人的权利，人民法院没有主动采取执行措施对仲裁裁决予以执行的职权。

2. 当事人必须在法定期限内提出申请

当事人可以依照《民事诉讼法》的有关规定办理申请执行的期限，双方或一方当事人是公民的为一年；双方是法人或者其他组织的为六个月。

3. 当事人必须向有管辖权的人民法院提出申请

当事人应向被执行人住所地或者被执行人财产所在地的人民法院申请执行仲裁裁决。

4. 不予执行仲裁裁决的理由

如果被申请执行人提出证据证明仲裁裁决有法定的不应执行的情形，可以请求人民法院不予执行该仲裁裁决。不予执行仲裁裁决的情形包括以下几个方面。

1）当事人在合同中没有仲裁条款或者事后没有达成书面仲裁协议的。

2）裁决的事项不属于仲裁协议的范围或者仲裁机构无权仲裁的。

3）仲裁庭的组成或者仲裁的程序违反法定程序的。

4）认定事实的主要证据不足的。

5）适用法律确有错误的。

6）仲裁员在仲裁该案时有索贿受贿、徇私舞弊、枉法裁决行为的。

具体的仲裁流程图如图 6-6 所示。

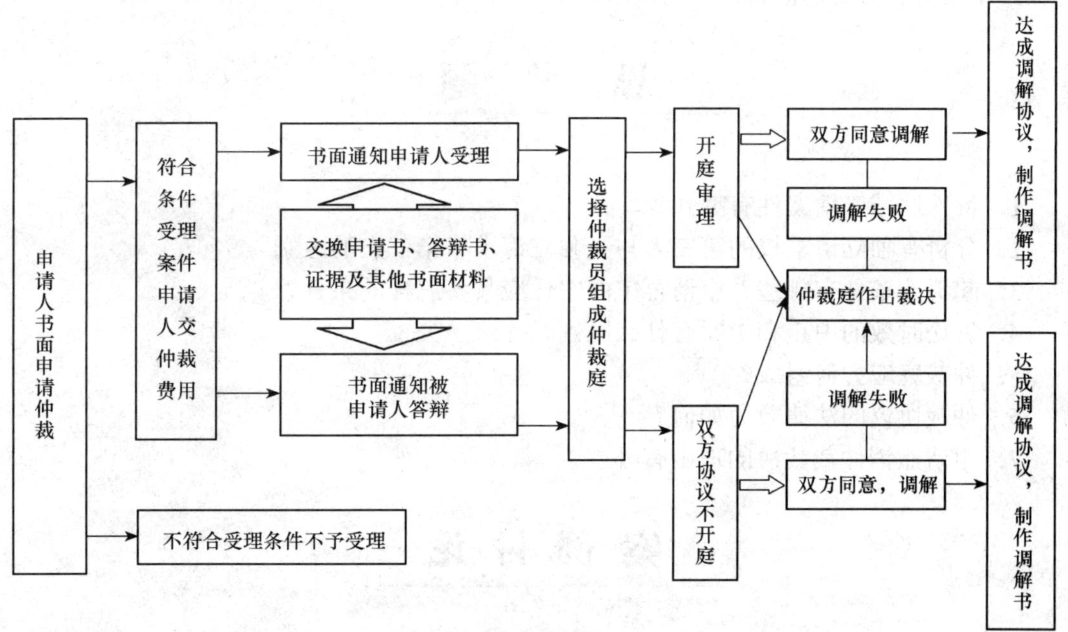

图 6-6 仲裁流程

案例分析

案情：胶州某建筑装潢公司与青岛某饭店签订了装饰装修合同。合同履行后，饭店以装修质量低劣为由拒绝付款。在多次协商未果的情况下，装潢公司依据合同约定，向青岛仲裁委员会提请仲裁。青岛仲裁委员会受理此案后，依据《仲裁规则》和当事人双方的约定，组成了合议庭审理此案。开庭后，装潢公司发现仲裁庭的一名仲裁员与饭店的代理人曾经是同事，认为这可能影响本案的公正裁决。为此，装潢公司提出了回避申请。

讨论：装潢公司能否向青岛仲裁委员会提出仲裁员回避申请？原因何在？仲裁委员会批准申请吗？

小　结

仲裁和诉讼是解决民事纠纷的重要途径和方法。诉讼是当事人发生争议而起诉到人民法院，请求判决而解决纠纷的活动。争议双方当事人必须按照诉讼程序进行。我国实行公开审判、两审终审制度，切实维护当事人的合法权益。

仲裁是当事人因发生争议，在有仲裁协议的前提下请求仲裁机关裁决的活动。仲裁制度充分体现了当事人的自愿意思，具有经济性、自愿性、灵活性等特点。人民法院对仲裁给予支持和必要的监督。

思 考 题

1. 特殊地域管辖案件有哪几种？
2. 分析有独立请求权的第三人与无独立请求权第三人的区别。
3. 起诉的条件有哪些？申请再审的案件应具备怎样的条件？
4. 诉讼时效的中止和中断有什么区别？
5. 仲裁庭应如何组成？
6. 仲裁协议的法律效力如何？
7. 申请撤销仲裁裁决的理由有哪些？

案 例 讨 论

江苏省A集团下属的生物制药总公司与香港鑫茂集团有限公司、美国渥太贸易发展有限公司签订销售合同，由鑫茂公司和渥太公司向制药公司提供一批用于制造某生物药品的流水线机械产品，合同约定制药公司在卖方发货后，支付全部货款，另外有关合同的所有争议均提交南京市仲裁委员会解决。制药公司向卖方支付全部货款后发现，对方提供的是不符合要求的废旧机械，根本无法实现流水作业。制药公司发现，鑫茂公司与渥太公司不过是想利用国际信用证支付进行诈骗。2003年8月15日，制药公司以合同欺诈为由向江苏省高级人民法院提起诉讼，要求判定合同无效并赔偿损失，得知这一情况后，鑫茂公司与渥太公司对此提出管辖异议，认为应该按照合同约定将争议提交仲裁，并于8月22日向南京市仲裁委员会提请仲裁。

讨论：

（1）法院和仲裁机构谁有管辖权？

（2）如何理解仲裁条款的独立性？

实 训 项 目

实训目的：

掌握诉讼法的主要规定，会运用法律维护合法权益，提高法律运用的实践能力。

实训方式：

模拟法庭，运用法律解决合同纠纷。

实训背景资料：

西饼屋委托赵天天和升达粮油供应商签订的合同发生了纠纷。所签的合同内容如下："面粉4袋，豆油32桶，鸡蛋18箱。每月5日送货，货到付款。"根据合同要求，升达粮油供应商于2010年1月15日将面粉、豆油、鸡蛋送到西饼屋店里。赵天天他们指责他不按时供货，在验收时又发现问题：面粉4袋，每袋50斤，而他们想要的是100斤一袋。豆油也不是他们要的牌子，他们想要口福牌豆油。鸡蛋18箱，但是8斤/每箱，不是10斤/每箱。考虑到店里急需，于是他们先收货，短缺部分要求供应商尽快补齐。货收下后，没有付款。几天后粮油供应商补齐短缺部分后索要货款，西饼屋老板们说：你没按照合同要求供货，要扣一部分款作为违约金。粮油供应商不同意，于是起诉，状告他们违约，要求他们支付货款，并支付违约金。

实训内容：

1．根据上述情形，起草一份诉状。

2．模拟诉讼程序。

实训要求：

学生5～7人为一组，针对合同纠纷，形成原告、被告和审判组织。原告起诉，被告应诉，法官开庭审理。根据起诉书、答辩书和审判书以及各方庭上表现，其他小组同学给予评价，最后老师就各小组完成情况进行总结发言，评定各小组成绩。

知识拓展

请同学们课后阅读下列法条：

[1]《中华人民共和国民事诉讼法》，2012 年 8 月 31 日第 11 届全国人民代表大会常委员会第 28 次会议通过，自 2013 年 1 月 1 日起施行。

[2]《中华人民共和国仲裁法》，1994 年 8 月 31 日第八届全国人民代表大会常务委员会第九次会议通过，自 1995 年 9 月 1 日起施行。

参考文献

《直销法规知识解读》编委会．2006．直销法规知识解读．北京：中国工商出版社．

白灵．1996．商标案例与评析．北京：企业管理出版社．

褚霓霓．2004．广告法实例说．长沙：湖南人民出版社．

费安玲，来小鹏．2006．知识产权法案例教程．北京：知识产权出版社．

葛恒云，吴爱成．2003．经济法．北京：中国经济出版社．

江平，李国光．2007．物权法核心法条分类适用研究．北京：人民法院出版社．

李斌，于友会．2006．中国直销全书．北京：中国文联出版社．

李昌麟．2008．经济法学．北京：法律出版社．

李援．2012．中华人民共和国食品安全法释义及实用指南．北京：中国民主法制出版社．

李正义，俞木传．2002．经济法概论．大连：东北财经大学出版社．

刘美函．2002．公司概论．北京：中央广播电视大学出版社．

欧阳光，吴静，王龙刚．2007．公司特许经营法律实务．北京：法律出版社．

曲振涛，王福友．2007．经济法．北京：高等教育出版社．

苏号朋．2008．合同法教程．北京：中国人民大学出版社．

隋彭生．2007．合同法要义．北京：中国政法大学出版社．

孙连会．2006．特许经营诉讼指南．北京：法律出版社．

王卫国．2007．民法．北京：中国政法大学出版社．

王泽鉴．1998．民法学说与判例研究（一至八册）．北京：中国政法大学出版社．

王众孚．2000．反不正当竞争法理解与适用．北京：中国工商出版社．

王众孚．2000．广告法理解与适用．北京：中国工商出版社．

王众孚．2000．消费者权益保护法理解与适用．北京：中国工商出版社．

吴汉东．2007．知识产权法．北京：法律出版社．

徐同远．2007．图解物权法．北京：中国法制出版社．

叶朱．2007．经济法概论案例集．上海：上海财经大学出版社．

尹衍波．2007．电子商务法规．北京：北京交通大学出版社．

郑曙光，汪海军．2005．市场管理法新论．北京：中国检察出版社．